高等教育应用型本科精品教材·旅游管理专业系列

旅游管理信息系统

于世宏 关 兵 编著

北京理工大学出版社
BEIJING INSTITUTE OF TECHNOLOGY PRESS

内容简介

本书共分为九章,分别是绪论、管理信息系统概述、管理信息系统开发平台、管理信息系统的开发过程与方法、饭店管理信息系统、旅行社管理信息系统、旅游地管理信息系统、旅游电子商务的应用、旅游管理信息系统的运行与安全管理。其中第一至第四章为基本理论篇,第五至第九章为实践应用篇。本书全面系统地介绍了旅游管理信息系统的概念、结构、技术和应用,内容新颖,反映了我国当代旅游信息管理的最新水平。

本书以管理为出发点,分别从管理、宏观和应用的视角来剖析旅游管理信息系统。全书内容突出基础性和实践性,可作为高等院校旅游管理、经济管理、酒店管理以及相关专业的专业基础课程教材,也可作为相关行业培训的参考材料。

版权专有 侵权必究

图书在版编目(CIP)数据

旅游管理信息系统/于世宏,关兵编著.—北京:北京理工大学出版社,2018.8(2022.1重印)

ISBN 978-7-5682-6122-7

Ⅰ.①旅… Ⅱ.①于… ②关… Ⅲ.①旅游业-管理信息系统-高等学校-教材 Ⅳ.①F590.6

中国版本图书馆CIP数据核字(2018)第189617号

出版发行 / 北京理工大学出版社有限责任公司
社　　址 / 北京市海淀区中关村南大街5号
邮　　编 / 100081
电　　话 / (010)68914775(总编室)
　　　　　(010)82562903(教材售后服务热线)
　　　　　(010)68944723(其他图书服务热线)
网　　址 / http://www.bitpress.com.cn
经　　销 / 全国各地新华书店
印　　刷 / 北京紫瑞利印刷有限公司
开　　本 / 787毫米×1092毫米 1/16
印　　张 / 15　　　　　　　　　　　　　　　责任编辑 / 刘永兵
字　　数 / 364千字　　　　　　　　　　　　 文案编辑 / 赵　轩
版　　次 / 2018年8月第1版 2022年1月第3次印刷　责任校对 / 杜　枝
定　　价 / 42.00元　　　　　　　　　　　　　责任印制 / 李志强

图书出现印装质量问题,请拨打售后服务热线,本社负责调换

前　言

旅游管理信息系统是旅游管理专业的一门专业基础课程，是旅游管理与信息管理的交叉课程，具有较强的理论性和应用性。

本书在编写过程中，既考虑了管理信息系统的理论知识，也考虑了旅游管理专业的特点。本书在内容安排上分为两个层次。第一个层次是基本理论篇，由第一章、第二章、第三章、第四章组成，主要介绍管理信息系统的基本概念、管理信息系统开发的平台、旅游管理信息系统开发的过程。第二个层次是实践应用篇，由第五章、第六章、第七章、第八章、第九章组成，主要介绍饭店管理信息系统、旅行社管理信息系统、旅游地管理信息系统、旅游电子商务的应用以及旅游管理信息系统的运行与安全管理。

全书内容深入浅出，既有理论知识，又紧密联系实际，使学生能系统地学习相关知识，既能从管理的角度掌握管理信息系统，也能从技术的角度理解管理信息系统。

本书由沈阳师范大学旅游管理学院于世宏（第一章、第二章、第三章、第四章、第五章、第六章以及附录）和辽东学院关兵（第七章、第八章、第九章）编写，于世宏负责全书的统编定稿。同时沈阳师范大学旅游管理学院的各位领导和老师在本书的编写过程中给予了大力支持和帮助，在此表示感谢。

由于时间紧迫和水平有限，本书难免存在错误和不当之处，敬请广大读者批评指正。

编　者

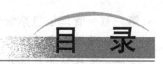

目 录

第一章 绪论 (1)
第一节 信息社会 (2)
一、信息社会的特征 (2)
二、信息社会中企业所处的环境 (3)
第二节 管理信息系统的理论来源 (5)
一、管理理论概述 (5)
二、信息理论 (7)
三、系统理论 (11)

第二章 管理信息系统概述 (23)
第一节 管理信息系统的基本概念 (24)
一、管理信息系统的产生 (24)
二、管理信息系统的内涵 (24)
三、旅游管理信息系统的内涵 (26)
四、管理信息系统的方法 (27)
第二节 管理信息系统的特征和功能 (28)
一、管理信息系统的特征 (28)
二、管理信息系统的功能 (28)
第三节 管理信息系统的结构 (29)
一、管理信息系统的概念结构 (29)
二、管理信息系统的层次结构 (29)
三、管理信息系统的功能结构 (30)
四、管理信息系统的软件结构 (31)
五、管理信息系统的物理结构 (31)
第四节 旅游企业信息化的发展 (33)
一、旅游信息化的发展状况 (33)
二、信息对旅游业的重要性 (35)

三、我国旅游信息化建设中存在的问题 …………………………………… (35)

第三章　管理信息系统开发平台 ………………………………………… (38)

第一节　管理信息系统开发的软硬件平台 ………………………………… (39)
一、管理信息系统开发的硬件平台 ………………………………………… (39)
二、管理信息系统开发的软件平台 ………………………………………… (41)

第二节　管理信息系统开发平台的选择 …………………………………… (44)
一、管理信息系统开发平台的架构方式 …………………………………… (44)
二、管理信息系统开发模式的选择 ………………………………………… (45)

第三节　管理信息系统开发平台的应用技术 ……………………………… (47)
一、计算机网络技术 ………………………………………………………… (47)
二、数据库技术 ……………………………………………………………… (55)
三、新技术应用 ……………………………………………………………… (61)

第四章　管理信息系统的开发过程与方法 ……………………………… (65)

第一节　管理信息系统战略规划概述 ……………………………………… (66)
一、管理信息系统战略规划的概念 ………………………………………… (66)
二、管理信息系统战略规划的过程 ………………………………………… (72)
三、制定管理信息系统战略规划的方法 …………………………………… (76)

第二节　管理信息系统开发过程 …………………………………………… (82)
一、管理信息系统开发的步骤 ……………………………………………… (82)
二、系统分析 ………………………………………………………………… (83)
三、系统设计 ………………………………………………………………… (85)
四、系统实施 ………………………………………………………………… (86)
五、系统运行与维护 ………………………………………………………… (86)

第三节　管理信息系统开发方法 …………………………………………… (87)
一、生命周期法 ……………………………………………………………… (87)
二、原型法 …………………………………………………………………… (90)
三、面向对象法 ……………………………………………………………… (92)
四、计算机辅助法 …………………………………………………………… (93)

第五章　饭店管理信息系统 ………………………………………………… (96)

第一节　饭店管理信息系统概述 …………………………………………… (97)
一、饭店管理信息系统的基本概念 ………………………………………… (97)
二、饭店管理信息系统的特点 ……………………………………………… (97)
三、饭店管理信息系统的结构 ……………………………………………… (98)
四、饭店管理信息系统的作用 ……………………………………………… (100)
五、饭店信息管理软件的发展与展望 ……………………………………… (101)

第二节　饭店管理信息系统的系统分析 …………………………………… (103)
一、饭店宾客信息流程 ……………………………………………………… (103)
二、饭店管理信息系统的数据流程分析 …………………………………… (106)

第三节　饭店管理信息系统的系统设计 …………………………………… (114)

一、HMIS 系统设计的原则 ……………………………………………………(114)
　　二、HMIS 系统设计的内容 ……………………………………………………(115)

第六章　旅行社管理信息系统 …………………………………………………(129)

第一节　旅行社管理信息系统概述 …………………………………………(131)
　　一、旅行社管理的基本业务 ……………………………………………………(131)
　　二、旅行社管理信息系统的基本概念 …………………………………………(131)
　　三、旅行社管理信息系统的功能需求 …………………………………………(132)
　　四、旅行社管理信息系统的结构 ………………………………………………(133)

第二节　旅行社管理信息系统的信息流程 …………………………………(133)
　　一、组团业务的信息流程 ………………………………………………………(134)
　　二、接待业务的信息流程 ………………………………………………………(135)
　　三、计调业务的信息流程 ………………………………………………………(137)
　　四、综合业务的信息流程 ………………………………………………………(137)
　　五、财务业务的信息流程 ………………………………………………………(138)

第三节　旅行社管理信息系统的系统设计 …………………………………(139)
　　一、旅行社管理信息系统的总体设计 …………………………………………(139)
　　二、旅行社管理信息系统的功能设计 …………………………………………(141)

第七章　旅游地管理信息系统 …………………………………………………(151)

第一节　旅游地信息化管理概述 ……………………………………………(152)
　　一、旅游地信息化建设的内涵 …………………………………………………(152)
　　二、旅游地信息化建设的发展特点 ……………………………………………(152)
　　三、旅游地信息化建设的未来方向 ……………………………………………(154)

第二节　地理信息系统的构成与应用 ………………………………………(155)
　　一、地理信息系统的含义 ………………………………………………………(155)
　　二、地理信息系统的内容 ………………………………………………………(156)
　　三、地理信息系统的构成 ………………………………………………………(156)
　　四、地理信息系统的应用 ………………………………………………………(157)

第三节　旅游地理信息系统的功能及技术 …………………………………(161)
　　一、TGIS 的总目标和主要功能 ………………………………………………(161)
　　二、TGIS 的技术方案和关键技术 ……………………………………………(162)
　　三、TGIS 应用对象及方式 ……………………………………………………(162)

第四节　旅游地管理信息系统应用实例 ……………………………………(163)
　　一、杭州市旅游地信息化管理 …………………………………………………(163)
　　二、南海区旅游地营销网络化管理 ……………………………………………(163)
　　三、海南省信息网络平台的建设 ………………………………………………(163)
　　四、都江堰市旅游信息化规划 …………………………………………………(164)

第八章　旅游电子商务的应用 …………………………………………………(167)

第一节　旅游电子商务概述 …………………………………………………(168)
　　一、电子商务的概念 ……………………………………………………………(168)

二、电子商务的发展 …………………………………………………………（170）
　　三、旅游电子商务的构成 ………………………………………………………（170）
　　四、旅游电子商务对旅游业发展的影响 …………………………………………（172）
　　五、旅游电子商务的特点与优势 …………………………………………………（173）
　第二节　旅游电子商务的业务模式 …………………………………………………（175）
　　一、旅游电子商务的功能 ………………………………………………………（175）
　　二、旅游电子商务的交易类型 …………………………………………………（176）
　　三、旅游电子商务的实践模式 …………………………………………………（178）
　第三节　电子商务网站的设计分析 …………………………………………………（180）
　　一、电子商务网站的构成 ………………………………………………………（180）
　　二、电子商务网站模式 …………………………………………………………（181）
　　三、电子商务网站的设计要求 …………………………………………………（182）
　　四、电子商务网站信息结构设计 …………………………………………………（184）
　　五、电子商务网站功能模块的选择 ………………………………………………（185）
　第四节　电子商务在旅游业中的应用 ………………………………………………（186）
　　一、旅游业电子商务在我国的发展 ………………………………………………（186）
　　二、我国旅游业电子商务的发展趋势及发展思路 ………………………………（187）
　　三、电子商务在旅游业中的应用 …………………………………………………（189）

第九章　旅游管理信息系统的运行与安全管理 …………………………………（195）

　第一节　旅游管理信息系统的运行 …………………………………………………（196）
　　一、旅游管理信息系统的运行目标 ………………………………………………（196）
　　二、旅游管理信息系统运行管理的内容 …………………………………………（196）
　　三、旅游管理信息系统的维护 …………………………………………………（198）
　第二节　旅游管理信息系统运行管理的组织 ………………………………………（199）
　　一、组织机构设置 ………………………………………………………………（199）
　　二、人员配置 ……………………………………………………………………（200）
　　三、信息系统运行管理制度 ……………………………………………………（201）
　第三节　旅游管理信息系统的安全管理 ……………………………………………（202）
　　一、信息系统安全的基本概念 …………………………………………………（202）
　　二、影响信息系统安全的因素 …………………………………………………（202）
　　三、信息系统安全保护措施 ……………………………………………………（204）
　　四、计算机病毒及其防范措施 …………………………………………………（206）

附录 …………………………………………………………………………………（208）

　附录1　HMIS应用实例 ……………………………………………………………（208）
　附录2　《计算机信息网络国际联网安全保护管理办法》 …………………………（228）

参考文献 ……………………………………………………………………………（231）

第一章

绪 论

★ 学习目标

1. 掌握信息社会的特征。
2. 熟悉管理与信息管理的关系。
3. 掌握管理、信息、系统的概念。
4. 了解企业信息管理的前沿。

★ 教学要求

本章的教学主要集中在信息社会的特征、管理信息系统的相关概念及其发展分支上,通过介绍企业案例使学生了解企业信息管理的现状与发展。

★ 引导案例

沃尔玛的信息化应用

20世纪90年代沃尔玛提出了新的零售业配送理论:集中管理的配送中心向各商店提供货源,而不是直接将货品运送到商店。其独特的配送体系,大大降低了成本,加速了存货周转,形成了沃尔玛的核心竞争力。沃尔玛的配送系统由三部分组成:高效的配送中心、迅速的运输系统、先进的卫星通信网络。

除了优秀的配送系统外,沃尔玛还把信息技术与经营活动进行密切结合,开发出沃尔玛管理信息系统。该系统的应用更是使其如虎添翼,它可以迅速得到所需的货品层面数据,观察销售趋势、存货水平和订购信息,甚至更多。沃尔玛公司的管理信息系统由强大的国际系统支持。沃尔玛在全球拥有3 000多家商店、40多个配销中心和多个特别产品配销中心,它们分布在美国、阿根廷、巴西、加拿大、中国、法国、墨西哥、波多黎各等国家。公司总部与全球各家分店和各个供应商通过共同的计算机系统进行联系。它们有相同的补货系统、相同的EDI条形码系统、相同的库存管理系统、相同的会员管理系统、相同的收银系统。这样的系统能从一家商店了解全世界商店的资料。

目前，在信息化建设上走在了零售业前沿的沃尔玛，已采用视频会议系统，以解决传统的电话沟通方式的不便，或者是各地相关人员赶往某地参加会议，花费高昂的差旅费，甚至还严重影响了工作效率的问题。例如，通过视频会议系统，全球的沃尔玛公司工作人员可以在世界各地进行报表分析、销售预测、企业内部培训等。操作人员还可以将 PowerPoint、Excel 等数据表格、培训资料呈现在每个与会者的计算机桌面上，同时，还可以在已共享的文档上进行勾画、修改等操作，此系统为他们提供了极大的方便。

从沃尔玛的成功中可以看出，采用信息技术虽然投资巨大，但是它却能降低成本，带来无限的收益与竞争力，可谓沃尔玛成功的一大法宝。

但根据近期数据统计，沃尔玛 2016 年全球关店 269 家，其中中国区 14 家。沃尔玛 2016 年第四季度的财报显示：总营收为 1 309.36 亿美元，同比增长 1%；利润仅为 63 亿美元，同比增长 -6.6%。这样的增长率，表明了沃尔玛的衰退。各方面的原因导致沃尔玛在实体竞争中并不讨好。同时，电商的快速发展也给沃尔玛带来了冲击。

【问题与思考】
信息技术在沃尔玛的发展战略中起到了什么作用？
【分析启示】
了解信息技术对企业经营与管理的主要影响。
【知识点】

在信息社会里，人们越来越清楚地认识到信息的重要价值，信息也已逐步成为这个时代的核心资源，它几乎存在于人类社会生活和科学技术领域的每一个角落。信息作为一种资源的必要条件就是要对其进行有效的管理，使其转化成为生产力，为人类社会创造出巨大的精神财富和物质财富。对信息及其相关活动因素进行科学的计划、组织、控制和协调，实现信息资源的充分开发、合理配置和有效利用，是管理活动的必然要求。

第一节　信息社会

一、信息社会的特征

20 世纪 50 年代末以来，计算机的出现和逐步普及，把信息对整个社会的影响逐步提高到绝对重要的地位。信息化管理渗透到各大发达国家的各行各业。企业信息化是指企业利用现代信息技术，在生产、管理、经营等各个层次、各个环节和各个领域，运用计算机、通信和网络等现代信息技术，充分开发、广泛利用企业内外部的信息资源，不断提高生产、经营、管理、决策的效率和水平，从而提高企业经济效益，增强企业竞争力的过程。

企业信息化不仅可以明显地改善和优化企业的资金流、人员流、物资流和信息流，而且会对企业现行管理模式产生强烈冲击，促使企业管理不断创新，竞争力不断提高，因而对企业的生存和发展具有深远的影响和巨大的作用。

信息化是当今世界经济和社会发展的趋势，人类经济生活将以信息的占有、配置、生产、使用为主，谁占有信息谁就会更富有、更安全，谁失去信息谁就会更贫穷、更落后。信息社会将是一个经济全球化时代，是合作取胜、协作竞争的时代。

信息社会也称信息化社会，是脱离工业化社会以后，信息将起主要作用的社会。在农业社会和工业社会中，物质和能源是主要资源，人们所从事的是大规模的物质生产。而在信息社会中，信息成为比物质和能源更为重要的资源，以开发和利用信息资源为目的的信息经济活动迅速扩大，逐渐取代工业生产活动而成为国民经济活动的主要内容。

在20世纪80年代，关于"信息社会"的较为流行的说法有"3C"社会（通信化、计算机化和自动控制化），"3A"社会（工厂自动化、办公室自动化、家庭自动化）和"4A"社会（"3A"加农业自动化）。到了90年代，关于信息社会的说法又加上了多媒体技术和信息高速公路网络的普遍采用。到了21世纪，互联网的广泛应用推动了互联网、云计算、大数据、物联网等技术与各个行业的融合。"互联网＋"的提出，更为传统产业与信息产业的融合提供了一个新的机遇。

"互联网＋"就是"互联网＋各个传统行业"，但这并不是简单的两者相加，而是利用信息通信技术以及互联网平台，让互联网与传统行业进行深度融合，创造新的发展生态。

具体而言，有以下五方面的特征：

1. 跨界融合

"＋"就是跨界，就是变革，就是开放，就是重塑融合。敢于跨界了，创新的基础才会更坚实；融合协同了，群体智能才会实现，从研发到产业化的路径才会更垂直。融合本身也指代身份的融合，如客户消费转化为投资，伙伴参与创新，等等。

2. 创新驱动

中国粗放的资源驱动型增长方式早就难以为继，必须转变到创新驱动发展这条正确的道路上来。这正是互联网的特质，用所谓的互联网思维来求变、自我革命，也更能发挥创新的力量。

3. 重塑结构

信息革命、全球化、互联网业已打破了原有的社会结构、经济结构、地缘结构、文化结构。权力、议事规则、话语权不断在发生变化。互联网＋社会治理及虚拟社会治理会有很大的不同。

4. 尊重人性

人性的光辉是推动科技进步、经济增长、社会进步、文化繁荣的最根本的力量，互联网的力量之强大最根本的也来源于对人性的最大限度的尊重、对人的体验的敬畏、对人的创造性发挥的重视。例如，UGC、卷入式营销、分享经济。

5. 开放生态

关于"互联网＋"，生态是非常重要的特征，而生态本身就是开放的。我们推进"互联网＋"，其中一个重要的方向就是要把过去制约创新的环节化解掉，把孤岛式创新连接起来，让研发由人性决定的市场来驱动，让创业并努力者有机会实现价值。

二、信息社会中企业所处的环境

农业社会的核心生产力是耕牛和镰刀，工业社会的核心生产力是动力机器，包括蒸汽机和电力、机械系统，而信息社会的核心生产力则是网络。互联网的发展使社会进入了信息生

产力的时代,现在每个人都有智能手机,人们的工作和生活都离不开互联网。在现代社会中企业面临的环境呈现出以下特点:

1. "互联网+"是核心生产力

进入21世纪以后,随着移动互联网、云计算、大数据、物联网和3D打印技术的出现,人们需要利用"互联网+"的方式,将信息技术渗透到生产、流通、消费各个环节、各个领域,这才标志着人类社会进入了全新的信息生产力时代。

电话、短信、微信、社交网络,这些都不是直接"生产力"。互联网只有和生产、流通、消费过程结合起来,深入生产领域,形成"互联网+"的新经济模式,才是信息时代的核心生产力。信息社会核心生产力的一个重要体现是在工业生产领域,目前这个趋势已经凸显,许多自动化工厂都是由机械手和机器人进行一线操作,整个车间都可以实现无人化生产。成品出来以后,从包装、入库到出厂也都是由智能工具自动传递和运送,基本看不到人的工作岗位。

2. 社会变革的日常化

在"互联网+"环境下,社会的变革有呈现日常化的趋势,昨天还是为大家所普遍认同的真理,有可能在今天或明天就会被打破。人们生存的社会进入了日新月异、不断变化的时代。对于企业而言,在这样的时代背景之下,依据过去的经验来推断企业未来的发展已经不太现实,而过度依赖过去的经验也会使得企业陷入危险的境地。只有那些准确把握未来的战略方向、在短时间内能够快速应对竞争环境变化、迅速调整战略的企业才能在残酷的市场竞争中获得生存与发展的空间。

3. 市场竞争的场所发生变化

在互联网时代之前,市场竞争只是单纯地存在于物理空间之中。进入互联网时代之后,市场竞争的场所开始向虚拟空间转移,物理空间和虚拟空间的融合正在成为企业所要面对的现实,市场竞争活动正在趋向多样化和复杂化,不能够正确地理解这一点的企业,未来将会面临被淘汰的命运。

4. 产品/行业的生命周期不断缩短

"信息市场"的完全效率化使得产品/行业的生命周期明显呈现不断缩短的趋势,并且缩短的速度还在不断加快。如果企业不能持续实现战略性创新,那么就有可能经常性地卷入价格竞争中,这样在互联网时代生存的可能性也就降低。

5. 市场竞争由"单打独斗"向"集团作战"转变

在传统经济时代,一家企业要独立面对行业内所有竞争对手的挑战。依据"木桶理论",企业不仅要发挥自己"长板"的优势,还要筹集资源不断地弥补自己的"短板"。这样做不仅加重了企业的经营负担,也不利于资源的集中使用。而在互联网经济时代,随着标准化的出现,企业可以集中资源只发挥自己"长板"的优势,而"短板"可以通过外包或战略合作的形式来弥补。市场竞争将由一家企业独立面对多个竞争对手转变为价值链上不同企业组合之间的"对峙"。"集团作战"将成为未来市场竞争的主要方式,"单打独斗"的企业未来前景不容乐观。

6. 消费者和投资者将成为市场的主导力量

在传统经济时代,市场信息几乎只掌握在企业的手中,消费者和投资者掌握的信息量极其有限,对于企业的议价能力也较弱。进入互联网时代后,消费者和投资者通过互联网可以轻易地掌握无处不在的企业信息，消弭了企业和消费者、投资者和经营者之间的信息不对称的情况，作为买方的消费者和投资者的议价能力不断提升，市场的主导权也在逐步被消费者和投资者掌握。如何更好地满足消费者和投资者的需求已成为企业所要面对的核心问题。

总之，由于信息社会变化加快，信息量递增，知识爆炸，复杂性增加，还有所谓虚拟组织的出现，导致项目大量增加，更需要加强技术管理、知识管理、信息沟通管理，同时还需要一些创新的组织手段和管理手段。信息社会的人才要求趋向集科技、文学、经贸和外语才干于一身的新型复合型人才，不仅要一专一能，还要多专多能。新型复合型人才还要善于协调、处理人际关系，要胸怀博大，要善于拼搏，要有创新意识和创造激情，有不畏权威的怀疑精神和追根究底的探索精神，更要具有知识创新和技术革新的能力，能够在自己的专业领域不断有新发现、新发明、新创造和新开拓。

第二节 管理信息系统的理论来源

一、管理理论概述

管理理论是管理信息系统（Management Information System，MIS）三大基本支持理论之一，管理的主要任务就是利用已有的和可以争取到的各种资源（如人力、物力、财力、技术等），以最少的投入获得最大的产出。

（一）管理的概念

管理是一个随着社会的不断发展而具有多样化特征的动态概念。各种管理学派按照各自的管理理论，对管理的概念有不同的解释。

有人认为，管理是一种程序，通过计划、组织、控制、指挥等职能达成既定目标。

也有人认为，管理就是决策。决策程序就是全部的管理过程，组织则是由作为决策者的个人所组成的系统。

还有人认为，管理的组织基础是知识的网络化。在管理上更注重人的作用和人际沟通，企业经营并行网络化，即可以同时进行多项工作。组织结构更依赖小组和团队的活动，管理层次大为减少。

综上所述，管理是人们有目的、有意识的实践活动，是管理者在一定的社会条件下，为了实现预定目标，对各种资源和实践环节进行规划安排、优化控制活动的总称。在特定的环境下，管理是指一定组织中的管理者有效地利用人力、物力、财力、信息等各种资源，并通过决策、计划、组织、领导、激励和控制职能，来协调他人的活动，使别人与自己共同实现既定目标的活动过程。

管理的主体是管理者，包括各级、各层、各类的管理者。管理的客体，即管理的对象是以人为中心的各种资源。管理的目的是实现预期的目标。管理的本质是在一定的环境下进行协调。管理是一种活动，因而它是一个动态的过程，管理信息系统正是反映这种动态过程全貌的一个集合体。对于管理活动来说，它与信息系统几乎是平行的，它们相互依存、互为前提。可以这样认为，一个旅游管理信息系统的维持必须有配套的管理活动，否则信息系统便会失去存在的意义和价值。反之，没有管理信息系统，管理也是茫然的。管理是目的，而管理信息系统则是服务这一目的的手段，它以辅助管理、辅助决策为目的。

（二）管理科学的发展阶段

自古以来就存在着管理思想和实践，管理思想和实践是在人类集体协作、共同劳动中产生的。管理学形成之前可分为两个阶段：早期管理实践与管理思想阶段（从有了人类集体劳动开始到18世纪）和管理理论产生的萌芽阶段（从18世纪到19世纪末）。管理思想一直随着历史的发展而不断演变。

因此管理学形成后又可分为三个阶段：古典管理理论阶段（20世纪初到20世纪30年代行为科学学派出现前）、现代管理理论阶段（20世纪30到80年代，主要指行为科学学派及管理理论丛林阶段）和当代管理理论阶段（20世纪80年代至今）。就管理科学的特点来说，它又可以分为以下六种主要学派：

1. 科学管理和组织管理学派

泰勒对科学管理作了这样的定义："诸种要素——不是个别要素的结合，构成了科学管理，它可以概括如下：科学，不是单凭经验的方法。协调，不是不和别人合作，不是个人主义。最高的产量，取代有限的产量。发挥每个人最高的效率，实现最大的富裕。"这个定义，既阐明了科学管理的真正内涵，又综合反映了泰勒的科学管理思想。

组织管理理论着重研究管理职能和整个组织结构，其代表人物主要有法约尔、韦伯等。英国管理学家厄威克的综合管理理论把科学管理理论和组织管理理论综合为一体。他认为，管理过程由计划、组织和控制三个主要职能构成。

2. 行为管理理论学派

行为管理理论于20世纪30年代出现，行为管理理论学派是在梅奥开创的人际关系学说的基础上发展起来的，以人的行为及其产生的原因作为研究对象的学派，主要的代表人物及其理论有马斯洛的需求层次理论、赫兹伯格的双因素理论、麦格雷戈的"X理论－Y理论"。

行为管理理论从心理学、社会学的角度侧重研究个体需求、行为，团体行为，组织行为和激励，领导方式，它认为人不仅是"经济人"，同时还是"社会人"，将人的管理提升到所有管理对象中最重要的地位，开创了管理理论中的人本主义，引发了许多全新的管理观念和方法，进而形成了现代管理理论的各种人本主义学派。它为缓和现代市场经济的内部矛盾和冲突、维持生产力发展提供了工具。

3. 数学管理理论学派

数学管理理论于20世纪40年代出现，其代表作是1940年苏联康托洛维奇所著的《生产组织与计划中的数学方法》。该著作把数学引入管理，以数学模型的方法进行管理，提出生产指挥、管理的问题主要是数学问题。

4. 计算机管理理论学派

计算机管理理论于20世纪50年代出现，这一时期虽没有突出的代表作，但计算机已被广泛用于管理。继1954年计算机用于工资管理后，逐渐被用于会计、库存、计划等方面，在50年代末至60年代初形成了计算机用于管理的第一次热潮。

5. 系统管理理论学派

系统管理理论于20世纪70年代出现，其代表作是1970年华盛顿大学教授卡斯特所著的《组织与管理——从系统出发的研究》，他提出用系统的理论和方法研究管理。系统管理理论认为组织是一个系统，是由相互联系、相互依存的要素构成的。根据需要，可以把系统分解为子系统，子系统还可以再分解。

6. 管理信息系统理论学派

20世纪80年代，这一时期出现了信息革命，信息被视为用于管理的重要的无形资源。同一时期又产生了控制论，于是信息论、控制论、系统论在管理中有机结合，产生了管理信息系统学科，它的出现极大地推动了管理科学的发展，如决策支持系统的出现，把数据库处理与经济管理数学模型的优化计算结合起来，使管理信息系统不再是为管理者提供的预定报告，而是在人和计算机交互的过程中帮助决策者探索可能的方案，为管理者提供决策所需的信息。决策支持系统与人工智能、计算机网络技术等结合形成了智能决策支持系统和群体决策支持系统。决策支持系统在组织中可能是一个独立的系统，也可能作为管理信息系统的一个高层子系统。决策支持系统是以管理信息系统的信息为基础的，因此管理信息系统是一个不断发展的概念。

在管理科学发展过程中，后一种学派的产生，一般不是对前一种学派的否定，而是对前一种学派的弱点加以改进，使前者的愿望更能得以实现。例如，行为科学能激励工人更好地完成定额，更便于科学管理的实现。计算机的出现使数学方法的应用成为可能，促进了应用数学的发展。而系统工程则是集过去之大成，更加综合，更加全面。它主张分析环境，确定系统目标，什么方法合适就用什么方法。

二、信息理论

（一）数据与信息

数据与信息之间是相互联系的。数据是反映客观事物属性的记录，是信息的具体表现形式。数据经过加工处理之后，就成为信息；而信息需要经过数字化转变成数据才能存储和传输。

1. 数据

数据（Data）是事实或观察的结果，是对客观事物的逻辑归纳，是用于表示客观事物的未经加工的原始素材。

数据是信息的表现形式和载体，可以是符号、文字、数字、语音、图像、视频等。数据和信息是不可分离的，数据是信息的表达，信息是数据的内涵。数据本身没有意义，数据只有对实体行为产生影响时才成为信息。数据可以是连续的值，如声音、图像，称为模拟数据；也可以是离散的，如符号、文字，称为数字数据。

2. 信息

信息（Information）的含义是消息、情报和资料。信息技术的发展使"信息"一词的使用迅速得到了普及。信息作为资源在社会中的主导作用越来越明显，与信息研究相关的学科也在逐渐形成，对信息的解释和理解也不断地发展。目前，对于信息的定义常见的有：信息是指客观存在的新的事实或新的知识；信息是代码符号序列所承载的内容；信息是经过加工解释后所得到的对某个目的有用的数据。

这些定义出现在不同的著作中，能够帮助人们更好地理解信息的含义。如果考虑信息与其接收使用者的关系，可以将信息定义为：信息是经过加工解释后，能对人类的行为决策产生影响的数据。

3. 数据与信息的联系与区别

数据与信息的联系表现在：数据是荷载信息的物理符号，它本身并没有意义；信息是对数据的解释，是具有某种含义的数据，并能对客观事物产生一定的影响；数据经过加工后可能会产生信息，也可能会产生另一种形式的数据。

信息与数据不相同，但两者之间却有密切的联系。它们的区别表现在：信息是向人们或机器提供关于现实世界新的事实的知识。数据是原始事实，而信息则是数据内涵的意义，只有数据对实体行为产生影响时才成为信息。它们之间的联系表现在：信息是数据内在逻辑关系的体现；数据是信息的表现形式。因此，在对"信息"与"数据"不做严格区分的场合，信息可以称为数据，数据也可以称为信息，"信息处理"也可以称为"数据处理"，反之亦然。

（二）信息的分类

信息从不同的角度有多种不同的分类。根据信息反映的内容，可分为自然信息、生物信息和管理信息；根据信息的应用，可分为管理信息、社会信息和科技信息等；根据信息的加工程度，可分为一次信息、二次信息和三次信息；根据管理的层次，可分为作业信息、战术信息和战略信息；根据信息记载的反映形式，可分为数字信息、图像信息和声音信息等。

（三）信息的特性

1. 事实性

事实性是信息的中心特性，即信息的真实性、准确性、精确性和客观性。不符合事实性的信息不仅无益，而且有害。事实性是决定信息价值的主要特性。

2. 等级性

管理是分等级的，对于同一问题，处于不同的管理层次，产生与需求的信息不同，因此信息也是分等级的。信息和管理对应，一般分为战略级、战术级和作业级。不同等级的信息，其性质不同，见表1-1。

表1-1　企业中不同等级的信息

信息级别	来源	寿命	使用频率
战略级	关于企业的方向、目标、路线等，多来自外部	寿命长，如企业发展规划	使用频率低，如5年计划数据
战术级	关于如何选择工厂位置、如何获得和使用资源等，来自内、外部	寿命次之	使用频率较高
作业级	关于生产计划信息、生产指标完成程度，较为具体，多来自内部	寿命较短，如某一产品的设计、生产	使用频率高

3. 时效性

信息的时效性就是信息在一定时间范围内的效力，就是这个信息过期没过期。时效性是指从信息源发出信息，经过接收、加工、传递、利用的时间间隔。间隔的时间越短，使用信息越及时，使用程度越高，时效性就越强。信息的时效性和价值性是紧密联系在一起的，如果信息本身就没有价值，也就无所谓时效性了。

4. 不完全性

由于时间、地域和空间的限制，认识、理解和能力的不同，方法、方式和工具的不同，以及有时根据主观需要增加信息、忽略部分信息和改造某些信息，使得信息所反映的特征不是客观事物的原形或全部。

5. 传输性

信息是可以传输的，它的传输成本远远低于传输物资与能源。信息可以通过各种手段传输到很远的地方。传输的形式也很多，有数字、文字、图像和视频等。信息的传输加快了全球的资源交流和社会变化。

6. 分享性

和其他物资资源相比，信息具有非消耗的属性，可以被共同占有、共同享用。信息的分享没有直接的损失，但会造成间接的损失。信息的分享性或共享使信息成为企业的一种资源。

信息的其他性质还有存储性、依附性、目的性和度量性等。对于人类而言，认识信息、理解信息、有效地使用信息是信息时代的根本任务，是知识经济发展的基础。

（四）信息化及我国信息化概况

1. 信息化概述

就一个国家而言，信息化一般表述为"国民经济各部门和社会活动各领域普遍应用先进信息技术，从而大大提高社会劳动生产率以及大大改善人民物质与文化生活质量的过程"。信息化是一个长期的过程，主要内容是普遍应用先进信息技术，开发和利用信息资源，其目的是大大提高劳动生产率和生活质量。

如果简单地将信息化看作计算机应用，则信息化实际运作已有半个世纪了。1993年，美国在其强大的信息技术优势的基础上，率先提出国家信息基础建设（National Information Infrastructure, NII；通常称为"信息高速公路"，Information Superhighway）计划，其目的是要保持和发展已有的信息技术和经济实力的绝对优势。信息基础主要是数字通信网络，它对信息化建设的成败起着关键的作用。之后，欧共体、日本、英国、法国、德国也纷纷提出各自的类似计划。欧共体建设了"欧洲信息空间"，日本实施了"研究信息流通新干线"，英、法、德等国家则同美国一样建起了"信息高速公路"。

几乎同时，新加坡、韩国、巴西等国家也积极开展了各自的信息化基础建设，新加坡的"国家信息基础设施"旨在使只有300万人口的新加坡变成由计算机连接所有家庭、机关、工厂和学校的"智能岛"，韩国的"超高速信息通信网"要实现政府各部局的信息联网。1995年，西方七国首脑聚会于布鲁塞尔，讨论建设全球信息基础建设——GII 计划，提出了建设全球信息社会的目标，从而兴起了美国、日本等少数发达国家的信息化建设浪潮开始波及全世界各个角落。

有了信息基础设施的支撑，许多国家的信息化建设一波接一波，信息技术的应用成果日新月异。从政府的常规内部业务处理系统到当前连接社会各界的电子政务，从企业的业务管理和决策支持到现在跨企业的供应链管理系统，从个人的网上信息交流和享用到今天自行安排的家庭办公与足不出户的消费，等等，所有这些人们能感受或涉及的社会进步和经济发展都是建立在信息基础设施之上，且来自信息化建设的产出。信息化是走向信息社会的过程。从对信息的新认识到走向信息社会的大体过程如图1-1所示。

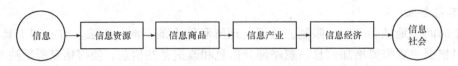

图 1-1　从信息走向信息社会的过程

信息作为一种资源被人们认识和接受，有了对信息资源的认识和需求，自然就会产生信息商品和信息服务，随之就有了信息商品的生产与交换，有了信息服务的设计与提供，进而形成了信息产业。当信息产业在国民经济中占主导地位时，如信息产业人员在所有产业人员中比例超过50%，信息产业产值在所有产业产值中的比例超过50%，国民经济就转向了信息经济，由此社会进入信息化社会。这就是人们从信息的新认识开始走向信息社会的过程。乌家培在《信息社会与网络经济》一书的《信息社会与共产党的任务》一文中认为，从信息化这一概念出现与传播的历史来考证，可以证明"信息化的结果将导致信息社会的来临"。信息化将把工业社会引向信息社会。

目前，人们对信息是一种资源的观点已有较深入的理解，信息商品和信息服务已普遍存在并不断出新，信息产业在世界经济中的地位和比重日益提高。例如，美国信息产业产值在总值中的比例，信息产业人员在所有产业人员中的比例都已超过50%，因此人们认为美国已踏入信息社会。

为了衡量一个国家或一个社会的信息化发展水平，不少学者研究并提出多种定量测定方法，较有名的社会信息化发展水平测定方法见表1-2。这些方法的应用不仅可以衡量信息化的发展水平，还能通过测定找出差距，以利于更好地开展信息化。

表 1-2　主要社会信息化发展水平测定方法

方　法	出处与年份	测定要点
指数法	日本学者，1965	4个要素共11个变量，与基准年相比得出指数
马克卢普—波拉特法	马克卢普，波拉特，1977	$GNP = C + I + G + (X - M)$
指标体系法	国际数据公司，1996	6大类12小类指标，如每百人计算机数、光缆公里数
信息社会指数法	国际电联，1995	4大类23小类指标，如报纸发行量、互联网主机数
我国的信息化指标	我国信息产业部，2001	20个指标项，如电子商务交易量、信息产业产出比重

2. 我国信息化概况

信息化已成为一个国家的战略任务，它对国民经济的发展具有巨大的推动和支持作用，对国家经济实力和竞争力的增强有深远的战略意义，其水平的高低已经成为衡量综合国力的重要标志。我国的信息化建设是在政府的倡导和推动下逐步开展起来的，早在1983年制定新技术革命对策时，就把发展信息技术纳入国家对策。20世纪80年代中期以来，党和国家领导人发表了一系列有关信息化的重要讲话，中央和地方政府陆续组建了信息化建设的管理机构。1996年召开的中共十四届五中全会，把信息化作为我国的战略任务，明确提出了"加快国民经济信息化进程"的要求。此后中共十五、十六届中央委员会的多次会议都重申了信息化的战略地位。

在国家信息化战略方针引导下，我国的信息化建设有计划地逐步开展起来，经过20余年的努力，取得了一系列的重要进展。纵观我国信息化的过程，大致经历了三个阶段：

（1）第一阶段：国家倡导和起步阶段，20世纪80年代中期—90年代初期。

1986年我国批准建设国家经济信息系统，全国从中央到各省、市、自治区陆续成立了信息中心，启动了全国性的信息化建设。该阶段的信息化概念和建设尚处于酝酿和探索层面，开发了包括国家经济信息系统、电子数据交换系统、银行电子化业务系统、铁路运输管理系统和公安信息系统等一批大型应用信息系统。

（2）第二阶段：有序组织实施重大基础工程阶段，20世纪90年代中期。

1993年成立了全国电子信息系统推广办公室，同年，又开始实施"金"字号国民经济信息化工程（金桥、金卡、金关、金税等）。该阶段相继建成了公用分组交换网（ChinaPAC）、数字数据网（ChinaDDN）、公用计算机互联网（ChinaNET）三大骨干网络组成的公用数据通信网。

（3）第三阶段：全面推进阶段，20世纪90年代后期至今。

该阶段各行各业对发展和应用信息技术的热情普遍高涨。企业信息化大范围推进，在信息系统方面相继开发、实施和应用ERP、电子商务、客户关系管理等信息系统。在基础设施方面主要建设企业内部网（Intranet）、企业外部网（Extranet）、企业信息门户（Enterprise Information Portal）等。这一阶段的信息化还拓展到了电子政务、电子社区、信息港、数字城市，以及社会文献资源服务系统、社会信用评估系统等社会信息化的实施内容。

我国信息化的战略方针是"以信息化带动工业化，以工业化促进信息化，实行工业化与信息化互补并进"。我国的工业化处于中后期，问题很多，需要在技术、时间、资金、劳动力等资源上依靠信息化的优势，通过改造和替代来带动工业化（升级）。我国信息化处于初期，同样需要在物资、装备、能源、资金、市场等条件上，依靠工业化的基础和空间来促进信息化（发展）。我国的信息化具有"后发优势"，可以实现"跨越式发展"。乌家培对"后发优势实现跨越式发展"的含义做了比较清晰的阐述：一是可以以较短的时间和较少的代价实现先进国家原来走过的发展历程所具有的相同目标，如先进国家在工业化完成后开展信息化，我们可以与其同时开展信息化建设；二是在发展过程中跳过先进国家曾经走过的阶段，如先进国家从模拟通信技术到数字通信技术经历了一二百年，而我们几乎可以与其同时进入数字通信阶段。

我国与发达国家相比，信息化还有很大的差距，用已有的测定方法来衡量，我国进入信息社会还有相当长的路要走，目前只能以"面临信息社会"来表示信息化的程度。在信息化建设的内容上，我国根据国情确定为六项，即开发利用信息资源，建设国家信息网络，推进信息技术应用，发展信息技术和产业，培育信息化人才，制定和完善信息化政策、法律和标准。其中开发利用信息资源和推进信息技术应用是信息化的重点，信息系统是目前开发和利用信息资源最有效和最可行的方式。

三、系统理论

人们在长期的实践活动中逐渐认识到自然界和人类社会的许多事物都具有相互联系性和整体性，为了更好地探究事物，经过不断总结和提升，形成了系统思想。"系统"一词，来源于古希腊语，是由部分构成整体的意思。

(一)系统的定义

系统论的代表人物贝塔朗菲(L. Y. Bertalanffy)于1945年给"系统"(Systems)下的定义为:系统是若干要素以一定的结构形式联结构成的具有某种功能的有机整体。在这个定义中包括了系统、要素、结构、功能四个概念,表明了要素与要素、要素与系统、系统与环境三方面的关系。

按此定义,为共同的目的,由若干要素有机地组织起来的一个整体就是一个系统。例如,企业由人、财、物、信息及规程等要素构成,这些要素相互联系和作用,按照预定的规则,人与人之间进行协作,合理配置和使用资金、物资,将生产要素转换为社会财富,产生经济效益,并从中获取一定的利润,因此企业是一类系统。又如,一部机器是由若干零部件按照某种结构组装起来的,它们为加工某种器件或产生某种功能而协调地运作,因此机器也是一类系统。

综合来说,系统具有以下含义:系统由若干要素组成;系统具有一定的结构;系统有一定的目的性;系统应有环境适应性。

系统可被更抽象地认为是由若干要素及要素之间的关系(相互联系和相互作用的关系)构成的。不同的要素可能有相同的要素关系,相同的要素也可能有不同的要素关系。例如,茅草房和钢筋水泥房的要素相差很大,但要素之间的关系基本相同。又如,家族型企业和社会型企业的要素基本相同,但要素关系却不同。研究还发现,系统中的要素关系比要素复杂,而且要素关系比要素更重要。有的系统的要素和要素关系比较简单,而有的系统的要素和要素关系非常复杂。例如,人作为要素时是非常复杂的,制度作为要素关系(如人与人之间的关系)时也是非常复杂的,企业系统和信息系统之所以复杂,是因为其要素和要素关系复杂。

(二)系统的模型

系统一般模型如图1-2所示。

对于开放系统而言,系统一般由以下几部分组成。

(1)系统环境:为提供输入或接收输出的场所,既与系统发生作用,又不包含在系统之内的其他事物的总和。环境对系统有一定的影响。

(2)系统边界:系统与环境分开的假想线,在此实现物质、能量、信息交换。

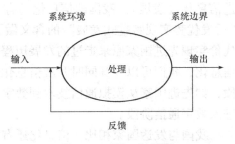

图1-2 系统一般模型

(3)输入/输出:与环境发生的联系。系统接收的物质与信息称为系统的输入。系统经变换、处理后产生的另一种形态的物质能量和信息称为系统的输出。

(三)系统的结构

系统要素相互之间有一定的联系和作用,即要素之间的关系。系统都具有一定的组织形式,即系统的结构。系统通过结构将要素组织起来,这个结构就是要素关系。系统的结构是立足于系统角度的,要素关系是着眼于要素的,但两者的实质是一样的。实物系统的结构一般是可见的,即使是非常复杂的实物系统的结构,通过某些工具,终归能清晰地解析。由人参与的系统的结构客观存在,但不能被人们直观地彻底地观察,需要通过间接的方法予以揭示，这种揭示不可能是完全的和彻底的。

系统的结构有严密和松散、复杂和简单等不同的形式，不同的系统有各不相同的性质和功能。研究表明，系统的性能与系统结构和系统要素有关，但系统的性能主要由系统结构决定，要素起次要的作用。金刚石与石墨的要素都是碳原子，但碳原子的结合方式，即结构很不相同，因此它们的性质迥然不同。私有制企业与公有制企业，要素大同小异，人、财、物的关系或系统结构却不同，因此它们的性质也不同。国有企业实行股份制是要通过结构的改变来寻求更好的功能——提高企业绩效。结构与功能的关系也存在一构多功和异构同功的现象，如家庭既可以是生活单位，也可以是劳动集体；计算机能实现人所具有的功能，但其与人的结构却截然不同。

系统要素是活动的，要素的变化使系统运动和发展，但这是量变；系统的结构是相对稳定的，结构的变化会使系统发生质的改变——转化为新的系统或彻底瓦解。所谓量变引起质变是先导致结构的变更而后再引起的。一个企业系统的员工流进流出，生产设施的更替等，一般不会有实质性的影响，然而，企业制度的改变，甚至企业业务流程的变革，都会引起企业的震荡，搞得不好反而会使企业倒退。

当一个系统比较复杂时，其中的要素可能处于不同的地位或层次，存在上下级关系，这样系统内部就有了层次性，相应地表现出层次结构。层次结构是系统结构的一类形式，系统越复杂，结构层次就越多、越重要。一个国家是一个系统，国家之下有省、市，省、市之下有区、县，等等。即使到了个人层面，仍然可以再有更下层的精神要素与物质要素。考虑系统层次结构的相对性，作为整体的系统和作为局部的要素，是相对而言的。若干个系统按某种结构构建起来时，形成了一个更大的系统，原来的系统成为大系统的要素（或子系统）；要素由更小的要素构成时，相对于更小的要素，该要素就是系统。

可见，在设计、构建、管理或改造一个系统时，为使系统具有预期的功能，就要考虑采用怎样的要素，更要考虑选择怎样的结构，包括结构层次、层次幅度、要素联系和作用的规则等。

系统功能由系统要素、系统结构、系统环境三方面决定，其中结构是内在的最为关键的决定性因素，环境是外在的作用性的决定因素。系统与环境之间有物质、能量和信息的交互，有相互的影响，因而存在环境适应性问题。

（四）系统的特性

系统具有整体性、目的性、关联性和环境适应性等一般属性，了解系统的属性能更好地分析和设计、管理和应用系统。

1. 整体性

整体性是系统最本质的属性，系统由两个或两个以上的要素结合而成，具有整体功能不等于各组成部分的功能之和的原则。考虑系统与要素的某些可比的特性（如集体的智慧与个体的智慧），即有以下系统整体性的基本原则：整体不等于部分之和，$1+1$ 大于或小于 2；当要素关系优化时，整体大于部分之和；当要素关系劣化时，整体小于部分之和；当要素无关时，整体等于部分之和，即不成为系统。例如，"三个臭皮匠，顶个诸葛亮"体现了系统的整体大于部分之和的整体性属性；"一个和尚挑水吃，两个和尚抬水吃，三个和尚没水吃"则体现了系统的要素关系劣化，整体小于部分之和的整体性属性。

2. 目的性

系统有预期的目的，必然具有特定的功能，只有通过这些功能的发挥才能实现预期的目的。目的决定设计和构造怎样的系统，包括需要哪些要素，要素之间应该设定怎样的关系。当目的难以实现或实现得不理想时，往往需要调换要素和调整要素关系。企业系统的目的是创造财富和获取利润，为实现这一目的，企业的组成要素和各个组成要素之间的关系就要经过刻意的设计和选择。

3. 关联性

关联性即系统要素之间存在相互联系和相互作用的关系，这种关系是系统的特性，也是系统的基本内容。系统的整体性建立在系统的关联性之上，没有关联性也就没有整体性。以企业系统为例，其中人、财、物的关联性是通过体制和机制等制度来表现的。例如，一个生产企业，计划部门依据企业的生产能力、市场需求等因素制订出生产计划；供应部门按照生产计划、生产状况以及原材料等的库存情况提供供应服务和销售处理；而生产部门则要根据生产计划组织生产，其生产能力又是计划部门制订生产计划的依据。由此可见，企业的计划子系统、供销子系统、生产子系统和库存子系统按照一定的分工各自完成其特定的功能。

4. 环境适应性

系统处于一定的环境之中，与环境之间存在物质、能量或信息的交互。环境会影响系统，系统也会影响环境，环境和系统中一方的变化都会引起另一方一定程度的变化。但在一般情况下，环境对系统的影响更大。有时，环境的变化会导致系统结构的变化，进而影响功能的发挥，影响严重时，系统甚至会崩溃而遭到淘汰。因此，系统要生存与发展就必须适应环境，及时地改变自己的要素或要素关系，提高自己的环境适应能力。企业系统的主要环境是市场，包括市场中的客户和竞争对手，客户需求的变化和竞争对手竞争策略的变化都会对当事企业产生压力，企业只有通过不断的变革才能使自己适应变化的市场，否则就无法生存。

（五）系统的分类

系统的分类方法很多，不同的分类方法，可以让我们从不同的角度来认识系统。

1. 按系统的起源分类

按系统的起源进行划分，可将系统分为自然系统和人造系统。自然系统的组成部分是自然物质，其特点是自然形成的，如大气系统、生态系统等。人造系统是为了达到人类的目的而由人建立起来的系统，包括生产系统、交通系统等。

2. 按系统的复杂程度分类

按系统的复杂程度进行划分，可将系统分为物理系统、生物系统和人类社会及宇宙系统。物理系统包括框架系统、时钟系统和控制机械系统。框架系统是最为简单、静态的系统，如桥梁、房子等；时钟系统按预定规律变化，虽动犹静；控制机械系统能自动调整，偶然的干扰使运动偏离预定要求时，系统能自动调节回去。生物系统包括细胞系统、植物系统和动物系统。细胞系统能新陈代谢和繁殖，有生命，比物理系统更高级；植物系统是细胞群体组成的系统，显示了单个细胞没有的作用；动物系统具有寻找目标的能力。人类社会及宇宙系统包括人类系统、社会系统和宇宙系统。人类系统具有较强的处理信息的能力，说明目标和使用语言的能力均超过动物，懂得知识和善于学习，是人的群体系统；社会系统是人类政治、经济活动等上层建筑系统，一般指组织；宇宙系统包括地球以外的天体、人类不知道的东西。

3. 按系统与环境的关系分类

按系统与环境的关系进行划分，可将系统分为封闭系统和开放系统。封闭系统是指与外界分开，外界不影响系统的主要现象的复现的系统；开放系统是指不可能与外界分开的系统，或者可以分开，但分开以后其重要性质将发生变化的系统。封闭系统和开放系统可以互相转化。

4. 按系统的内部结构分类

按系统的内部结构进行划分，可将系统分为开环系统和闭环系统。开环系统可分为一般开环系统和前馈开环系统；闭环系统可分为单闭环系统和多重闭环系统，闭环系统中可能包含反馈，也可能包含前馈，如图1-3所示。

一个具备反馈和控制能力的系统称为控制系统（Cybernetic System），即具备自监控、自调节能力的系统。反馈主要指系统有能力把有关系统输出的数据反馈给其输入部分，为必要的调节提供信息。控制则指在对系统反馈数据进行分析后确定系统是否实现目标。如未实现目标，系统则要对其输入或过程部分进行适当的调节，以得到期望的输出。

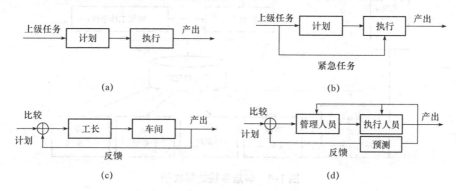

图1-3　系统内部结构划分
(a) 一般开环系统；(b) 前馈开环系统；(c) 单反馈闭环；(d) 多重反馈闭环

（六）信息系统

1. 信息系统的概念

用系统的观点来分析企业组织结构，企业是一个有生命的开放系统，信息系统则是企业的一个子系统。随着计算机技术的发展，信息系统越来越多地被用于企业各管理层的决策，信息系统从而被视为企业内部最具价值的子系统之一。采用企业信息系统有许多优点，其中包括直接提高企业运作效率、降低成本、缩短生产准备时间等。

信息系统（Information Systems，IS），即一类有关信息的系统。一般的定义认为，信息系统是由人、规程、数据、输入、输出和处理等要素组成的，是由人按规程收集数据、加工数据和产生信息的系统。这里特别强调人的参与和人在系统中的地位（包括信息系统的管理维护人员和使用人员），因此信息系统也称为社会技术系统，是一类有需求、有目的、有代价、有收获的人机系统。

2. 信息系统的功能

一般来说，信息系统接收数据/信息作为输入，通过过程转换，以信息的形式输出结果。此种信息往往是为某一信息需求服务的。在这一信息转换过程中涉及的功能包括：数据的产生；企业内部数据的产生或获取；数据的记录；数据的处理过程；信息的产生、存储、检索和传递；信息为其需求所用。

3. 信息系统的发展

20 世纪 80 年代后期，随着对信息系统的需求扩大到高层管理，企业信息系统开始面向企业的各个层次并为之提供服务，同时系统的名称也开始分化。具体来说企业信息系统开始由三个子系统来加以定义和描述。信息系统的层次图，如图 1-4 所示。

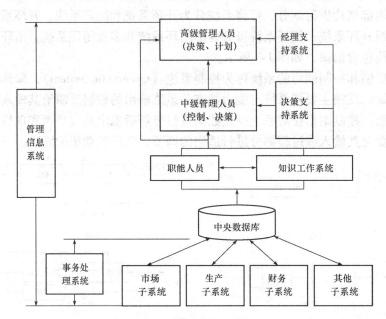

图 1-4 信息系统的层次图

子系统一是为企业基础层即生产运作层服务的系统，称为数据处理系统（Data Processing System）。从系统角度来说，此类系统以事务处理系统（Transaction Processing Systems，TPS）为主。

子系统二是为企业中层即中层管理服务的系统，称为知识工作系统（Knowledge Working System，KWS）。从系统角度来说，此类系统是在事务处理系统基础上，增加了可供中层管理决策之用的部分系统。

子系统三是为企业高层即高层管理服务的系统，称为决策支持系统（Decision Support System，DSS）。此类系统也称为高层管理信息系统（Executive Information System，EIS）。近年来开始普遍采用新的名称，即联机分析处理系统（Online Analytical Processing System，OLAP）。从系统的角度来说，此类系统是在数据处理系统和管理信息系统的基础上，提供了可供高层管理决策之用的部分系统。

从发展历程中，我们能看到信息系统是如何从简单到复杂，从单项数据处理到多项业务的综合管理，从单机到网络再到人机协作，从部门的管理系统到企业级的管理系统，从企业应用到政府机关应用再到社会各界的应用，直至现在的跨组织跨国界的分布式系统。就计算机在企业数据处理中的应用而言，其实它在 20 世纪 60 年代产生管理信息系统之前就出现了。早在 1952 年，美国 John Plain 公司就已应用计算机处理对账业务；1954 年，通用电气公司也用计算机进行工资计算。

从20世纪50年代开始到现在，如果以时间段和面对的问题来划分，信息系统大致可以分为50年代中期至60年代的事务处理系统（TPS）、70年代初期开始的管理信息系统、70年代中期出现的决策支持系统（DSS）和70年代后期的办公自动化系统（OAS）四类。

（1）事务处理系统。20世纪50年代出现的，以计算机为工具的事务处理系统是记录和处理日常事务的信息系统，这些事务是组织中基本的和重复性的活动，具有数据量大、处理步骤固定、结构化程度高、要求详细和精确的特点。例如，工资计算、物料进出仓凭证的登记、车间生产记录、财务凭证的记账、客户订单的登记与预处理等。

因为日常的事务是企业最频繁和最基本的作业，所以面向这些作业的TPS也是企业最基本的信息系统。在计算机的支持下，TPS能提高事务处理的速度、效率和准确度，改进客户服务的质量和响应度等。根据事务性工作的特点，TPS主要以自动化的面貌出现，因此在节省人力和时间、降低成本和误差等方面能产生很好的效果。

尽管当前流行的信息系统的能力已远远超出了TPS，但TPS在作业层起着无法替代的重要作用，对于作业层的业务操作人员来说，它至今仍是最为主要的自动化工具之一。由于TPS是企业内部基础数据的主要来源，那些后来产生的上层或高级的信息系统离不开TPS的数据支持，它们或直接包含TPS的部分，或建立在TPS基础之上，与TPS有密不可分的协作关系。于20世纪60年代末、70年代初产生的管理信息系统，其实在一定程度上也是受到了TPS的启示。

20世纪五六十年代占据信息系统主角的TPS，大致上可以分为两个阶段，即单项数据处理阶段和多项数据处理阶段。多项数据处理依靠大容量存储器和多终端计算机，对多个单项业务的数据进行综合处理，以输出状态信息报告为主，如生产状态报告和服务状态报告。当时一些典型的TPS如下：

①1950年，美国统计局用计算机进行人口统计（单项数据处理）；
②1952年，美国电台用计算机进行总统选票分析（单项数据处理）；
③1954年，通用电气公司用计算机进行工资计算（单项数据处理）；
④1964年，IBM公司的公用制造信息系统（状态报告系统）。

经过不断的改进和提高，现在的TPS在技术和性能上已有很大的进步，但其基本运作过程并没有发生太大的变化，TPS的运作方式有批处理、实时的联机处理和延迟联机录入等三种方式。

现在以一个原料仓库的进出仓事务处理为例来描述TPS的运作过程和运作方式。当发生原料入库和出库时，库存保管人员要根据入库单或领料单通过键盘输入原料的代号（一般情况下系统会根据原料代号从原料目录中找出原料名称和单价）、数量、入库或出库的缘由、时间等数据，系统对这些数据做有效性和完整性检查，如果发现有遗漏或错误的数据项，系统会提示出错信息要求修改。然后系统根据数量和单价计算出金额和新的库存结余数，并对库存表做库存结算，同时，进仓或出仓数据被记入原料库存明细账。在需要时或定期地打印原料库存报告。如果进仓和出仓凭证被集中起来，在另一时间一起输入和处理，那么这就是批处理的方式；如果采用扫描技术，对进、出仓的原料的条形码进行扫描，系统依据扫描所产生的数据做及时的自动处理，那么这就是实时联机处理；所谓延迟联机则是实时输入进、出仓数据，过一段时间后再集中处理这些数据的方式。

(2) 管理信息系统。20 世纪 60 年代末、70 年代初产生的管理信息系统（MIS）是一类面向战术层管理人员的信息系统，其特点是数据高度集中，快速处理和统一使用，有中心数据库和计算机网络系统，追求管理的综合效应。当时的 MIS 应用大容量存储器和多终端计算机，使用预测、优化、调节控制等定量化的管理方法，汇总和分析来自 TPS 的事务数据，定期或随时向管理者提供综合性的报表和报告。这时的 MIS 在战术层的功能上还较薄弱，其主要功能并不是替代，而是通过加工基础数据产生信息，制作反映生产和经营状况的各类报表和报告来帮助或支持中层管理人员的工作，因此被称为狭义的管理信息系统。

显然，TPS 的输出数据是 MIS 的输入数据，因此也可以把 TPS 看作 MIS 的一个子系统。MIS 输出信息报告，为后来产生的支持战术层和战略层决策的信息系统——决策支持系统提供输入信息。因此此时的 MIS 也被称为数据报告系统，大多以某管理数据系统为名，如销售管理数据系统、财务管理数据系统等。MIS 要支持中层管理人员的计划制订、资源分配、控制和调节等管理职能，主要依靠来自 TPS 的企业内部的数据，但也需要企业外部的数据，如有关客户、供应商、市场和竞争对手状况的基本数据。

MIS 的主要功能是根据支持中层管理人员工作的要求，对输入数据进行分类、汇总、排序、计算等处理，制作和输出各类综合报表。这些报表主要有预定的常规性的周期报表、专门要求的定制报表、需要引起特别关注的异常报表，以及某项内容的详细报表四类。因为其具有综合性的特点，一般的 MIS 都由若干子系统构成。

该示例（见图 1-5）由四个子系统构成：三个 TPS 向销售管理数据系统提供企业内部数据，销售数据综合子系统负责对这些事务数据做分类、汇总、排序和计算，存入销售管理数据库；外部数据采集子系统负责输入有关销售管理的外部数据，也存入销售管理数据库；销售数据查询子系统向中层管理人员提供综合后的和 TPS 的原始事务数据；销售数据报表子系统则制作和提供有关销售管理的综合性状态数据。该销售管理数据系统向决策支持系统输送有关销售管理。前端连接 TPS、后端连接 DSS 等决策支持类系统，在企业信息系统的体系中起着承上启下的重要作用。

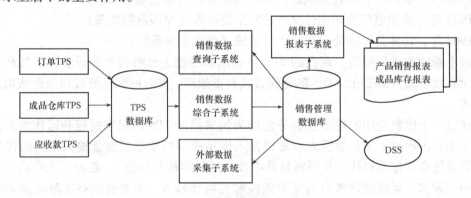

图 1-5　销售管理系统示例

MIS 是一个不断发展的概念，自它产生以后，先后发展出了物料需求计划（MRP）、制造资源计划（MRP Ⅱ）、企业资源计划（ERP）、电子商贸（EC）、电子商务（EB）和客户关系管理（CRM）等功能更系统全面或更细致深入的多种信息系统。这些信息系统在作用上远远超出了原来的预期，但在内涵上依然符合早期 MIS 的定义，因此，将其看作 MIS 的延续和发展。目前，ERP 系统、EC/EB 系统和 CRM 系统已成为企业的主流信息系统，为绝大部分企业所闻所见，在很多企业得到建设和应用，为此，本书将安排专门章节对这些系统予以详细讲述。

（3）决策支持系统。针对当时的 MIS 没有直接的决策支持功能，或半结构化和非结构化问题的决策支持功能，20 世纪 70 年代中期产生了决策支持系统（DSS）。1978 年 Keen 和 Scott-Morton 首次提出"决策支持系统"的概念，标志着利用计算机与信息支持决策的研究与应用进入了一个新的阶段，并形成了决策支持系统新学科。一般认为，DSS 是结合人的灵活的定性分析能力和计算机的强大的定量计算能力，在人机交互过程中帮助决策者探索可能方案，求解半结构化或非结构化决策问题的信息系统。所谓决策问题的结构化程度是指问题求解过程和求解方法的清晰程度或规则化程度，如有关商品优惠价格的决策，企业一般有明确的规则，销售员可以按此规则做出决定，这就是结构化程度较高的决策问题；而一些诸如企业发展方向的抉择则没有明确的规则可遵循，即为结构化程度很低的决策问题；介于两者之间的则是半结构化问题。

DSS 的特点在于人机交互辅助人的决策，而不是替代人的决策，其目的是提高决策的科学性和有效性，而不是求得最优解和高效率。为此目的，DSS 融入了运筹学、人工智能、管理科学、决策科学等学科的方法和技术。与 MIS 相比，它在构成上增设了管理和储存求解模型的模型库，为模型提供算法的方法库，以及能拉近人和机器的人机对话接口。

DSS 主要面向中高层管理人员，支持结构化程度不高的问题的决策。由于决策问题的多样性和差异性，一个企业往往需要多个 DSS，如为制订出尽可能好的生产安排的生产计划决策支持系统、使有限的资金取得尽可能好的效益的财务分析与决策支持系统、根据战略意图测算和分析合理价格的产品定价支持系统等。这里还要特别指出的是 DSS 的功能不仅是决策的支持，也包括对决策问题的预测和分析，回答诸如多个解决方案之间的优缺点，各解决方案可能会带来怎样的不同后果，等等。DSS 的一般结构如图 1-6 所示。

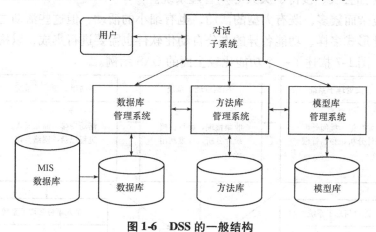

图 1-6　DSS 的一般结构

DSS 的运作建立在大量的企业内部和外部信息的基础上，这些信息主要来自能产生大量信息和数据的 MIS 和 TPS。一般的 DSS 本身也带有数据库，用于存储经常使用的或经过重新组织的数据和信息，不重复保存能从其他信息系统获取的数据。DSS、MIS 和 TPS 都有各自的作用，前者离不开后者的信息和数据支持，输出在前者那里得到进一步的充分利用。

与 MIS 一样，DSS 也处于不断的发展中。为使 DSS 更接近人，提供更有智慧的决策支持能力，DSS 引入人工智能领域的专家系统知识库、推理机、神经网络等技术，形成了智能决策支持系统，又结合办公自动化和网络技术形成了群体决策支持系统，以及面向高层管理人员的经理信息系统（EIS）。

（4）办公自动化系统。办公自动化系统（Office Automation System，OAS）是在随着管理工作方式的转变，机关常规办公事务工作节奏跟不上发展的背景下提出的。OAS 利用现代信息技术帮助办公人员处理和管理办公事务，实现办公事务的自动化或半自动化，其主要目的是提高工作效率。办公室中有许多日常的不同于作业事务和管理职能事务的工作，如各职能部门定期工作总结报告和通知通告的编写，上下级之间传递的公文和往来于相关组织之间的函件的收发与处理，会议和接待的日程与事项安排，需要长期保存的文档的组织与保管，个人工作所需的备忘录、通信录和过程文档的管理，等等。办公事务常被认为是秘书和文档员等专业人员的工作，其实很大一部分管理人员和作业人员都有不同分量的办公事务。OAS 就是一类帮助各类组织成员处理和管理此类办公事务的信息系统。

办公事务工作属于综合性的间接性的服务性的工作，是围绕常规管理职能和作业事务开展的工作，因此有其特殊性，OAS 与 TPS、MIS 和 DSS 在功能上也有很大的不同。从用户的角度来看，OAS 的软件大体上有单用户、多用户和专门用户三大类，其中单用户软件是 OAS 必备的基本的软件，多用户或群体性的软件有越来越多且功能越来越强大的趋势。

最为常见和典型的个人办公自动化软件是 Microsoft 的 Office，其中 Word、Excel、PowerPoint 和 Outlook 等已被普遍采用，成为个人办公事务的好帮手。多用户软件及相应的硬件为办公人员提供群体工作的平台和协作支持功能，如电子邮件、电子公告板、电子会议、工作流管理等群体性交流与协作办公的主要技术，也得到了广泛的使用。面向专门用户的办公自动化软件有明确的专门功能，如公文（包括文件、函件、报告等）处理系统、档案管理系统和活动项目（如会议、接待、庆典等）管理系统。

办公事务复杂而繁多，既有大型的活动，也有细小的活动，但这些活动之间存在一定的相互联系，因此形式多样、功能各异的办公自动化软件也需要进行集成，以构成一个相对完整的信息系统。图 1-7 描述了一个功能比较全面的 OAS 示例。

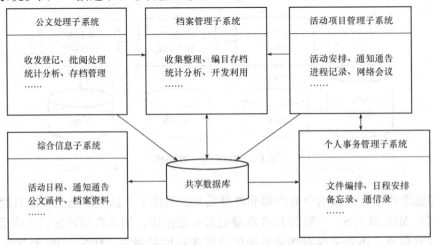

图 1-7　功能全面的 OAS 示例

该示例中的公文处理子系统包括各类公文的收发登记、领导批阅和意见签署、部门处理记录和反馈、存档处理等功能，大部分功能都能在计算机网络上传输和并行运作，其中领导批阅和意见签署可以采用数码技术。公文及其处理结果、活动内容和记录都将作为历史档案存档，档案管理子系统除了接收、编目、存储和保管各类档案外，还具有档案的查询、统计分析和开发利用等更高层次的功能。活动项目管理子系统对会议、接待、洽谈、庆典等活动进行日程议程的统筹安排、及时提示时间和重要事项，发布通知和通告、记录活动进展，有的系统还能提供网上会议的功能。个人事务管理子系统提供文档的编辑和整理、待进行事项的日程安排、备忘录和提示、交往联系单位与个人的通信录和交互记录等功能，一般安装在各客户端计算机上。得到很好集成的OAS配有共享的数据库和工作流管理软件，在用户之间实现相关数据和信息的交流与共享，对需要跨部门或多人合作进行的办公事务进行流程上的协同管理。

OAS产生以来得到不断发展和普及应用，但由于功能种类多而差异大，在各组织应用的面和深度上差别也很大，以致对OAS造成了两个误解。一是简单地将其理解为只是文档的字处理，二是夸大地认为它无所不包、无所不能。目前很多有效的办公自动化软件和工具尚未得到充分应用，而曾经经常说起的"无纸化办公"还相当遥远。OAS具有如上所述多种多样的支持、帮助和自动处理办公事务的功能，但不涉及或少有MIS和DSS等信息系统的功能，OAS与TPS、MIS和DSS在庞大的信息系统体系中各有分工。

从计算机进入作业层的事务处理开始算，信息系统的发展已有50多年的历史，狭义的管理信息系统自产生以来也有40年的历史。回顾以计算机为工具的信息系统的发展过程，可以确认，企业管理的需要、先进技术和科学方法的支持是信息系统得以产生和持续发展的根本动因。信息系统从作业层的事务处理起步，然后向组织的战术层和战略层拓展，从组织的部分管理职能向所有职能蔓延。如今的信息系统已建立起比较完整和全面的体系，涵盖了组织方方面面的业务和管理活动。各类信息系统在企业组织各层面的拓展和分布，见表1-3。

表1-3 各类信息系统在企业组织各层面的拓展和分布

管理层次	企业信息系统类								
战略管理层			DSS						
战术管理层		MIS		OAS		ERPS		EBS	CRMS
作业操作层	TPS				MRP II		ECS		
	20世纪50年代中期————————————→现在								

本章小结

1. 信息系统与企业管理和战略。

信息系统已成为企业活动的基础。信息技术是一种商品，只有与组织和管理相结合，才能发挥其作用，从而产生新的产品与新的服务，使企业获得战略优势。

2. 信息系统是组织变革的工具。

信息系统起源于组织，它们是组织结构、文化、政策、工作流和企业过程的输出。它们是组织变革和价值创造的工具，使得这些新的组织要素重塑企业模式。

本章习题

1. 简述信息社会的特征。
2. 什么是数据？什么是信息？信息与数据之间有何联系？
3. 什么是系统？没有目标的相互联系的系统是不是系统？为什么？
4. 为什么说在现代社会中，信息是企业的战略资源？
5. 信息社会对企业的影响主要有哪些方面？
6. 信息系统引入时，为什么会有很大的阻力？
7. 讨论：有人说领先的零售商，如DELL、沃尔玛，它们之所以能超过竞争对手不在于技术，而在于管理，你如何看待这个观点？

第二章

管理信息系统概述

★学习目标

1. 掌握管理信息系统的相关概念。
2. 熟悉管理信息系统的主要结构。
3. 了解旅游企业信息化的发展状况与趋势。

★教学要求

本章主要介绍管理信息系统的功能结构、软件结构、物理结构等。通过企业实例介绍旅游企业信息化的发展状况与趋势。

★引导案例

智能门锁的广泛应用给酒店带来了什么

在"互联网+"时代背景下，越来越多的传统酒店开始寻求改变。而打造"智慧酒店"，日渐成为酒店行业翘楚不谋而合的战略。伴随智慧酒店与智能家居的交融，酒店行业开始将酒店家居模块作为智能服务的重要堡垒，而门锁作为智慧"第一环"，其举足轻重的地位日渐凸显。

安装了智能门锁的酒店可以直接把开门密码通过系统短信发送到客人的手机上，每个客人收到的密码都是随机动态生成的。而且客人通过线上预订房间，可以线上选房，也可直接在前台 PMS 上进行自动安排房间操作。离店后可以网上点评。

【问题与思考】

"互联网+"背景下的旅游业有哪些创新？

【分析启示】

了解信息化对旅游行业的主要影响。

【知识点】

旅游信息管理是随着人们对生产、对社会的不断认识，随着生产、生活以及旅游管理的需求而不断发展的，它是管理信息系统的一个分支。管理信息系统已形成一门学科，它有自己独特的内涵。旅游信息管理的基础是信息系统科学与旅游管理学科以及它们的结合。

第一节 管理信息系统的基本概念

管理、信息和系统这三个不同领域的学科结合产生了一门具有综合性、系统性和边缘性的学科——管理信息系统（MIS）。

一、管理信息系统的产生

20世纪，随着全球经济的蓬勃发展，众多经济学家纷纷提出了新的管理理论，早期的管理信息系统是人工信息系统，那时还没有计算机。20世纪50年代，西蒙提出管理依赖信息和决策的思想。同时期的维纳发表了控制论，他认为管理是一个过程。1958年，盖尔写道："管理将以较低的成本得到及时准确的信息，做到较好的控制。"这个时期，计算机为各种管理功能提供信息服务，出现了管理信息系统的概念。1961年，加拉格尔（J. D. Gallagher）提出了以计算机为主体、信息处理为中心的系统化的综合性管理信息系统的设想，第一次提出了MIS这个词。

1970年，瓦尔特·肯尼万（Walter T. Kennevan）给刚刚出现的"管理信息系统"一词下了一个定义："以口头或书面的形式，在合适的时间向经理、职员以及外界人员提供过去的、现在的、预测未来的有关企业内部及其环境的信息，以帮助他们进行决策。"在这个定义里强调了用信息支持决策，但并没有强调应用模型，也没有提到计算机的应用。

1985年，管理信息系统的创始人、明尼苏达大学的管理学教授高登·戴维斯（Gordon B. Davis）给管理信息系统下了一个较完整的定义，即"管理信息系统是一个利用计算机软、硬件资源，手工作业，分析、计划、控制和决策模型，以及数据库的用户——机器系统。它能提供信息，支持企业或组织的运行、管理和决策功能"。这个定义全面地说明了管理信息系统的目标、功能和组成，而且反映了管理信息系统在当时达到的水平。

在现阶段，普遍认为MIS以及MIS的分支系统等，都是由人和计算机设备或其他信息处理手段组成的管理信息的系统。

二、管理信息系统的内涵

（一）管理信息系统的含义

管理信息系统是一个以人为主导，利用计算机硬件、软件、网络通信设备以及其他办公设备，进行信息收集、存储、传输、模拟、处理、检索、分析和表达，以提高效益和效率为目的，并能为企业进行决策、控制、运作的人机系统。

根据以上定义可以得出以下结论：从管理信息系统的含义中可以看出管理信息系统有三个要素，即人、信息与信息技术。人员包括高层决策人员、中层职能人员和基层业务人员，由这些人和机器组成一个和谐的配合默契的人机系统；信息技术包含计算机硬件及软件（软件包括业务信息系统、知识工作系统、决策和经理支持系统），各种办公机器及通信设备。

有人说管理信息系统是一个技术系统，有人说管理信息系统是一个社会系统，根据上面所介绍的，可以说管理信息系统主要是一个社会系统，然后是一个社会和技术综合的系统。系统设计者应当很好地分析把什么工作交给计算机做比较合适，什么工作交给人做比较合适，人和机器如何联系，从而充分发挥人和机器各自的特长。现在还有一种计算机基础（Computer-based）的管理信息系统的说法，这就是充分发挥计算机作用的信息系统。为了设计好人机系统，系统设计者不仅要懂得分析计算机，而且要懂得分析人。

人们说管理信息系统是一个一体化系统或集成系统，这就是说管理信息系统进行企业的信息管理是从总体出发，全面考虑，保证各种职能部门共享数据，减少数据的冗余度，保证数据的兼容性和一致性。严格地说，只有集中统一的信息，才能成为企业的资源。数据的一体化并不限制个别功能子系统可以保存自己的专用数据，为保证一体化，首先要有一个全局的系统计划，每一个小系统的实现均要在这个总体计划的指导下进行。其次，通过标准、大纲和手续达到系统一体化。这样数据和程序就可以满足多个用户的要求，系统的设备也应当互相兼容，即使在分布式系统和分布式数据库的情况下，保证数据的一致性也是十分重要的。具有集中统一规划的数据库是管理信息系统成熟的重要标志，它标志着信息已集中成为资源，为各种用户所共享。数据库有自己功能完善的数据库管理系统，管理着数据的组织、数据的输入、数据的存储，使数据为多种用户服务。

管理信息系统是为组织中层管理监督和控制业务活动，为有效分配资源提供所需信息的计算机应用系统。它主要利用TPS采集的数据来生成管理计划和控制业务活动所需的系统。它是一门新兴的学科，其主要任务是最大限度地利用现代计算机及网络通信技术加强企业的信息管理，通过对企业拥有的人力、物力、财力、设备、技术等资源的调查了解，建立正确的数据，加工处理并编制成各种信息资料及时提供给管理人员，以便进行正确的决策，不断提高企业的管理水平和经济效益。目前，企业的计算机网络已成为企业进行技术改造及提高企业管理水平的重要手段。

★小资料

管理信息系统三要素

"啤酒与尿布"的故事产生于20世纪90年代的美国沃尔玛超市中。沃尔玛的超市管理人员分析销售数据时发现了一个令人难以理解的现象：在某些特定的情况下，"啤酒"与"尿布"这两种看上去毫无关系的商品经常会出现在同一个购物篮中。这种独特的销售现象引起了管理人员的注意，他们经过后续调查发现，这种现象出现在年轻的父亲身上。

在美国有婴儿的家庭中，一般是母亲在家中照看婴儿，年轻的父亲前往超市购买尿布。父亲在购买尿布的同时，往往会顺便为自己购买啤酒，这样就会出现啤酒与尿布这两种看上去不相干的商品经常会出现在同一个购物篮里的现象。如果这个年轻的父亲在卖场只能买到两种商品之一，则他很有可能会放弃购物而到另一家商店，直到可以一次同时买到啤酒与尿布为止。沃尔玛发现了这一独特的现象，开始在卖场尝试将啤酒与尿布摆放在相同的区域，让年轻的父亲可以同时找到这两种商品,并很快地完成购物;而沃尔玛超市可以让这些客户一次购买这两种商品,而不是一种,从而获得了很好的商品销售收入。

1. 通过此案例说明管理信息系统的三要素和各自的职责。
2. 管理信息系统为什么说是一个人机系统?

(二) 管理与管理信息系统的关系

管理是一种活动,因而它是一个动态的过程,管理信息系统正是反映这种动态过程全貌的一个集合体。对于管理活动来说,它与信息系统几乎是平行的,它们相互依存、互为前提。一个管理信息系统的维持必须有配套的管理活动,否则信息系统便失去存在的意义和价值。同时在现代社会中,没有管理信息系统,管理也是茫然的。

管理信息系统可促使企业向信息化方向发展,使企业处于一个信息灵敏、管理科学、决策准确的良性循环之中,为企业带来更高的经济效益。管理信息系统是企业现代化的重要标志,是企业发展的一条必由之路。管理信息系统在管理各项事务中有着普遍的应用,促进了企业管理工作的提升。管理信息系统是为管理服务的,它的开发和建立是企业摆脱落后的管理方式、实现管理现代化的有效途径。

管理信息系统将管理工作统一化、规范化、现代化,极大地提高了管理的效率,使现代化管理形成统一、高效的系统。过去传统的管理方式是以人为主体的人工操作,虽然管理人员投入了大量的时间、精力,但是个人的能力是有限的,所以管理工作难免会出现局限性,或带有个人的主观性和片面性。而管理信息系统是使用系统思想建立起来的,以计算机为信息处理手段,以现代化通信设备为基本传输工具,能为管理决策者提供信息服务的人机系统,这无疑是将管理与现代化接轨,以科技提高管理质量的重大举措。管理信息系统将大量复杂的信息处理交给计算机,使人和计算机充分发挥各自的特长,组织一个和谐有效的系统,为现代化管理带来便捷。

在现代化管理中,计算机管理信息系统已经成为企业管理不可缺少的帮手,它的广泛应用已经成为管理现代化的重要标志。在企业管理现代化中,组织、方法、控制的现代化离不开管理手段的现代化。随着科学技术的发展,尤其是信息技术和通信技术的发展,使计算机和网络逐渐应用于现代管理之中。面对越来越多的信息资源和越来越复杂的企业内、外部环境,企业有必要建立高效实用的管理信息系统,为企业管理决策和控制提供保障,这是实现管理现代化的必然趋势。

管理信息系统在管理现代化中起着举足轻重的作用。它不仅是实现管理现代化的有效途径,同时也推动了企业管理走向现代化的进程。管理是目的,而管理信息系统则是服务这一目的的手段,它以辅助管理、辅助决策为目的。

三、旅游管理信息系统的内涵

旅游中的信息资源密集,几乎所有种类的信息都可能出现。旅游运作过程中每个阶段的各个环节中,都存在着大量的旅游信息交流,呈现出丰富的信息活动现象。

(一) 旅游中的信息

旅游中的信息种类繁多,既有语言文字的语义信息,也有声音、色彩或实物荷载的非语义信息;既有科学技术信息,也有社会信息等非科学信息。按信息表达形式可分为文字信息、声像信息、实物信息、机读信息等；按信息的内容可分为经济信息、科学信息、社会信息、政务信息、法律信息、文化信息、旅游信息等。

旅游信息源具有多样性，总体可根据信息载体和信息来源渠道分别进行分类。

1. 按信息载体分类

按信息载体分类，旅游信息源可分为文献信息源、非文献信息源。旅游中存在大量的非文献信息源。非文献信息源是指信息以尚未记录或未定型的方式存在的信息源，主要提供口头信息、实物信息、实情信息等，具有直接、简便、新颖和生动形象的特点。

2. 按信息来源渠道分类

通常获取信息有三大渠道：直接信息源、私人信息源和公共信息源。旅游中的信息源以直接信息源和公共信息源为主。直接信息源是指行为者为了特定的目的，对特定的对象直接进行调查、收集信息。如一些旅游者到某地旅游，直接观察或体验旅游地的状况等。以这种方式收集信息，一般伴有特定行为、明确目的，可以获取详细的第一手信息，准确、可靠并且时效性强。公共信息源包括权威性信息、广告信息、咨询机构发布的信息和公共数据库四类。

（二）旅游管理信息系统的含义

旅游管理信息系统是一个以人为主导，利用计算机硬件、软件、网络通信设备以及其他办公设备，进行信息收集、存储、传输、模拟、处理、检索、分析和表达，以提高效益和效率为目的，并能为旅游企业进行决策、控制、运作的人机系统。通俗地说，利用信息技术解决旅游企业问题的管理方法的集合都是旅游管理信息系统。旅游管理信息系统是随着人们对生产、社会的不断认识，随着旅游企业的逐步发展而产生的，是管理信息系统的一个分支。旅游管理信息系统的基础是信息系统科学和旅游管理科学以及它们的结合。

四、管理信息系统的方法

管理信息系统是一个多学科交叉的领域，虽然管理信息系统是由机器、设备和硬物理技术组成，但也需要社会、组织和人员才能正确地运行。在研究时需要从技术方法和行为方法两个领域进行。

1. 技术方法

研究管理信息系统的技术方法强调基于模型数学研究和物理技术。技术方法主要包括计算机科学、管理科学以及运筹学。计算机科学关注建立可计算理论、计算方法和高效的数据存储方法；管理科学强调建立决策和管理经验的模型；运筹学集中于组织参数优化选择的数学技术，如运输、库存控制和作业成本等。

2. 行为方法

管理信息系统的另一个重要部分是如何解决在信息系统开发与长期维护中产生的行为问题，如战略业务集成、设计、实现与管理。社会学家在研究管理信息系统时，关注群体和组织是如何影响管理信息系统开发的形式以及管理信息系统是如何影响个人、群体和组织的。心理学家在研究管理信息系统时，集中于决策者是如何洞察和应用信息的。经济学家在研究管理信息系统时，则关注在企业内部和市场上存在什么东西影响着管理信息系统的控制和成本结构。

第二节 管理信息系统的特征和功能

管理信息系统不仅对管理活动中发生的信息进行收集、传递、存储、加工、维护和使用,同时也为管理决策提供服务。它如实地记载企业各类活动的运行情况,又能利用已经发生、存储的数据预测未来,提供决策依据,利用信息控制企业的行为,帮助企业实现规划目标。

一、管理信息系统的特征

管理信息系统是在数据处理基础上发展起来的,是面向管理的一个集成系统。其除了具备系统所有的特征外,还有自身独有的特征。

1. 数据高度集中统一

管理信息系统能够将组织中大量的数据和信息高度集中起来,进行快速处理,统一使用。有一个中央数据库和计算机网络系统是 MIS 的重要标志。MIS 的处理方式是在数据库和网络基础上的分布式处理。利用定量化的科学管理方法,通过预测、计划优化、管理、调节和控制等手段来支持决策。

2. 信息处理注重系统性和综合性

MIS 更强调信息处理的系统性和综合性,除要求在事务处理上的高效率外,还强调对组织内部的各部门以及各部门之间的管理活动的支持。早期的 MIS 是指面向中层管理控制的信息系统,主要应用于解决结构化问题。DSS 作为一个独立的系统,不具有管理控制的功能,但是作为管理信息系统的重要部分时,它使 MIS 具有了将数据库处理和经济管理数学模型的优化计算结合起来,为管理者解决更复杂的管理决策问题的能力,使得管理信息系统的发展更加完善,成为管理信息系统发展的高级阶段。

3. 有特有的开发软件、一个中心数据库及网络系统

这是管理信息系统的重要标志。从管理信息系统的表现形式上看是一套软件,是由特有的开发软件开发出来的。它随着新的信息技术、计算机技术和网络技术的不断进步,来改善系统功能。这一发展过程也体现出管理信息系统不断集成新技术并扩展系统功能的发展特征。

二、管理信息系统的功能

管理信息系统除了具备信息系统的基本功能外,还具备预测、计划、控制和辅助决策的特有功能。具体如下:

1. 数据处理功能

数据处理功能包括数据收集和输入、数据传输、数据存储、数据加工和输出,这是管理信息系统的基本功能。

2. 预测功能

运用现代数学方法、统计方法和模拟方法,根据过去的数据预测未来的情况。

3. 计划功能

根据企业提供的约束条件,合理地安排各职能部门的计划,按照不同的管理层,提供相

应的计划报告。

4. 控制功能

根据各职能部门提供的数据，对计划的执行情况进行检测、比较执行与计划的差异，并分析差异情况的原因。

5. 辅助决策功能

采用各种数学模型和所存储的大量数据，及时推导出有关问题的最优解或满意解，辅助各级管理人员进行决策，以期合理利用人、财、物和信息资源，取得较大的经济效益。

第三节 管理信息系统的结构

管理信息系统的结构是指管理信息系统各个组成部分所构成的框架结构。由于存在对各个组成部分的不同理解，于是就形成了不同的结构方式，其中最主要的有概念结构、层次结构、功能结构、软件结构和物理结构。

一、管理信息系统的概念结构

管理信息系统从概念上看是由信息源、信息处理器、信息用户和信息管理者四大部分组成的，它们之间的关系如图 2-1 所示。

图 2-1 管理信息系统的概念结构

在图 2-1 中，信息源是信息产生地；信息处理器担负着信息的传输、加工、存储等任务；信息用户是信息的最终使用者，他们运用信息进行管理决策；信息管理者负责信息系统的设计、实施、维护等工作。

二、管理信息系统的层次结构

管理活动分为高、中、基三个层次，即战略计划与决策层、管理控制层和作业处理层。针对这三个层次所建设的系统分别称为战略计划子系统、管理控制子系统和作业处理子系统，它们分别属于战略型、管理型和事务型管理信息系统。管理信息系统的层次结构，如图 2-2 所示。

1. 战略计划子系统

战略计划子系统的任务是为企业战略计划的制订和调整提供辅助决策功能。该子系统所需的数据一般都是经过执行控制子系统或管理控制子系统加工处理的，还有一些来自企业外部。其中，外部数据所占的比例较大。

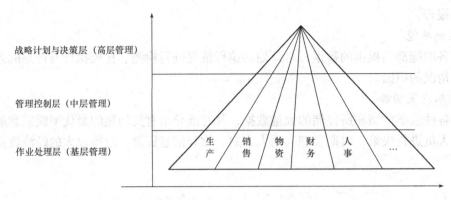

图 2-2　管理信息系统的层次结构

2. 管理控制子系统

管理控制子系统的任务是为企业各职能部门管理人员，提供用于衡量企业效益、控制企业生产经营活动、制定企业资源分配方案等活动所需要的信息。该子系统的主要功能为：使用计划或预算模型来帮助管理人员编制计划和调整计划与预算执行情况；定期生成企业生产经营执行情况的综合报告；使用数学方法来分析计划执行的偏差情况，并提供最佳的或满意的处理方案；为管理人员提供各种查询功能。

3. 作业处理子系统

作业处理子系统的任务是确保基层的生产经营活动正常有效地进行。作业处理通常有三种：事务处理、报表处理、查询处理。

三、管理信息系统的功能结构

从使用者角度来看，任何一个管理信息系统均有明确的目标，并由若干具体功能组成。为完成这个目标，各功能相互联系，构成了一个有机结合的整体，表现出系统的特征，这就是管理信息系统的功能结构。

例如，企业的会计信息系统的目标是：以分类核算的形式，及时准确地处理企业日常经营中所发生的有关资产、负债、收入、成本、费用、利润等情况的原始数据。图 2-3 列举了某展览会现场管理信息系统，该系统又划分为七个职能子系统。

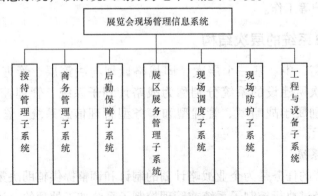

图 2-3　管理信息系统的功能结构举例

四、管理信息系统的软件结构

不同的管理信息系统适应不同的管理要求。支持管理信息系统各种功能的软件系统或软件模块所组成的系统结构，是管理信息系统的软件结构。

图2-4描述了一个完整的管理信息系统软件结构，图中每个长方块是一段程序或一个文件，每一列是支持某一管理领域的软件系统，即图中每一列代表一种管理功能；每一行表示一个管理层次，行列交叉表示每一种功能子系统。例如，市场营销管理的软件系统是由支持战略决策、管理控制、作业处理等模块组成的，同时此系统带有自己专用的文件和数据。整个系统包括系统所共享的数据和程序，如公用数据、专用文件、公用程序、公用模型库和数据管理系统等。在实际工作中开发的信息系统可能涉及某几个子系统和管理活动的某些层次，其他则成为系统的环境。

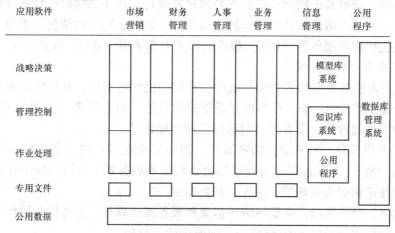

图 2-4　管理信息系统的软件结构

五、管理信息系统的物理结构

管理信息系统的物理结构也是硬件结构，从管理信息系统的硬件组成来看，管理信息系统的结构一般有三种类型：单机批处理结构、集中式处理结构和分布式处理结构。这三种结构是随着计算机技术的发展而产生的，至今还在不断地发展变化着。

（一）单机批处理结构

早期的管理信息系统都是单机批处理结构，是以配有相应外围设备的单台计算机为基础的系统结构，一般由一台主机、显示器、键盘、打印机等组成。这种结构装上一定的软件就构成了完整的计算机管理系统。当需要处理数据时，将数据成批输入计算机中。这种方式一般同一时间仅一个人单独占用一套计算机系统，上机时带上待处理的数据，下机时取走作业报告或结果，因而对数据的共享和实时处理性较差。这种结构目前在管理信息系统中很少使用。

（二）集中式处理结构

随着计算机技术的发展，出现了多台终端的联机系统，通过终端与计算机相连，所有程序运行在宿主计算机上，终端是非智能的（哑终端），这就是集中式处理结构。集中式处理结构采用一台或两台小型计算机或超级微机作为主机，管理人员可以通过终端与主机联系，然后进行数据处理。各终端仅能进行数据的输入/输出，不能直接进行数据处理。集中式处理结构的优点是数据集中管理，安全性能好，网络传输效率高。其缺点是硬件结构较复杂，价格较高，大部分是非 GUI 接口，主机负荷过高，用户终端负荷过低，系统不易扩展，用户不便使用。这种结构目前在个别场所有用。集中式处理结构如图 2-5 所示，图中 T 代表终端。

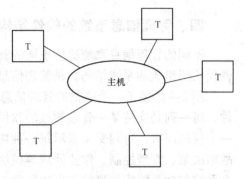

图 2-5　集中式处理结构

（三）分布式处理结构

到了 20 世纪 80 年代，微机功能不断增强，普通微机可做服务器，特别是 Windows NT 网络平台的出现，导致真正的分布式系统的出现并流行。这种结构以一台或几台高档微机作为网络服务器，通过网络连接各个工作站，每个工作站都是独立的微机，本身具有数据处理能力。其主要包括客户服务器（C/S）模式、浏览器服务器（B/S）模式。

1. 客户服务器（C/S）模式

C/S 系统是由服务器端和客户端构成的一种异种机网络系统，其硬件组成及网络拓扑结构与文件服务器系统完全一样。C/S 模式是指进程间的"请求"和"服务"的上下级关系。客户端运行前端处理软件，服务器端则运行后端处理软件。

传统的 C/S 模式是一种两层结构的系统，第一层是在客户机系统上结合了表现层与业务逻辑（胖客户机），第二层是通过网络结合了数据库服务器。N 层结构中比较常见的是三层，即将系统按逻辑分为表现层、业务层和数据层。

C/S 的优点：交互性强，降低网络通信量和服务器运算量。这种结构适用于用户数目不多的局域网。目前大部分的 ERP 软件产品即属于此类结构。

2. 浏览器服务器（B/S）模式

B/S 模式是一种从传统的二层 C/S 模式发展起来的系统。在 B/S 模式中，客户端运行浏览器软件。浏览器以超文本形式向 Web 服务器提出访问数据库的要求，Web 服务器接受客户端请求后，将这个请求转化为 SQL 语法，并交给数据库服务器，数据库服务器得到请求后，验证其合法性，并进行数据处理，然后将处理后的结果返回给 Web 服务器，Web 服务器再一次将得到的所有结构进行转化，变成 HTML 文档形式，转发给客户端浏览器以友好的 Web 页面形式显示出来。

3. 两种模式的比较

由于 C/S 配备的是点对点的结构模式，因此比较适合局域网，安全性可以得到可靠的保证。而 B/S 采用点对多点、多点对多点这种开放的结构模式，并采用 TCP/IP 这一类运用于 Internet 的开放性协议，其安全性只能靠数据服务器上管理密码的数据库来保证。C/S 完成的速度总比 B/S 快，使得 C/S 更利于处理大量数据。但 C/S 缺少通用性，业务变更需要重新设计和开发，增加了维护和管理的难度。

系统的性能方面：B/S 占优势的是其异地浏览和信息采集的灵活性。

系统的开发：C/S 结构的软件开发较复杂，但其技术发展历史更悠久、技术更成熟、更可靠。

系统的升级维护：B/S 主要集中在服务器端。C/S 既要服务器端，又要客户机端。

第四节 旅游企业信息化的发展

旅游业是一门综合性的行业，其关联度高，涉及面广，辐射力强。其发展既离不开民航、铁路、交通等产业的协作配合，也离不开商业、餐饮、娱乐等方面的配套服务，信息是旅游业内部诸环节得以联结的纽带。同时，旅游业又是一个敏感的行业，其对信息的依赖性特别强。旅游业的这些行业特点，决定了旅游部门和企业对互联网具有极其浓厚的兴趣。

2001年1月，国家旅游局在全国旅游工作会议上宣布正式启动"金旅工程"建设，由此把整个行业的信息化建设推上了一条快车道。伴随信息技术和旅游业的飞速发展，旅游信息化已成为提升旅游企业竞争力、优化旅游业结构的重要手段。

一、旅游信息化的发展状况

旅游信息化是指充分利用信息技术、数据库技术和网络技术，对旅游有关的实体资源、信息资源、生产要素资源进行深层次的分配、组合、加工、传播、销售，以便促进传统旅游业向现代旅游业的转化，加快旅游业的发展速度，提高旅游业的生产效率。

旅游信息化的内容主要包括旅游企业信息化、旅游电子商务、旅游电子政务三项。旅游企业信息化主要指企业内部的信息化，通过建设信息网络与信息系统调整和重组企业组织结构及业务模式，提高企业的竞争能力。

（一）国外旅游信息化的发展阶段

根据信息技术应用程度的高低，国外旅游信息化的发展大致经历了以下三个阶段：

萌芽阶段：1959年，美利坚航空公司和IBM联合开发了世界上第一个计算机订位系统（SA2 BRE），这是旅游信息化萌芽阶段的标志。

发展阶段：为满足旅客购买机票的需求，通过计算机与通信技术的应用，将计算机预订系统延伸至旅行代理商。到1985年，计算机预订系统已可以开展各种业务，包括订购机票、预订饭店客房、租车等，其销售面也在不断扩大。

繁荣阶段：1994年年底美国出现的新式"电子机票"标志着旅游信息化的繁荣时代已经到来，特别是Internet的迅速发展，使之逐渐形成立体化、全球性的计算机促销与预订网络系统。

（三）我国旅游信息化的发展阶段

我国旅游信息化的发展历程大致可划分为以下三个阶段：

1. 萌芽阶段

从信息技术的应用来看，计算机技术真正应用于我国旅游业是在20世纪80年代初期。1981年，中国国际旅行社引进美国PRIME550型超级小型计算机系统，用于旅游团数据处理、财务管理、数据统计；1984年上海锦江饭店引入美国Conic公司的计算机管理系统，用于饭店的预订排房、查询、客账处理。在此之后，航空公司的计算机订票网络系统、旅游业办公室自动化系统等适用于旅游业的计算机系统开始得到逐步推广。

2. 发展阶段

20世纪90年代是我国旅游信息化的发展阶段。为了适应旅游业的迅速发展和国际旅游信息化发展的趋势，国家旅游局从1990年起开始抓信息化管理并筹建信息中心，先后投资了1 000多万元用于机房改造和设备的配置，并根据客观实际与发展的可能性，建设了一些旅游信息网络及信息传递系统。

1994年，信息中心独立出来，专为国家旅游局和旅游业的信息化管理提供服务和管理技术。在旅游信息服务方面，信息中心为国家旅游局驻新加坡、洛杉矶等10余个办事处安装了语音咨询服务系统。

此外，信息中心还培训了大量的计算机人才，以适应旅游业信息化建设的需要。在"三金"（金桥、金关、金卡）工程建设中，国家旅游局作为全国经济工作信息化联席会议的成员单位，参加了"金卡工程"的建设。这些有益的实践，为我国旅游业信息化的发展做了积极的探索。在国际市场的促销方面，不少旅游企业开始注意应用现代信息技术，如CD-ROM光盘、多媒体技术和Internet。

在国内旅游业务网络化方面，上海春秋国际旅游集团进行了有益的探索。在旅游信息查询和咨询方面，最早是China Net之下出现的一些旅游信息服务网。为响应政府上网工程的倡议，国家旅游局于1997年开通了中国旅游网（www.cntour.cn），涉及旅游的吃、住、行、游、购、娱等各要素的多方面旅游信息，分中文、英文两个版本，共计400万字和2 000余张图片，对中国的旅游须知和旅游资源进行了全方位的宣传，也为"三网一库"（办公自动化网络、业务管理网络、公众服务网络和综合旅游信息库）的公众信息网建设打下了基础。

3. 全面建设阶段

从2000年起，我国旅游信息化建设全面展开，并且取得了不错的成绩。2000年上半年综合旅游网站达502家，旅行企业网站达22家，饭店企业网站达34家，旅游相关网站达16 660家。在2000年4月召开的全国旅游行业管理工作会议上确定，将发展旅游信息化建设作为提高我国旅游业国际竞争力的四个主要战役之一。同年12月，国家旅游局发文正式推进全行业信息化建设——"金旅工程"，并开始制定完善各项标准、规范、规则、条例。

"金旅工程"的实施，标志着我国旅游信息化进入全面建设的新阶段。2001年初步建立起了全国旅游部门的四级计算机网络，即国家—省（自治区、直辖市）—重点旅游城市—旅游企业。初步建立起了面向全国旅游部门的，包含旅游业的业务处理、信息管理和执法管理的现代化信息系统，并已初步形成了旅游电子政务的基本骨架。经过几年的发展，我国旅游信息化以国家"金旅工程"为主要工作目标，以"三网一库"为中心工作内容，在旅游电子政务的发展、旅游目的地营销系统和旅游企业信息化应用等方面取得了显著成绩。其主要表现在以下几个方面：

（1）旅游目的地营销系统成效显著；
（2）旅游企业的信息化应用逐步普及；
（3）国家旅游局官方网站、中国旅游网的功能不断强化；
（4）电子政务系统应用全面普及；
（5）各地政府旅游网站和旅游企业网站建设加快；

(6) 积极开展旅游信息化跨行业合作。

截至目前，我国旅游相关单位中，约有一半建设了网站，尤其是旅游资源优势地区和旅游业较发达地区，如上海、北京、广东、湖北、山西、陕西等。在我国32个地方旅游局中，其中有31个有单独的政务网站（贵州省没有），占全部的96.88%；有20个有单独的资讯（信息）网，占全部的62.50%；有7个有公共商务网站（DMS），分别为广东、山东、上海、四川、天津、云南、陕西。大部分旅游网站均有信息发布、公众服务和业务平台。

二、信息对旅游业的重要性

作为直接面对消费者的服务性行业，旅游业是一个开放性的大系统，信息是其得以生存和运转的根本。信息贯穿了旅游活动的全过程，是决定旅游业生存发展的关键所在。

（一）旅游业是信息密集型和信息依托型产业

旅游产品具有无形性、不可转移性、生产与消费同时性和不可储存性等特点，旅游业的生产和消费特点决定了旅游业能够体现电子信息网络的优越性，是最适合开展信息化的产业之一。

旅游业是信息密集型产业，从旅游活动的方式来看，"在旅游市场流通领域活动的不是商品，而是有关旅游产品的信息传递引起的旅游者流动"。从这个意义上讲，旅游业的核心是信息，因此，对旅游企业来讲，收集、整理、加工、传递信息是重中之重，这是由旅游产品的无形性、不可转移性、不可储存性所决定的。无形的旅游产品在销售时是无法展示的，而且通常是远离消费地点被预先销售，因此，信息传播对旅游业至关重要。

信息是旅游业内部各个环节联系的纽带，不管是对旅游管理部门，还是对旅游企业，或是对旅游者而言，有效地获取旅游信息，以辅助做出科学合理的决策，都显得特别重要。信息已经成为旅游业发展的重要生产力，旅游信息化成为保证旅游业持续发展的重要支持力量。

（二）旅游业是跨国界合作和跨空间运作的典型产业

当前国际、国内市场趋于统一，无国界经济的发展带来旅游活动的国际化和资本流向的国际化，使得世界各国的旅游业越来越相互依赖、紧密联系，呈现一体化的无国界旅游状态。

国际化的旅游业，需要解决旅游产品的信息和旅游交易信息的跨国传递、资金的跨国结算等问题。涉及众多的单位及相关业务，至少涉及两国以上的语言和法律，票据、票证、文件繁多，处理过程复杂，使得信息技术在旅游业中率先得到实践。

（三）旅游业具有较少依赖物流的特性

旅游业这一特性使旅游业对电子商务、信息化等具有优越的适应性，使旅游电子商务成为传统产业与信息技术结合的一个代表性领域。

三、我国旅游信息化建设中存在的问题

旅游业作为一个朝阳产业，目前已被列为世界第三大产业。随着我国经济的快速发展和人民生活水平的提高，人们对旅游的消费也进一步提升。近几年来，我国的旅游业一直保持平稳较快增长，有力地拉动了我国国民经济的增长。我国旅游信息化建设取得了显著的成

绩，但是，从整体来说，旅游信息化发展滞后于旅游业的发展需要，仍存在着以下一些问题。

（一）信息化整体水平不高

从20世纪80年代开始信息化建设以来，我国旅游信息化建设经历了30多年的发展，也取得了很大的进步，但是与世界旅游信息化水平比较高的国家与地区相比，仍存在很大的差距，信息化整体水平亟待提高。从旅游饭店来看，四星、五星级旅游饭店信息化发展情况良好，三星级的情况较差，一星、二星级几乎没有信息化建设。只有不到40%的旅行社建立了网站，10%左右的旅行社可以实现网上预订。我国有2/3的旅游行政管理部门应用了办公自动化系统，但信息化建设水平参差不齐，发展很不平衡，其中建有网站的很多都是静态网站，缺乏实时维护。

1. 旅游饭店信息化水平偏低

以旅游业相对比较发达的山东省为例，据对全省671家星级饭店调查，已建立网站的有218家，占32.5%。其中四星级以上饭店93家，建立网站的有71家，占76.3%，而可以进行网上客房预订的有51家，仅占54.8%。

2. 旅行社信息化水平偏低

据对山东省1 565家国内旅行社调查，已建立网站的有239家，占15.3%，而可以实现网上预订的有91家，仅占5.8%。据对山东省97家国际旅行社调查，已建立网站的有59家，占60.85%，而可以实现网上预订的有21家，仅占21.6%。只有极少数旅行社采用专业化管理软件，对内部业务进行管理。

3. 旅游景区信息化水平偏低

据对山东省215家A级以上景区调查，已建立网站的有93家，占43.3%，却没有一家提供网上预订服务。

4. 旅游管理部门信息化水平偏低

以山东省为例，省旅游管理部门旅游信息化工作机制尚不完善，在机构设置、人员编制和经费投入等方面，还远远不能适应旅游信息化与产业化融合发展的要求。目前，只有济南、青岛、淄博、烟台、济宁、东营、滨州、聊城8个市设立了旅游信息中心，另有胶南和邹城两个县级优秀旅游城市设立了旅游信息中心。

（二）信息化发展的技术基础还相当薄弱

我国旅游业应用信息技术已有20多年的历史，但应用水平依然处于初级阶段，表现出保守被动、不成体系和实用性差等特点。许多国内旅行社目前还沿用传统手工作业方式，导致诸多弊端。如信息不畅，资源无法共享；各自为战，规模效应不能体现；成本高，办公效率低下；无法整合客户信息，造成客户流失，出现财务管理监控的漏洞；市场反应迟钝等。多数管理部门还没有配备必要的计算机，没有形成局域网，计算机应用水平有限。

（三）信息不畅

大多数信息处理没有实现网络化，信息处理维持在局部范围，没有形成全国有机联系的网络，造成旅游信息不能进行及时有效的传递。

（四）信息共享性差

由于我国暂时没有统一的旅游信息标准，旅游信息的描述千差万别，导致旅游信息基本数据库的建设和日常维护需要消耗大量的人力、物力。旅游业没有形成实时完整的数据库，旅游信息资源分散在各地、各部门、各企业，难以及时更新，也难以实现对旅游数据的共享。

（五）信息技术人才短缺

目前，我国旅游信息技术人才非常短缺，尤其缺少高素质、复合型的旅游信息化建设管理人员、技术研发人员，信息化服务、管理和中介机构的力量还相当有限。

本章小结

1. 管理信息系统面向企业管理的各个层次与领域，信息系统与企业过程的关系。

企业过程是一种方法，用它可以对工作活动进行组织、协调和集中，遵循管理原则，是运用管理信息、技术和方法来实现企业目标的活动过程。信息系统能使一部分企业过程得以自动化，或提升一部分企业过程的效率。

2. 管理信息系统是一个技术系统，更是一个人机系统。

管理信息系统是利用计算机的软件、硬件对企业信息进行管理的系统，因此是一个技术系统。管理信息系统同时也是一个以人为主体的人机系统。

3. 旅游业对管理信息系统有着天然的适应性。

旅游业是信息密集型和信息依托型产业；旅游业是跨国界合作和跨空间运作的典型产业；旅游业具有较少依赖物流的特性。

本章习题

1. 管理信息系统有哪些基本要素？有何作用？
2. 什么是管理信息系统？
3. 简要说明管理信息系统的主要功能。
4. 简述管理信息系统金字塔式的结构的含义。
5. 简述管理与管理信息系统的关系。
6. 简述管理信息系统的物理结构的类型及特征。
7. 简述旅游信息化的发展趋势。

管理信息系统开发平台

★学习目标

1. 识别计算机硬件的类型和计算机硬件的组成。
2. 了解系统软件和应用软件的几种主要类型。
3. 掌握管理信息系统开发平台的架构方式和管理信息系统架构的模式。
4. 了解管理信息系统开发应用的网络技术、数据库技术及其他新技术。

★教学要求

本章教学主要介绍管理信息系统的开发技术,其中包括计算机硬件平台和开发管理信息系统的主要软件。

★引导案例

智慧旅游之源——大数据

2011年是我国大数据市场元年,一些大数据产品已经推出,部分行业也有大数据应用案例的产生。2012—2017年,大数据市场得到了飞速发展。各个行业利用大数据技术在各自领域开展创新。

智慧旅游大数据主要来源于物联网感知系统、移动设备应用、各单位云数据共享、游客反馈、网站访客行为统计、人工采集提交等途径。大数据智慧旅游管理可对各渠道、各类型数据进行仪表式生动化价值分析,让数据自己"说话",使管理组织全面掌握目的地各领域的量化信息,从整体上了解目的地旅游业动态。

基于大数据的智慧旅游管理系统,还可将环境生态监控、旅游接待、视频监控等数据一并收录到大数据智慧旅游总仪表盘中,将数据图形化、可视化。可消除大数据多样性的壁垒,实现大数据与多元化数据的全面管理融合。

除了大数据智慧旅游管理之外,旅游业相关主体依据搜集到的游客消费动向、旅游资源状况、自然环境变化等数据进行量化分析，并及时调整、制定相应的策略，可为游客提供更好的服务。

大数据智慧旅游服务大致体现在：对游客大数据进行深入分析挖掘，掌握消费者的旅游信息需求特征，促进旅游营销；对游客消费数据进行分析，提早预测旅游企业经营策略，优化旅游产品结构；对目标消费者的类型、情感、获取信息渠道等进行数据分析，锁定旅游营销目标。例如，客户预订了一张飞机票，但是由于下大雨，赶到机场需要一个半小时，这样可能会赶不上航班。此时服务供应商知晓客户的所在位置，并计算出到达机场所需的时间，于是马上推送一个通知给客户，并帮助其预订下一航班。大数据技术在大量数据中发现规律的能力，使得那些拥有大数据项目的企业能以一种全新的方式向消费者销售旅游产品。

【问题与思考】
大数据将给旅游业带来哪些变化？

【分析启示】
进入信息时代以来，社会总在发生着改变，云计算、大数据等新的词汇在人们的生活中不仅是一个概念，而且在时时刻刻改变着人们的生活与工作。

【知识点】
随着网络技术的发展，技术手段不断更新。在管理信息系统开发中，技术环境的变化带来的改变更不容忽视。网络技术的发展，使世界的联系跨越时间和空间的限制，因此，企业信息技术的应用要紧密联系环境，应用最新的技术，以免信息系统被快速发展的环境所淘汰。管理信息系统开发平台的构成。

第一节　管理信息系统开发的软硬件平台

一、管理信息系统开发的硬件平台

支持管理信息系统开发的硬件平台是指支持管理信息系统开发的所有硬件设施的集合，是保证管理信息系统开发项目实施的物质基础，包括 PC 机、服务器、交换机和其他附属设施等。

（一）计算机的类型

按照规模和处理能力来划分，计算机的类型大体可分为巨型机、大型机、小型机、微型机、工作站和服务器。

1. 巨型机

巨型机是指运行速度最快、规模最大、价格最昂贵的计算机。巨型机主要应用于一些高端领域，如国防、空间技术、勘测等。目前，巨型机的运行速度可以达到平均每秒 1 000 万次以上。

2. 大型机

相对于巨型机而言，大型机的运行速度、规模和价格都略低一些，但大型机拥有较好的通用性，在数据处理方面，有较强的传输和处理能力。在通常情况下，大型机都会配备许多其他的外部设备和数量众多的终端，从而组成一个计算机中心。因此，大型计算机可以做联机中央计算机或者批处理计算机,常被称为"企业级"计算机。

3. 小型机

与巨型机和大型机相比,小型机的规模较小,而且结构较为简单,通常用作大型计算机的辅助机。不过,小型机通常配有较大容量的内存和多个大容量的硬盘,拥有较强的数据处理能力,具有可靠性高、对运行环境要求低、易于操作且便于维护等优点。因此,常用于中小规模的企业,作为处理联机事务的服务器或者局域网服务器。

4. 微型机

微型机是一种以微处理器为基础,以内部存储器、输入/输出(I/O)接口电路以及相应辅助电路等部件组合而成的计算机,其特点是体积小、结构紧凑、价格便宜且使用方便。

微型计算机又分为几种不同的类型。例如,当以微型计算机为核心,并配以鼠标、键盘、显示器等外部设备和控制计算机工作的软件后,就构成了一套常见的微型计算机系统,此时的微型计算机又被称为个人计算机(Personal Computer,PC)。当以印制电路板为主体,将微型计算机集成在一个芯片上时,便构成了单片式微型计算机(Single Chip Microcomputer),简称单片机。

5. 工作站

工作站(Workstation)是一种介于个人计算机和小型计算机之间的高档微型计算机系统,其特点是既具有较高的运算速度和多任务、多用户的能力,又兼具微型计算机的操作便利和友好的人机界面。与普通的微型计算机相比,工作站的独到之处在于其拥有较大容量的内存和大尺寸的显示器,其图形性能也极为优越,具有很强的图形交互处理能力,因此特别适合于计算机辅助编程,尤其是在计算机辅助设计(CAD)领域得到广泛的应用。

6. 服务器

服务器(Server)是网络环境中的高性能计算机,它侦听网络上的其他计算机(客户机)提交的服务请求,并提供相应的服务。为此,服务器必须具有承担服务并且保障服务的能力。

(二)计算机的硬件组成

硬件设备是计算机物理设备的总称,通常指电子的、机械的、磁性的或光的元器件或装置。"现代计算机之父"冯·诺依曼提出计算机由运算器、控制器、存储器、输入设备和输出设备组成。

1. 运算器

运算器是计算机的运算单元,主要用于完成算术运算和逻辑运算。

2. 控制器

控制器是计算机的神经中枢,它按照主频的节拍发出各种控制信息,以指挥整个计算机工作。

运算器和控制器是计算机系统的主要部件,它们共同构成了计算机的中央处理器(Central Processing Unit,CPU),CPU的运算速度决定了计算机系统的性能。

3. 存储器

存储器是计算机的必备部件,主要分为主存储器和辅助存储器两类。

主存储器(Main Memory,MM):在计算机运行过程中存储数据和程序指令。计算机的主存储器主要由半导体存储器组成。主存储器的容量是决定计算机处理速度和处理能力的重要指标。$1\ KB = 2^{10}\ B$，$1\ MB = 2^{10}\ KB$，$1\ GB = 2^{10}\ MB$，$1\ TB = 2^{10}\ GB$。

辅助存储器：辅助存储器又称外部存储器，简称外存，用于数据和程序的长久保存。常用的辅助存储器有磁盘（带）、光盘、移动硬盘、闪存存储器、USB FLASH 盘（又称优盘和闪盘）。

存储器的速度、容量及成本是相互制约的因素。例如，内存与外存相比较而言，运算速度快，但容量较大，成本相对较高。

4. 输入设备

计算机的输入设备是将外部数据导入计算机内部的一些物理设备，常见的有计算机键盘（Keyboard）、鼠标器（Mouse）、图文扫描仪、条形码阅读器、触摸屏、语音输入设备、手写输入设备、磁盘（带）、A/D（将模拟信号转换为数字信号）模块、D/A（将数字信号转换为模拟信号）模块。

5. 输出设备

计算机的输出设备是将计算机的内部数据传输至外部的一些物理设备，常见的有显示器、打印机（针式/激光/喷墨）、绘图仪、语音合成与输出设备、磁盘（带）、A/D 模块、D/A 模块。

上述五大硬件组成是实现计算机主要功能必备的组件，除此之外，还有一些其他的辅助硬件设施，如机箱、主板、系统功能扩展卡（声卡、显卡、网卡等）、光驱等。

★小资料

计算机软硬件的发展历程

计算机的发明彻底改变了现代人的生活，它是人类历史上具有重要意义的一项伟大发明。一般认为，第一台电子计算机是于 1946 年由美国宾夕法尼亚大学莫尔学院研制的 ENIAC，自从诞生以来，其软硬件不断进行更新换代。

计算机硬件是计算机中所有实体部件和设备的统称，是计算机的物质体现，包括运算器、控制器、存储器、输入设备、输出设备五个部分。

计算机硬件的发展与电子开关器件的发展有很大的关系，受到电子开关器件发展的制约。器件的更新往往会引发计算机硬件的极大进步，计算机的发展阶段也是以计算机硬件的水平为依据而进行划分的，见表3-1。

表3-1 计算机发展阶段的划分

划分阶段	年 代	标 志
第一代电子计算机	20 世纪 50 年代	真空电子管计算机
第二代电子计算机	20 世纪 50 年代末到 60 年代中期	晶体管计算机
第三代电子计算机	20 世纪 60 年代中期至 70 年代末	集成电路电子计算机
第四代电子计算机	20 世纪 70 年代末至今	大规模和超大规模集成电路电子计算机
第五代电子计算机	20 世纪 80 年代开始	智能计算机（处于研究阶段）

二、管理信息系统开发的软件平台

硬件平台是开发管理信息系统所必需的，但同时还需要有一定的软件平台支持才能发挥作用。管理信息系统开发的软件平台是指支持管理信息系统开发的所有软件的集合,包括系统软件和应用软件两大类型。

(一) 系统软件

系统软件是指管理和协调计算机硬件、支持应用软件开发和运行的系统,是无须用户干预的各种程序的集合。系统软件的主要功能是对硬件的调度、监控和维护,并且为支持其他软件的运行提供基础功能。

1. 操作系统软件

操作系统(Operation System,OS)是计算机的控制管理中心,是计算机运行最重要的软件程序,它管理控制着整个计算机的资源,是用户使用计算机的窗口。

操作系统按照不同的分类标准,可以划分为多种类型,见表3-2。

表3-2 操作系统的类型划分

分类依据	类型
根据应用领域	桌面操作系统、服务器操作系统、嵌入式操作系统
根据所支持的用户数目	单用户操作系统(如MSDOS、OS/2. Windows)、多用户操作系统(如UNIX、Linux、MVS)
根据源码开放程度	开源操作系统(如Linux、FreeBSD)和闭源操作系统(如Mac OS X、Windows)
根据硬件结构	网络操作系统(Netware、Windows NT、OS/2 warp)、多媒体操作系统(Amiga)和分布式操作系统等
根据操作系统的使用环境和对作业处理方式	批处理操作系统(如MVX、DOS/VSE)、分时操作系统(如Linux、UNIX、XENIX、Mac OS X)、实时操作系统(如iEMX、VRTX、RTOS、RT WINDOWS)
根据存储器寻址的宽度	8位、16位、32位、64位、128位的操作系统
根据操作系统的技术复杂程度	简单操作系统(如IBM公司的磁盘操作系统DOS/360和微型计算机的操作系统CP/M等)、智能操作系统

操作系统具备两大功能:

第一,系统资源的管理者。通过CPU管理、存储管理、设备管理及作业管理对各种资源进行合理的调度与分配,改善资源的共享和利用状况,最大限度地提高计算机在单位时间内处理工作的能力。

第二,用户与计算机之间的接口。使用未配置操作系统的计算机("裸机"),用户要面对的是难懂的机器语言,配上OS后用户面对的是操作方便、服务周到的操作系统软件,从而明显地提高了用户的工作效率。当前操作系统多使用户接口友好的GUI(图形接口界面)。

2. 程序设计语言与编译系统

程序设计语言是用于书写计算机程序的语言,也是进行人机交流的工具。通常有低级语言和高级语言之分。

早期使用的低级语言包括字位码、机器语言和汇编语言。它的特点是与特定的机器有关,功效高,但使用复杂、烦琐、费时、易出差错。其中,字位码是计算机唯一可直接理解的语言，但由于它是一连串的字位，复杂、烦琐、冗长，几乎无人直接使用。机器语言是在计算机上可以直接执行的二进制代码指令。汇编语言是一种同机器语言较为接近的一种语言，它是将机器语言中地址部分符号化的结果，因其编译过程称为汇编，因此称为汇编语言。

随着 C 语言、Pascal 语言、Fortran 语言等结构化高级语言的诞生，程序员可以离开机器层次，在更抽象的层次上表达意图，极大地方便了程序的编写。高级语言的表示方法要比低级语言更接近于待解问题的表示方法，其特点是在一定程度上与具体机器无关，易学、易用、易维护。高级语言采用英语词汇作为指令关键词，按照规定的语义和语法结构要求编写程序。高级语言中每一条语句的功能相当于汇编语言的多条指令的功能，也被称为第三代语言。

20 世纪 60 年代末期出现了软件危机，在当时的程序设计模型中都无法克服错误随着代码的扩大而级数般的扩大，以至于到了无法控制的地步，此时就出现了一种新的思考程序设计方式和程序设计模型——面向对象程序设计，由此也诞生了一批支持此技术的程序设计语言，如 C++、Java，这些语言都以新的观点去看待问题，即问题是由各种不同属性的对象以及对象之间的消息传递构成。面向对象语言将数据与操作合成为对象，即对象数据和操作，这样的对象可以重用，从而大大提高了编程效率。

此外，由于互联网的广泛应用，标记语言也开始引起人们的注意，如 HTML 语言和 XML 语言。HTML 是 Web 通用语言，表示文件格式的标签集是固定的。XML 侧重于数据本身，它的标签集不是固定的。

3. 数据库管理系统软件

数据库管理系统（Data Base Management System，DBMS）是一种操纵和管理数据库的大型软件，用于建立、使用和维护数据库。它对数据库进行统一的管理和控制，以保证数据库的安全性和完整性。数据库是信息系统的基础与核心，而信息系统的数据管理都是依赖数据库管理系统来进行的。数据库管理系统软件是专门对数据记录进行综合管理的软件，以数据文件结构的定义、数据记录的更新、数据记录的查询以及对数据记录的各种运算提供全面的支持。

常见的数据库管理系统有微软公司的 Access 数据库管理系统、SQL Server 数据库管理系统和 Oracle 数据库管理系统等。

（二）应用软件

应用软件（Application Software）是用来完成用户所要求的数据处理任务或实现用户特定功能的程序。应用软件是直接面向最终用户的具体应用软件，以操作系统为基础，用程序设计语言编写，或用数据库管理系统构造，用于满足用户的各种具体要求。一般而言，应用软件有通用应用软件和专用应用软件之分。

1. 通用应用软件

通用应用软件是指某些具有通用信息处理功能的商品化软件。它的特点是通用性，因此可以被许多有类似应用需求的用户所使用。它所提供的功能往往可以由用户通过选择、设置和调配来满足用户的特定需求。比较典型的通用应用软件有文字处理软件（如 Word）、表格处理软件、数值统计分析软件、财务核算软件（如用友财务软件）等。

2. 专用应用软件

专用应用软件是指满足用户特定要求的应用软件。因为在某些情况下，用户对数据处理的功能需求存在很大的差异，当通用应用软件不能满足要求时，此时需要由专业人士采取单独开发的方法，为用户开发具有特定要求的专用应用软件。

★ 小资料

计算机软件的发展

计算机软件是指计算机程序以及解释和指导使用程序的文档的总和。计算机软件由系统软件和应用软件组成。系统软件是指为了方便使用计算机设备而开发的程序，如操作系统（Windows、Unix、Linux等）、语言编译程序（如C语言、C++等）、数据库管理系统（如Oracle）。应用软件是专门为了特定应用而编写的程序，包括文字处理软件（如WPS、Word等）、财务软件、人事管理软件、计算机辅助软件（如AutoCAD等）。最早的计算机是没有软件的，之后出现了操作系统，并不断发展、演变与革新，从单用户发展到多用户、从单任务发展到多任务、从字符界面发展到图形界面。此后，出现了汇编语言，开始应用计算机语言编译应用软件。之后计算机数据管理技术的发展，推动了数据库管理系统的发展。

没有软件的计算机通常被称为"裸机"，是无法使用的。计算机硬件和软件之间是相互依存、相互支持的。计算机硬件与硬件、硬件与软件、软件与软件之间还存在兼容性问题，它们之间可能会存在冲突。因此，计算机软件和硬件技术各自的发展也是彼此影响的。

第二节 管理信息系统开发平台的选择

一、管理信息系统开发平台的架构方式

根据管理信息系统开发项目规模的不同，可以选择不同的架构方式来搭建管理信息系统开发平台，主要有单机型、联机型和网络型。

（一）单机型

单机型的系统开发环境是指不需要通过联机或网络就可以进行系统开发的一种方式。一般而言，小型的管理信息系统开发项目，由于要求不高，往往由个人或少量项目成员就能完成，因此，可以选择配置较低的不需要联网的单独的微型机（个人计算机）来完成。

（二）联机型

联机型的系统开发环境是将多个单机系统连接起来的一种架构方式。中型管理信息系统开发项目的规模要比小型的略大，其要求高于小型项目，需要项目组多成员的配合来完成。因此，单机型的开发方式不能满足其要求，此时，需要将单机进行联机操作，架构数据传输的渠道，才能满足多人的信息交流需求。

（三）网络型

网络型的系统开发环境是将多个单机系统或联机系统通过计算机网络互联，并架构系统

开发用的信息资源中心，开发人员可以随时随地通过网络进行连接和信息交流的一种架构方式。对于大型管理信息系统开发项目，需要多人的分工协作才能完成，因此，网络型的系统开发环境更适合大型系统开发项目的需求。在网络型的系统开发环境中，大型项目的每个成员都应该有个人的工作环境（工作站），项目开发要配置服务器作为统一的资源中心，为每一个组成员分配相应的权限，用于存取服务器上的资源。

二、管理信息系统开发模式的选择

管理信息系统的架构有很多种模式，常见的有集中式主机模式、客户机/服务器模式、浏览器/服务器模式。在管理信息系统开发中，可以采用不同的架构模式，它们有各自不同的特点。

（一）集中式主机模式

集中式主机模式是一种最基本的计算模式，在计算机产生的初期占有主导地位。它的特点是以单台计算机或者围绕一个中央主机构成一个完整计算环境。所有的计算处理任务全部由这台中央主机完成，如果有外围设备或计算机，它们也只是作为终端设备提供给用户的交互平台。采用这种模式的管理信息系统，数据管理和应用程序功能集中在一起，所开发的系统通常称为单机版应用系统。

集中式主机模式的特点：

1. 系统结构简单

虽然在物理位置上，它们可以存放在不同的计算机或设备上，但数据和处理数据的应用程序逻辑上是集中在一起的，数据本身没有服务能力。

2. 系统应用受物理位置限制

用户只能在运行系统的主机或其外围设备上使用系统功能。虽然数据文件可以被设为网络共享，但无法支持并发访问，而且网络之间的数据传输量大。由于系统无法充分利用网络优势提供信息管理服务，大大限制了系统的应用能力。随着网络技术的普及，集中式主机模式的管理信息系统越来越少。

（二）客户机/服务器模式

客户机/服务器模式（Client/Server，C/S模式）是一种在网络环境下的分布式计算模式。在这种结构下，网络中的计算机扮演着不同的角色：执行"服务请求"的计算机是客户机角色，接受"服务请求"并提供服务的计算机是服务器角色。一台计算机在不同的应用环境下可以担当不同的角色，也可以既是服务器又是客户机。网络上可以有多种服务器，如提供文件服务的文件服务器和提供打印共享的打印服务器等。客户机和服务器在物理上可以是同一台计算机。

在服务器上安装有数据库服务程序（如 Oracle、Microsoft SQL Server、Sybase 等）的计算机可以作为数据库服务器，它能提供共享数据的存储、查询、处理、管理和恢复等多种服务。该计算模式服务的基本工作流程为：客户机应用程序提供用户交互接口，并可以将用户请求按照一定的格式发送到数据库服务器；数据库服务器管理系统接收并分析用户请求，按照用户请求对所管理的数据实施操作，并将操作的结果数据返回给提出请求的客户机；客户机可以进一步对返回结果进行处理，并将相关信息呈现给用户。

客户机/服务器模式的优点为：具有很强的实时处理能力，与浏览器/服务器模式相比，该模式更适合于对数据库的实时处理和大批量的数据更新；技术十分完善，并且有众多与之配套的成熟的开发工具；由于必须安装客户端软件，系统相对封闭，这增强了它的安全性能和保密性能。

客户机/服务器模式的缺点为：客户端必须安装专门为该系统开发的面向用户的客户端软件；系统的维护和升级需要在客户机和服务器两端进行，这会造成系统维护困难；系统开放性差，一般是单项单系统，不同系统之间的连接困难，而且不同系统用户界面风格不一致，不利于推广使用；程序依赖底层网络，使系统无法具有跨平台的应用能力，也很难集成新的网络服务，如在 Windows 下开发的应用系统无法在 Unix 环境下直接运行。

（三）浏览器/服务器模式

浏览器/服务器模式（Browser/Server，BS 模式）是一种面向 Internet/Intranet 的分布式计算模式。它以 Web 为中心，采用 TCP/IP、HTTP 传输协议，客户端通过浏览器访问 Web 服务器以及与 Web 服务器相连的后台数据库，一般采用浏览器/Web 服务器/数据库三层结构。

这种结构的核心是 Web 服务器，它负责接收远程或本地的超文本传输协议（Hyper Text Transfer Protocol，HTTP）请求，然后根据查询条件到数据库服务器获取相关的数据，并把结果翻译成 HTML 文档传输给提出请求的浏览器。这种三层结构是由客户机/服务器结构扩展而来的，其中 Web 服务器和数据库服务器之间的关系就是客户机/服务器关系。

数据库服务器和 Web 服务器以及客户机在物理上可以是同一台计算机，其中 Web 服务器上需要运行 Web 服务器管理程序（如 Microsoft IIS、Apache Web 等）和面向应用服务的 Web 服务程序。

浏览器/服务器模式的优点如下：

（1）客户端只要安装有标准的 Web 浏览器即可，不需要额外安装其他客户端软件。系统的维护和扩展变得更加轻松，只需要在服务器端就可以完成。

（2）采用标准的 TCP/IP 协议、HTTP 协议，能够与遵循这些标准的信息系统及其网络很好结合，具有开放性，同时保护了用户投资。

（3）系统客户端界面统一，全部为浏览器方式，简单易用。

浏览器/服务器模式的缺点如下：

（1）客户端的开放性增加了系统受攻击的风险。

（2）在开发工具支持方面没有支持客户机/服务器模式的开发工具丰富。

在进行管理信息系统平台搭建时，由于每种模式的特点各不相同，所以要根据实际需求，选择合适的模式开发管理信息系统。若是面向企业内部，应用范围小、相对安全性和系统响应速度要求较高的管理信息系统开发，可以采用客户机/服务器模式；若是面向企业外部，如开展电子商务业务及其他客户服务业务等应用范围广、用户分散、开放性强的管理信息系统，可以采用浏览器/服务器模式。模式的选择不是单一的，要根据管理信息系统开发项目的复杂程度和实际需求来选择，甚至一个项目可以选择多种模式结合使用。

第三节 管理信息系统开发平台的应用技术

一、计算机网络技术

计算机网络技术是通信技术与计算机技术相结合的产物。计算机网络是按照网络协议，将地球上分散的、独立的计算机相互连接的集合。

（一）计算机网络技术的发展

计算机网络的形成与发展大致分为以下四个阶段：

1. 第一个阶段：诞生阶段——20 世纪 50 年代

1946 年世界上第一台数字电子计算机问世后，计算机并没有普及，其数量还很少而且非常昂贵，用户使用起来非常不便。直到 1954 年，出现了一种称为收发器（Transceiver）的计算机终端，人们使用这种终端首次实现了将穿孔卡片上的数据通过电话线发送到异地的计算机终端，此后，电传打字机也作为远程终端和计算机连接了。这样，用户可以在异地的电传打字机上输入自己的程序并传递给计算机，而计算机计算出来的结果又可以从计算机上传送到异地的电传打字机并打印出来。这样，计算机网络（Computer Network）的概念也就诞生了。

由于当时的计算机是为了成批处理数据而设计的，因此当需要计算机与远程终端连接时，必须在计算机上增加一个接口，而且这个接口应当对计算机原来的硬件和软件的影响尽可能小，由此而出现了线路控制器（Line Controller）。当时计算机上信息的传递主要依靠电话线，而电话线本来是为传递模拟信号设计的，因此人们使用了称为调制解调器（Modem）的专用设备来实现电话线上数字信号的传输，如图 3-1 所示。

图 3-1　线路控制的网络体系结构

第一代计算机网络是以单个计算机为中心的远程联机系统，其典型应用是由一台计算机和全美国范围内 2 000 多个终端组成的飞机订票系统。终端是一台计算机的外部设备，包括显示器和键盘，无 CPU 和内存。

2. 第二个阶段：形成阶段——20 世纪 60 年代

第二个阶段以美国的 ARPA NET 与分组交换技术为重要标志。随着远程终端数量的增加，为了避免一台计算机使用多个线路控制器，在 20 世纪 60 年代初，出现了多线路控制器，它可以和许多个远程终端相连接，人们将这种最简单的计算机联机系统称为面向终端的计算机网络，这就是第一代计算机网络，如图 3-2 所示。

在第一代计算机网络里，计算机是网络的中心和控制者，终端围绕着中心计算机分布在各处，而计算机的主要任务仍是进行成批处理。

电话诞生后，人们便意识到在所有用户之间架设直接的通信线路是一种极大的浪费，必须依靠交换机来实现用户之间的互联，才能避免如此可怕的浪费。一个多世纪以来，电话交

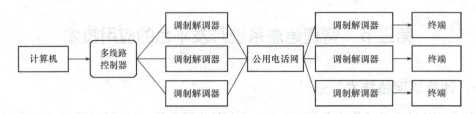

图 3-2 多线路控制的网络体系结构

换机经过了许多次的更新换代：从人工接续、步进制交换机、纵横制交换机，直到现代的程控交换机，基本上都是采用电路交换（Circuit Switching）方式，其本质始终没有改变。从资源分配的角度观察，电路交换是预先分配信号的传输带宽，用户在开始通信之前，必须先申请建立一条从发送端到接收端的物理通道，这个申请过程一般是由拨号来完成的，只有在此物理通道建立后，双方才能进行通信。在通信的全部时间里，用户始终占有端到端的固定传输带宽。

电路交换本来是为语音通信设计的，它对于计算机网络建立信息通道的呼叫来说，时间实在是太长了，因而必须寻找新的适合计算机进行通信的交换机技术。

1964 年 8 月，巴兰在美国 RC 公司论分布式通信的研究报告中首先提及存储式转发的概念。与此同时，英国的皇家物理实验室（Royal Physical Laboratory）和法国的国际电子通信研究中心（Societe Internationale de Telecommunications Aeronotiques）已开始进行计算机间的通信研究。

1966 年，英国皇家物理实验室的戴维斯首先提出分组交换（Packet Switching）的概念，并证明分组交换技术在计算机间传输命令和数据时能够表现出极大的灵活性和可靠性。

1969 年 2 月，美国国防部高级研究计划署的分组交换网 ARPA NET 建成并投入运行。虽然最初的 ARPA NET 网上仅有四个节点，但计算机通信以分组交换的通信子网为中心，构成用户资源子网的计算机主机和终端都处在网络的边缘，用户不仅可以享受通信子网的资源，还可以享受用户资源子网的各种硬件和软件资源，如图 3-3 所示。从此，进入了第二代计算机网络时代，揭开了网络发展的新纪元。

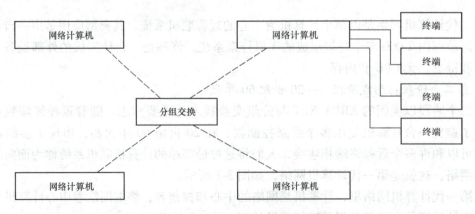

图 3-3 ARPA NET 的网络体系结构

3. 第三个阶段：互联互通阶段——从 20 世纪 70 年代中期开始

由于计算机网络是一个非常复杂的系统，相互通信的两台计算机系统必须高度协调工作，而这种协调是很严格的。为了设计这样复杂的计算机网络，早在最初的 ARPA NET 网络设计时就提出了分层的方法。分层可以将庞大而复杂的问题转化为若干较小的比较容易研究和处理解决的问题。

1974 年，美国 IBM 公司宣布了它研究的系统网络体系结构（System Network Architecture），这个著名的网络标准就是按照分层的方法制定的。网络体系结构的出现，使得一个厂商所生产的各种设备都能够很容易地互联成网。但一旦用户购置了不同厂商的产品，则会由于网络体系结构的不同而很难互相联通。针对这种情形，国际标准化组织（ISO）于 1977 年设立了专门的研究机构，不久便提出了一个使各种计算机互联成网的标准框架——开放式系统互联基本参考模型（OSI/RM）。从此，第三代计算机网络的时代便开始了。

4. 第四个阶段：高速网络技术阶段——20 世纪 90 年代开始

20 世纪 90 年代末至今的第四代计算机网络，由于局域网技术发展成熟，出现光纤及高速网络技术、多媒体网络、智能网络，整个网络就像一个对用户透明的大的计算机系统，发展为以 Internet 为代表的互联网。

IPv6（Internet Protocol Version 6）也称作下一代互联网协议，它是由互联网工程任务组（Internet Engineering Task Force，IETF）设计的用来替代现行的 IPv4 协议的一种新的 IP 协议。IPv6 是为了解决 IPv4 所存在的一些问题和不足而提出的，同时它还在许多方面提出了改进，如路由方面、自动配置方面。经过一个较长的 IPv4 和 IPv6 共存的时期，IPv6 最终会完全取代 IPv4 而在互联网上占据统治地位。相比 IPv4，IPv6 有自己的特点，而这些特点也可以看作 IPv6 的优点：简化的报头和灵活的扩展；层次化的地址结构；即插即用的联网方式；网络层的认证与加密；服务质量的满足；对移动通信更好的支持。

目前，人们需要的是在不断改变网络体系结构的前提下，用有效的技术充分利用处理器的计算能力，国外已经有很多研究机构正在沿着这个方向积极开展工作，其中，可编程网络（Active Networking）是一个公众瞩目的热点，也称为后 TCP/IP 协议模型，它将要引导计算机网络向主动网络体系结构方向发展。

（二）计算机网络的概念与功能

计算机网络（Network）是将处在不同地理位置且相互独立的计算机或设备，通过传输介质和网络设备按照特定的结构和协议相互连接起来，利用网络操作系统进行管理和控制，从而实现信息传输和资源共享的一种信息系统。

计算机网络的功能主要有以下几个方面：

1. 数据通信

计算机网络主要提供传真、电子邮件、电子数据交换（EDI）、电子公告牌（BBS）、远程登录和浏览等数据通信服务。

2. 资源共享

凡是入网用户均能享受网络中各个计算机系统的全部或部分软件、硬件和数据资源。

3. 提高计算机的可靠性和可用性

网络中的每台计算机都可通过网络相互成为后备机。一旦某台计算机出现故障，它的任务就可由其他的计算机代为完成，这样可以避免在单机情况下，一台计算机发生故障引起整个系统瘫痪的现象,从而提高系统的可靠性。而当网络中的某台计算机负担过重时,网络又可以将新的任务交给较空闲的计算机来完成,均衡负载,从而提高了每台计算机的可用性。

4. 分布式处理

通过算法将大型的综合性问题交给不同的计算机同时进行处理。用户可以根据需要合理选择网络资源,就近快速地将问题进行处理。

(三) 计算机网络的类型

按照分类方法的不同,计算机网络有多种类型,常见的划分方法有如下几种:

1. 按传输介质分类

(1) 有线网。有线网是采用同轴电缆和双绞线来连接的计算机网络。同轴电缆网是常见的一种联网方式。它比较经济,安装较为便利,但传输率和抗干扰能力一般,传输距离较短。双绞线网是目前最常见的联网方式。它价格便宜,安装方便,但易受干扰,传输率较低,传输距离比同轴电缆要短。

(2) 光纤网。光纤网也是有线网的一种,但由于其特殊性而单独列出,光纤网采用光导纤维做传输介质。光纤网传输距离长,传输率高,每秒可达数千兆比特,抗干扰性强,不会受到电子监听设备的监听,是高安全性网络的理想选择。

(3) 无线网。无线网是用电磁波作为载体来传输数据的,由于联网方式灵活方便,是一种很有前途的联网方式。

2. 按网络的地理位置分类

局域网常采用单一的传输介质,而城域网和广域网则采用多种传输介质。

(1) 局域网(LAN)。一般限定在较小的区域内,即小于10 km 的范围,通常采用有线的方式连接起来。

(2) 城域网(MAN)。规模局限在一座城市的范围内,即10~100 km 的区域。

(3) 广域网(WAN)。网络跨越国界、洲界,甚至全球范围。

目前局域网和广域网是网络的热点。局域网是组成其他两种类型网络的基础,城域网一般都加入了广域网。广域网的典型代表是 Internet。

(4) 个人局域网(PAN)。个人局域网就是在个人工作的地方把属于个人使用的电子设备(如便携式计算机等)用无线技术连接起来的网络,因此也称为无线个人局域网(WPAN),其范围大约为10 m。

3. 按网络的拓扑结构分类

网络的拓扑结构是指网络中通信线路和站点(计算机或设备)的几何排列形式,通常可以分为星型网络、环型网络和总线型网络三种基本类型,如图3-4 所示。

(1) 星型网络。各站点通过点到点的链路与中心站相连。特点是很容易在网络中增加新的站点,数据的安全性和优先级容易控制,易实现网络监控,但中心节点的故障会引起整个网络瘫痪。

(2) 环型网络。各站点通过通信介质连成一个封闭的环形。环型网络容易安装和监控,但容量有限,网络建成后,难以增加新的站点。

(3) 总线型网络。网络中所有的站点共享一条数据通道。总线型网络安装简单方便,需要铺设的电缆最短,成本低,某个站点的故障一般不会影响整个网络。但介质的故障会导

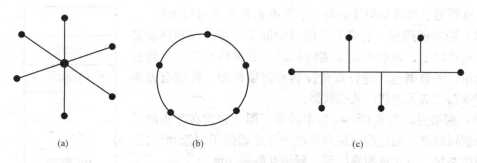

图 3-4　网络拓扑结构类型
(a) 星型网络；(b) 环型网络；(c) 总线型网络

致网络瘫痪，总线型网络安全性低，监控比较困难，增加新站点也不如星型网络容易。

树型网络、簇星型网络、网状网络等其他类型拓扑结构的网络都是以上述三种拓扑结构为基础的。

4. 按通信方式分类

（1）点对点传输网络。数据以点到点的方式在计算机或通信设备中传输。星型网络、环形网络都采用这种传输方式。

（2）广播式传输网络。数据在共用介质中传输。无线网和总线型网络属于这种类型。

5. 按网络使用的目的分类

（1）共享资源网。使用者可共享网络中的各种资源，如文件、扫描仪、绘图仪、打印机以及各种服务。Internet 是典型的共享资源网。

（2）数据处理网。用于处理数据的网络，如科学计算网络、企业经营管理网络。

（3）数据传输网。用来收集、交换、传输数据的网络，如情报检索网络等。

除了以上几种常见的划分方法外，还有一些其他的分类方法，如按信息传输模式的特点来分类的 ATM 网。其网内数据采用异步传输模式，数据以 53 字节单元进行传输，提供高达 1.2 Gb/s 的传输率，有预测网络延时的能力，还可以传输语音、视频等实时信息，是最有发展前途的网络类型之一。另外，还有一些非正规的分类方法，如企业网、校园网，根据名称便可理解。

（四）网络协议与参考模型

1. 网络协议

网络协议是网络中计算机或设备之间进行通信的一系列规则的集合。只有它的存在，才能使网络上的计算机有条不紊地通信，而不会出现传输的信息无法理解的现象。常用的网络协议有 IP、TCP、HTTP、POP3、SMTP 等。

2. OSI 参考模型

随着网络的普及和应用，网络互联标准已成为必须解决的问题。因此，1974 年国际标准化组织（International Standards Organization，ISO）发布了著名的 ISO/IEC7 498 标准，即开放系统互联参考模型（Open System Internetwork，OSI），定义了网络互联的物理层、数据链路层、网络层、传输层、会话层、表示层、应用层等七层网络体系结构，如图 3-5 所示。

（1）物理层。它是 OSI 模型中的第一层也是最低层。它的功能是利用传输介质为数据链路层提供物理连接，实现了二进制比特流的透明传输。它定义了电缆的类型、传输的电信号或光电信号、电缆如何接到网卡、数据编码方案与同步等。

（2）数据链路层。它是 OSI 模型中的第二层。在物理层提供服务的基础上，该层在通信实体间建立数据链路连接。传输以帧为单位的数据包，进行差错控制与流量控制，并使有差错的物理线路变成无差错的数据线路。

（3）网络层。它是 OSI 模型中的第三层。它为在节点间传输创造逻辑链路，通过路由选择算法为分组通信子网选择最佳、最适当的路径，以实现拥塞控制、网络互联等功能。

（4）传输层。它是 OSI 模型中的第四层。它向用户提供可靠的端到端服务、传送报文并且提供数据流量控制和错误处理。

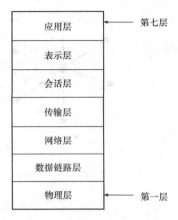

图 3-5　OSI 参考模型

（5）会话层。它是 OSI 模型中的第五层。它负责维护节点间会话、进程间的通信，以及管理数据交换。

（6）表示层。它是 OSI 模型中的第六层。它用于处理在两个通信系统间交换信息的表示方式，包括负责协议转换、数据格式交换、数据加密和解密、数据压缩与恢复。

（7）应用层。它是 OSI 模型中的第七层。它为应用软件提供服务，如文件传输、电子邮件收发等。

在互联网上从计算机 A 传送数据到计算机 B，OSI 参考模型的七层结构保证了数据传送的正确无误。

3. TCP/IP 参考模型

TCP/IP 协议是 Internet 上两个重要的通信协议。TCP 是传输控制协议（Transfer Control Protocol），IP 是网际协议（Internet Protocol）。网络体系结构模型（TCP/IP 参考模型）有四层，它们为网络接口层、互联层、传输层、应用层，如图 3-6 所示。

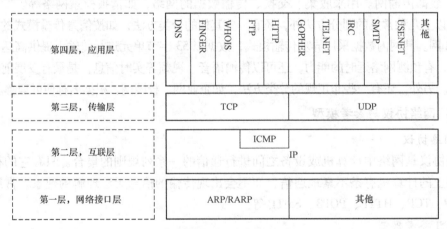

图 3-6　TCP/IP 参考模型

网络接口层：它是 TCP/IP 参考模型中的第一层。它负责通过网络发送和接收 IP 数据报及硬件设备驱动。

互联层：它是 TCP/IP 参考模型中的第二层。它负责将源主机的报文分组发送到目的主机。

传输层：它是 TCP/IP 参考模型中的第三层。它负责应用程序间的端对端的通信。

应用层：它是 TCP/IP 参考模型中的第四层。它负责为用户调用访问网络应用程序，应用程序与传输层协议相配合，发送或接收数据。它包括所有高层协议，并不断有新的协议加入。TCP/IP 常用的协议有 Telnet 远程登录协议（Remote Login）、FTP 文件传输协议（File Transfer Protocol）、SMTP 简单邮件协议（Simple Mail Transfer Protocol）、NFS 网络文件服务协议（Network File Server）和 UDP 用户数据报协议（User Datagram Protocol）。

4. OSI 参考模型与 TCP/IP 参考模型之间的关系

TCP/IP 协议紧密地映射到 OSI 参考模型的各层，TCP/IP 的四层模型在定义功能上类似于 OSI 模型，它们之间的映射关系如图 3-7 所示。

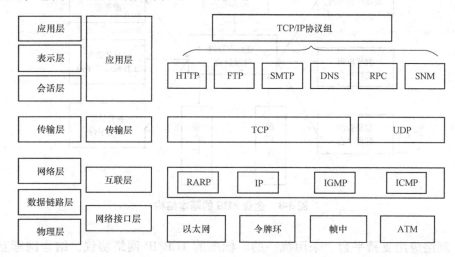

图 3-7　OSI 参考模型与 TCP/IP 参考模型之间的映射关系

（五）Intranet 及其应用

Intranet 称为内联网，或内部网、企业内部网、内网，是一个使用与 Internet 同样技术的计算机网络，它通常建立在一个企业或组织的内部并为其成员提供信息的共享和交流等服务。

Intranet 是 Internet 的延伸和发展，正是由于利用了 Internet 的先进技术，特别是 TCP/IP 协议，保留了 Internet 允许不同计算平台互通及易于上网的特性，Intranet 得以迅速发展。通过防火墙的安全机制，可以将内联网与互联网实现平滑连接并保障内部网络信息的安全隔离。现在多数企业使用内联网在企业内部发布信息，或者把它们原来的数据库与 WWW 服务器连接起来，使信息查询变得更为快捷，可以在企业内部浏览网页、收发电子邮件。

一些企业建立了基于 Intranet 的 MIS 体系结构。自 20 世纪 90 年代以来，现代企业呈现集团化、多元化、信息化的发展趋势。同一个企业，特别是大企业，往往跨越不同的地区、国家，生产经营的产品往往涉及多个领域。企业需要及时了解其各地下属部门的经营状况、同一企业内不同部门、不同地区员工之间需要及时共享、交流大量的企业内部信息。另外，企业与客户之间、合作伙伴之间也需要进行信息交流。传统的 MIS 已难以适应现代企业发展的需要，基于 Intranet 的新型企业 MIS 便应运而生。

基于 Intranet 的企业 MIS，简称为企业内联网（比单指内联网的内容要广些），近年来发展特别快，不少单位建立的企业网、校园网等，都属于这种类型的内部专用网。

企业内联网利用 Intranet 的 Web 模型作为标准平台，采用 Internet 的 TCP/IP 作为通信协议，同时运用防火墙技术保证内部网络资源的安全性，在企业内部网络上形成了一种三层结构的客户机/服务器模式，即浏览器/应用服务器/数据库服务器模式，并由此构成了企业 MIS 的基础结构，如图 3-8 所示。

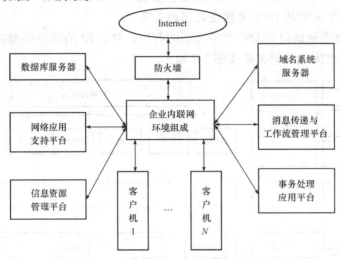

图 3-8　企业 MIS 的基本结构

（1）网络应用支持平台。采用统一的、标准的 TCP/IP 网络协议，结合网际互联、路由、网管、防火墙及虚拟专网（VPN）等现代网络核心技术建立起安全、稳固的开放式应用平台，支持应用软件的运行，是整个企业管理信息综合环境的基础，也是重要的通信基础设施。可实现多平台、多协议、多操作系统之间的通信。它对应用系统透明，可以保证不同系统之间良好的连接。

（2）信息资源管理平台。信息资源管理平台是将来自企业内外部的各种业务信息、办公信息、档案信息等"信息部件"，通过企业资源规划（ERP）分门别类按不同主题组装为"信息产品"的"装配工厂"。它融合应用了 Internet、Web、HTML、图文声像的多媒体开放文档体系结构，以及数据仓库、交互式对象和中西文全文检索等各项技术，把多个不同操作系统平台上的 Web 服务器、消息传递服务器及工作流服务器组成一个巨大而开放的虚拟资料库，在整个企业网中实现文档统一管理，摆脱了传统文档体系孤立、封闭、不易传递信息、不易管理和扩展的局限性，使信息有一个生成、发布、搜索、利用、再创造的循环机制，不仅能使用户方便地查寻到任何所需信息，而且为企业内外部大规模信息的组织、发布提供了有力手段。

（3）消息传递与工作流管理平台。具有先进的消息传递和分布式目标管理、追踪工作流程的用户化事务处理管理，以及安全可靠的数据签名、身份验证和加密功能，用以发布信息并及时掌握信息的具体流向和反馈，提高了工作效率。其所提供的是一个功能强大且易于管理的企业集成电子邮件、个人及群组工作表、电子表格及共享信息的应用系统，用户既可获取信息，也可发布信息，信息流是全双向的并且是多媒体形式。企业的办公活动不再受时间、空间和地域的限制,极大地提高了企业的工作效率和管理质量。

(4)事务处理应用平台。事务处理应用平台主要负责企业内部业务数据的采集、处理、存储和分析,是传统 MIS 基层部分的扩展。它吸收了商业化客户端/服务器(C/S)的技术特点,采用分布式处理结构和先进的数据库管理系统技术,建立了具有各种分析、预测等辅助决策功能的事务处理,这些功能在传统 MIS 中是非常欠缺的。

二、数据库技术

数据库技术是信息系统的一个核心技术,是一种计算机辅助管理数据的方法,它研究的是如何组织和存储数据,如何高效地获取和处理数据。本部分主要介绍数据库技术在 MIS 中的应用。

(一)数据组织的层次

计算机中数据的组织一般分为数据项、记录、文件和数据库四个层次。

1. 数据项

数据项也称作字段(Field),一个数据项由一组相关字符构成。数据项表示的是实体(Entity),指事物、人、地方或事件的属性(Attribute)。例如,酒店客房中房间编号、客人姓名等都是数据项。

2. 记录

记录(Record)是由相关数据字段组成的,一个记录就是描述一个实体的属性集。通常而言,有定长记录和变长记录之分。定长记录是由固定数目的定长字段构成,而变长记录的字段数量和字段长度是可变的。

3. 文件

文件(File)或称数据表,是一组相关记录的集合。按照文件的应用进行分类,可以分为工资文件、库存文件等;按照文件中的数据类型进行分类,可以分为文本文件、图形文件等。

4. 数据库

数据库(Database)是逻辑相关的所有数据元素的集合。数据库将原来存储于彼此隔离的文件中的记录合并到一个公共的数据元素池中,它可以向很多应用提供数据,这些数据是是独立存在的。数据库中包含描述实体及实体间关系的数据元素,它是事务处理、信息管理等应用系统的基础。

(二)数据库的类型与结构

1. 数据库的类型

按照数据模型分类:可分为层次数据库、网状数据库、关系数据库、面向对象数据库、演绎数据库(知识数据库)。

按照体系结构分类:可分为集中式数据库、分布式数据库、客户—服务器数据库。

按照数据类型分类:可分为统计数据库、工程数据库、时态数据库、传统事物处理数据库、模糊数据库、多媒体数据库。

众多不同类型的数据库中,关系数据库仍然是目前的主流数据库。关系数据库是指按照关系模型来存放数据的数据库。首先确定一个数据库中应该有哪些表和每个关系模式的构成,然后确定各表由哪些属性组成。在数据库管理系统（DBMS）支持下，建立关系模式，输入数据，将一个个表建立起来，并将多个相关表组织到一个数据库中，完成一个数据库的建立。

2. 数据库的结构

数据库的结构是一个多级结构，既能方便地存储数据，同时又能高效安全地组织数据。现有的数据库系统都采用三级模式和二级映射结构。其结构层次，如图3-9所示。

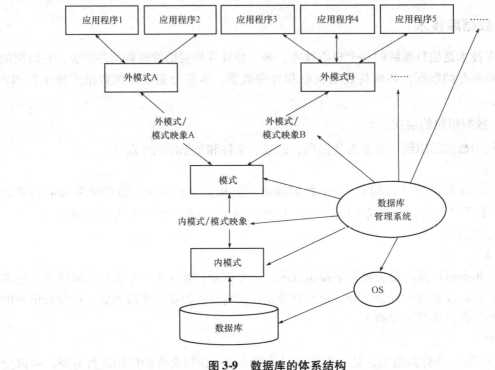

图3-9　数据库的体系结构

模式又称概念模式，是数据库中全体数据的逻辑结构和特征的描述，是所有用户的公共数据视图。

外模式又称子模式或用户模式，是数据库用户所看到和使用的局部数据的逻辑结构和特征的描述，也就是用户看到和使用的数据。外模式是保证数据库安全性的一个有力措施。每个用户只能看见和访问所对应的外模式中的数据，数据库中其余的数据对他们来说是不可见的。

内模式又称存储模式，是数据的物理结构和存储方式的描述，是数据在数据库内部的表示方式。一个数据库只有一个内模式。

数据库系统的三级模式是数据的三个抽象级别，它把数据的具体组织留给了数据库管理系统去管理，使用户能逻辑地、抽象地处理数据，而不必关心数据在计算机中具体的表示方式和存储方式。

为了实现这三个抽象层次的联系和转换，数据库系统在三级模式中提供两种映射：外模式/模式映射和内模式/模式映射。

正是由于具有这两种映射功能，数据库系统中数据才具有较高的逻辑独立性和物理独立性。

(三) 数据仓库与数据挖掘

1. 数据仓库

数据仓库概念是对数据库概念的进一步深化。数据仓库最根本的特点是物理存放数据，而且这些数据并不是最新的、专有的，而是来源于其他的数据库。数据仓库的建立并不是要取代数据库，它要建立在一个较全面和完善的信息应用基础之上，用于支持高层决策的分析。数据仓库是数据库技术的一种新的应用，到目前为止，数据仓库还是用数据库管理系统来管理其中的数据。

数据仓库是现有的数据库系统中的数据和其他一些外部数据的一次重组，重组时以能更好地为决策分析应用提供数据支持为原则。简单地说，数据仓库是决策支持系统（DSS）和联机分析应用数据源的结构化数据环境。数据仓库研究和解决从数据库中获取信息的问题。它是一个专门的数据仓储，用来保存从多个数据库或其他数据源选取的已有数据，并为上层应用提供统一的用户接口，用以完成数据查询和分析。

数据仓库通常包含大量的、经过提炼的、面向主题的数据。它具有如下特征：

（1）数据仓库具有面向主题的特征。一个数据仓库必须是根据企业关心的某些主题来建立的。面向主题意味着对于数据内容的选择及对信息详细程度的选择，把与决策问题无关的数据排除在数据仓库之外。

（2）数据仓库的数据是集成化的。即从各个部门提取的数据要进行转化或称"整合"处理，以统一原始数据中所有矛盾之处，这样才能构成数据仓库中的分析型数据，这是数据仓库中最关键的因素。

数据仓库中的数据是在对原有分散的数据库数据进行抽取、清理的基础上，经过系统加工、汇总和整理得到的，因此必须消除源数据中的不一致性，以保证数据仓库内的信息是关于整个企业的一致的全局信息。

（3）数据仓库主要保存历史性数据。这些数据反映组织环境和状态在一个很长的时间轴上的变化，形成时间序列数据，而且随着时间的流逝而增加。数据一旦进入数据仓库，它只能被用户检索，不会再被改变。

（4）和传统数据库相比，数据仓库系统对数据检索和处理的时间性要求较低。使用者提出查询要求后，数据仓库可以经过若干小时将数据查到，用户还可以对所得到的信息包进行进一步加工处理。

概括地说，数据仓库就是面向主题的、集成的、稳定的、不同时间的数据集合。数据仓库中的数据面向主题与传统数据库面向应用相对应。数据仓库的集成特性是指首先要统一原始数据中的矛盾之处，然后将原始数据结构做一个从面向应用到面向主题的转变。

2. 数据挖掘

数据挖掘和数据仓库作为决策支持的新技术在近 10 年来得到迅速发展，而且数据仓库和数据挖掘是结合起来一起发展的。数据挖掘是从数据中发现隐含的有用信息或知识的技术，是为解决当前"数据太多、信息不足"问题的技术。具体地讲，数据挖掘就是应用一系列技术从大型数据库或数据仓库的数据中提取人们感兴趣的信息或知识，这些信息或知识是隐含的事先未知而潜在有用的。

数据挖掘（Data mining），又称为资料探勘、数据采矿，是数据库知识发现（Knowledge - Discovery in Databases，KDD）中的一个步骤。数据挖掘一般是指从大量的数据中通过算法搜索隐藏于其中的信息的过程。数据挖掘通常与计算机科学有关,并通过统计、在线分析处理、情报检索、机器学习、专家系统(依靠过去的经验法则)和模式识别等诸多方法来实现上述目标。

近年来,数据挖掘引起了信息产业界的极大关注,其主要原因是它存在大量数据,可以广泛使用,并且迫切需要将这些数据转换成有用的信息和知识。获取的信息和知识可以广泛用于各种应用,包括商务管理、生产控制、市场分析、工程设计和科学探索等。

(四) 数据库管理

1. 数据库管理系统

数据库管理系统(Database Management System,DBMS)是一种操纵和管理数据库的大型软件,用于建立、使用和维护数据库。它对数据库进行统一的管理和控制,以保证数据库的安全性和完整性。用户通过 DBMS 访问数据库中的数据,数据库管理员也通过 DBMS 进行数据库的维护工作。它可使多个应用程序和用户用不同的方法在同一时刻或不同时刻去建立、修改和询问数据库。

数据库管理系统是数据库系统的核心,是实现把用户意义下抽象的逻辑数据处理,转换成为计算机中具体的物理数据处理的软件。有了数据库管理系统,用户就可以在抽象意义下处理数据,而不必顾及这些数据在计算机中的布局和物理位置。DBMS 的功能主要体现在以下几个方面:

(1) 数据库定义功能。DBMS 通过提供数据描述语言,又称为数据定义语言(Data Descriptive Language,DDL),来对数据库的结构(包括外模式、模式、内模式)和数据的各种特性进行定义和描述,然后由模式翻译程序将用 DDL 写成的源模式翻译成目标模式。这些目标模式中只是对数据库的系统结构进行描述,刻画了数据库的框架,不涉及数据库的内容——数据的描述。

此外,还包括对数据库完整性的定义、数据库安全性的定义(如用户口令、级别、存储权限)和存储路径的定义(如索引),这些目标模式和定义被存储在数据字典(也称系统目录)中,是 DBMS 运行的基本依据。

(2) 数据操纵功能。DBMS 通过提供数据操纵语言(Data Manipulation Language,DML)来实现对数据库中的数据进行操作,如对数据库中数据的查询、插入、修改和删除等。DML 是用户与数据库系统之间的接口之一,是 DBMS 向应用程序员提供的一组宏指令(宏指令是代表某项功能的一段源程序,是汇编语言程序中的一种伪指令)或调用语句,用户也通过它来向 DBMS 提出对数据库中的数据进行各种操作。

一个好的 DBMS 应该提供功能强且易学易用的 DML、方便的操作方式和较高的数据存储效率。

DML 有两类,一类是宿主型 DML(又称嵌入式 DML),一类是自含型 DML。前者的语句不能独立使用而必须嵌入某种宿主语言中,如嵌入 COBOL 语言或 C 语言中使用;另一种是使用主语言中的子程序调用语句来同 DML 相接。后者自成体系,语法简单,功能齐全,有自己独立的解释和编译系统,可独立使用,并且通常提供终端用户交互式使用和批处理(应用程序方式)两种使用形式。

(3) 系统运行控制功能。数据库运行期间的管理和控制是 DBMS 的核心部分,它包括访问控制、并发控制、安全性控制、通信控制及数据库内部的管理和维护。对于数据库的管理和控制，DBMS 是通过控制程序来实现的，所有对数据库的操作都要在这些控制程序的统一管理下进行，以确保数据库能够正确、安全和有效地工作。

（4）数据库的建立和维护功能。数据库的建立是指将大量的实际数据存储到物理设备上。数据库的维护是指定期地将数据库中的数据组织一遍，并记录下数据库每次被访问时的用户名、进入时间、进行过何种操作、数据被改变情况等，这些都由 DBMS 提供的一些功能子程序来完成。

（5）数据库的通信功能。数据库的通信功能是指数据库与操作系统之间的联机处理能力，是数据库与其他数值计算语言（如 FORTRAN、C、PASCAL）之间的接口。这些语言具有很强的数值计算能力，但不具有数据库操作功能。用这些语言编写的程序运行时，如果要访问数据库中的数据，首先要解决数据库的接口问题，也就是说要使数值计算语言具有对数据库操作的能力。

数据库语言 FoxBASE、FoxPro 等都提供与其他语言程序交换数据的命令，这些命令可以将数据库中的数据传送给具有某种特定格式（如 SDF 格式或 DELIMITED 格式）的文本文件中，或从这类文本文件中读出数据到数据库构成记录；而其他语言程序可利用自己的命令从具有 SDF 格式或 DELIMITED 格式的文件中读取数据，或将自己程序的运行结果传送到这类格式的文本文件中。在这种传递数据方式中，SDF 格式和 DELIMITED 格式的文本文件起到了中间文件的作用，但这样做并非对数值计算语言在数据库操作功能上的扩充，只是解决了数据传递的问题。此外，DBMS 还提供了另外两种解决方法：

（1）预编译方法。选择一种功能较强的语言，如 C、PASCAL 或其他语言做宿主语言，先由 DBMS 提供的预编译程序将用数据库语言写成的源程序进行扫描，然后将它们转换成宿主语言编译程序能接受和执行的语句。

（2）将数据库处理功能语句嵌入宿主语言中，并同时修改和扩充宿主语言的编译程序，形成一种集成语言。

2. 数据库设计

利用数据库技术提供的各项功能开发出的数据库应用软件，一般都是用来取代某部门一个当前已经存在的人工处理系统。在这种情况下，设计出的数据库应用软件系统在完成功能方面应符合该部门的具体需要。因此可以说，数据库设计就是如何根据用户的需要，开发出满足特定的数据库管理系统支持的数据库结构的过程。

在数据库设计中，始终贯穿着"数据"和"加工"这两大主题。其核心在于如何建立一个数据模式，使其满足下面的条件：

（1）符合用户的要求，正确反映出用户的现实环境。它应该包含用户需要处理的所有"数据"，并支持用户需要进行的所有"加工"处理。

（2）能被某个现有的数据库管理系统所接受。

（3）具有较高的质量，易于维护、易于理解和高效率。

一般而言，数据库设计要遵循一定的步骤，如图 3-10 所示。

（1）需求分析。调查和分析用户的业务活动和数据的使用情况，弄清所用数据的种类、范围、数量以及它们在业务活动中交流的情况，确定用户对数据库系统的使用要求和各种约束条件等，形成用户需求规约。

（2）概念结构设计。对用户要求描述的现实世界（可能是一个工厂、一个商场或者一

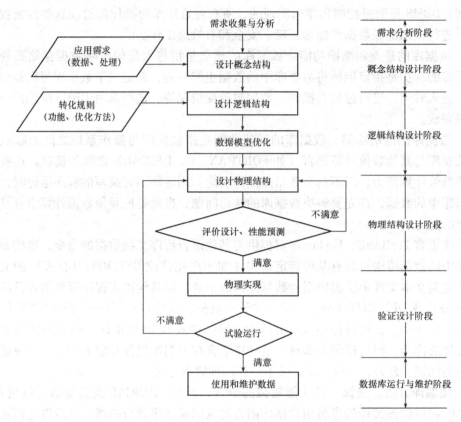

图 3-10　数据库设计的步骤

所学校等），通过对其中诸处的分类、聚集和概括，建立抽象的概念数据模型。这个概念模型应反映现实世界各部门的信息结构、信息流动情况、信息间的互相制约关系以及各部门对信息储存、查询和加工的要求等。

所建立的模型应避开数据库在计算机上的具体实现细节，用一种抽象的形式表示出来。以实体—关系模型（E-R 模型）方法为例，第一步先明确现实世界各部门所含的各种实体及其属性、实体间的联系以及对信息的制约条件等，从而给出各部门内所用信息的局部描述（在数据库中称为用户的局部视图）；第二步再将前面得到的多个用户的局部视图集成为一个全局视图，即用户要描述的现实世界的概念数据模型。

（3）逻辑结构设计。其主要工作是将现实世界的概念数据模型设计成数据库的一种逻辑模式，即适应某种特定数据库管理系统所支持的逻辑数据模式。与此同时，可能还需为各种数据处理应用领域产生相应的逻辑子模式。这一步设计的结果就是所谓"逻辑数据库"。

（4）物理结构设计。根据特定数据库管理系统所提供的多种存储结构和存取方法等依赖于具体计算机结构的各项物理设计措施，对具体的应用任务选定最合适的物理存储结构（包括文件类型、索引结构和数据的存放次序与位逻辑等）、存取方法和存取路径等。这一步设计的结果就是所谓"物理数据库"。

（5）验证设计。在上述设计的基础上，收集数据并具体建立一个数据库，运行一些典型的应用任务来验证数据库设计的正确性和合理性。一般一个大型数据库的设计过程往往需要经过多次循环反复。当设计的某一步发现问题时,可能就需要返回到前面去进行修改。因此,在做上述数据库设计时就应考虑到今后修改设计的可能性和方便性。

(6)数据库运行与维护设计。在数据库系统正式投入运行的过程中,必须不断地对其进行调整与修改。

三、新技术应用

网络技术和数据库技术在管理信息系统开发中被广泛应用。此外,近些年一些新兴的技术也备受关注,包括网格技术、Web 2.0 技术、云计算技术等。

(一)网格技术

网格技术起源于 20 世纪 90 年代初的美国政府资助的分布式超级计算(Distributed Supper Computing)项目。随后,高性能计算技术和互联网技术进一步融合,酝酿产生了继 Internet、Web 之后的第三大技术浪潮——网格技术。

网格技术是利用互联网把地理上广泛分布的计算资源、存储资源、带宽资源、软件资源、数据资源、信息资源、知识资源等连成一个逻辑整体,就像一台超级计算机一样,为用户提供一体化信息和应用服务,虚拟组织最终在这个虚拟环境下进行资源共享和协同工作。

通过网格技术能够有效地调整位于全球不同地区的应用程序和资源,增强网络服务的能力,使得众多用户可在大范围的网络上共享处理能力、支付能力、文件以及应用软件,而无须在意具体的服务过程。网格计算提供了一个可靠的、动态的、全面的基础设施,集成了超越地区及组织界限的资源、应用程序和服务,从而构建了网络服务的范围,使网络回归本性。网格主要由节点、数据库、仪器、可视化设备、宽带骨干网及软件组成。

网格具有如下功能:

(1)提高或拓展企业内所有计算资源的效率和利用率,满足最终用户的需求,解决以前由于计算、数据或存储资源的短缺而无法解决的问题。

(2)建立虚拟组织,并通过让它们共享应用和数据来对公共问题进行合作。

(3)整合计算能力、存储和其他资源,使得需要大量计算资源的重大问题求解成为可能,通过对这些资源进行共享、有效优化和整体管理,降低计算的总成本。

(4)基于网格技术的信息系统开发的最大优点在于,网格技术解决了技术异构和接口异构的问题,实现了广域网环境下的程序和资源的互联,能够很好地解决数据资源自治性和分布性的问题。

(二)Web 2.0 技术

"Web 2.0"一词是由 O'Reilly Media 和 Media Live 公司作为一次会议名称而提出来的概念。Web 2.0 目前没有一个统一的定义。互联网协会对 Web 2.0 的定义为:Web 2.0 是互联网的一次理念和思想体系的升级换代,由原来的自上而下的由少数资源控制者集中控制主导的互联网体系,转变为自下而上的由广大用户集体智慧和力量主导的互联网体系。

从 Web 1.0 到 Web 2.0 其实是互联网本身的升级,从静态的互联网络向为最终用户提供网络应用服务发展,这一升级的过程中还有 WEB 1.5,但却很少被人提及,它是动态的互联网络,这一时期是向 Web 2.0 转变的过渡时期。Web 1.0 提供的是电子邮件、搜索引擎和网上冲浪。Web 2.0 在 Web 1.0 的基础上更加注重人与人的互动。它是关于言论、人际网络、个性化的应用服务，是对网络站点进行收集，而且为最终用户提供网络应用的成熟的计算平台。Web 2.0 具有进步性，体现在其对网络以及社会变革的新趋势、新特征、新需求的深刻反馈之中。

Web 2.0 具有如下特性：

1. 广泛应用新技术

从 Web 2.0 所秉承的和应用的技术方面来看，Web 2.0 由 RIA（Rich Internet Applications，丰富互联网应用程序）、SOA（面向服务架构）和 Social Web（网络社交）三个方面组成。相应地有很多技术和产品产生，包括 Flash、AJAX 技术在网络上的应用，Feeds、RSS、Mash-Up、Wiki、Blog、Tag 等产品，新技术的广泛应用是其最主要的特点。

2. 更加以个人为中心

Web 2.0 的应用更加以个人为中心，真正让用户体验到了"以人为本"的精神。读者在网上可以拥有个人的很多永久体验，可以拥有自己的空间、个人的收藏夹、个人的 Blog，可以订阅自己喜欢的 RSS、Feed，可以发表自己的心情日记、学习体会、学术论文等，可以在书城向他人推荐图书，还可以在商城里购买或订购自己喜欢的图书，等等。这些都是 Web 2.0 为用户所提供的个人服务。从这里可以窥测到未来的互联网会更加丰富多彩，更加注重读者的偏好。

3. 信息交流更具社会性

社会性是 Web 2.0 服务所普遍具有的特征，这不仅指 UUzone 这类的社交网站，而且像 Douban、Seehaha 这些网站都包含社会性的元素，甚至 Bloglines、Rojo 这样的工具性服务都带有多少人订阅这个 Feed、推荐 Feed 给好友等社会性的特征。由于 Web 2.0 以人为中心，人就必然会产生社会性的需求。社会性为网站带来更多的用户互动并产生丰富的内容，使网站服务的使用价值与吸引力都大为增加。社会性同样也是 Web 2.0 服务提高用户忠诚度的重要因素。

Web 2.0 技术给管理信息系统开发带来不小的冲击，Web 2.0 技术改变了互联网用户使用网络的习惯，网络交流方式产生了变化，因此在开发过程中，要考虑到新技术手段带来的用户使用习惯的变革，开发中也要为用户设计相应的 Web 2.0 应用模块，以满足多元化的信息交流需求。

（三）云计算技术

云计算最早是由 IBM 公司于 2007 年年底的"云计算计划"报告中提出的，2008 年 Sun 公司紧跟 IBM 的脚步也发布了"云计算白皮书"，此后，许多软件公司都进入云计算这一商业领域，提供商业服务，如谷歌、雅虎、亚马逊、微软、戴尔等。

从云计算的发展来看，云计算本身并不是横空出世的。20 世纪 70—80 年代出现了面向单机服务的单机计算和并行计算；20 世纪 90 年代出现了面向网络的分布式计算，由多台计算机分别计算最终上传计算结果合并数据；到 21 世纪初出现了面向服务的网格计算，通过资源整合开展大规模的计算服务。云计算是在它们的基础上的进一步发展。从发展时期来看，云计算有着强大的基础，继承并整合了单机计算、并行计算、分布式计算和网格计算的优势，其未来有着广阔的发展前景。云计算原理图，如图 3-11 所示。

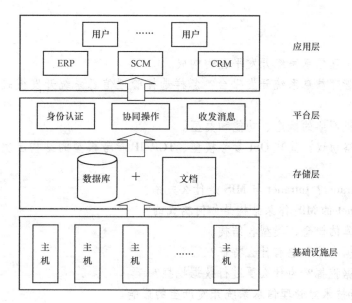

图 3-11 云计算原理图

云计算应用共有四个层级，首先是基础设施层，云计算的基础设施层是由大量的计算机主机集群组成的，没有一定数量规模的云计算就不能自称为云计算。除此之外，带宽问题也是基础设施建设中的重点问题，由于我国宽带带宽远落后于发达国家，因此这一问题也制约着我国云计算的发展。其次是存储层，主要是在数据库中存储一些文档、软件等。再次是平台层，云计算平台层的主要功能：一是身份认证，为用户提供登录云计算服务的账号和密码服务；二是协同操作，保证云计算服务多线程的协同操作；三是收发消息，也就是说同应用层的操作给予响应。最后是应用层，它是为用户提供应用（Application）的，包括为用户提供 ERP、SCM、CRM 等。

云计算技术为管理信息系统开发提供了更为广阔的平台，随着云计算的发展，基于云计算的管理信息系统开发将逐步成熟，开发模式更趋智能化，开发的系统更加高效、便捷、安全。

本章小结

1. 信息技术基础设施的发展。

五个阶段：电子会计机、通用主机和微机计算、个人计算机、客户机/服务器网络、互联网计算。

2. 信息技术的发展方向。

高速、大容量、综合化、数字化、个性化。

3. 信息和数据的区别。

一般可以认为数据是原料，信息是产品。数据是信息的符号表示，或称载体，数据不经加工只是一种原始材料，其价值只是在于记录了客观数据的事实。信息是数据的内涵，是数据的语义解释。信息来源于数据，是对数据进行加工处理的产物。

本章习题

1. 简述支持管理信息系统开发平台的构成。
2. 如何架构管理信息系统开发平台?怎样选择管理信息系统开发模式?每种模式有哪些优缺点?
3. 简述计算机网络的概念、功能和类型。
4. 什么是网络协议?简述 OSI 参考模型、TCP/IP 参考模型的结构层次以及二者之间的关系。
5. 什么是 Intranet? Intranet 与 MIS 是什么关系?
6. 基于 Intranet 的 MIS 体系结构是如何构成的?
7. 简述数据库的概念、类型和结构。
8. 什么是数据仓库?它有什么特征?
9. 什么是数据挖掘?为什么要进行数据挖掘?
10. 试论述新技术对管理信息系统开发产生的影响。

第四章

管理信息系统的开发过程与方法

★学习目标

1. 了解管理信息系统战略规划的重要性。
2. 掌握管理信息系统战略规划的内容与过程。
3. 掌握管理信息系统开发的过程和方法。

★教学要求

本章主要介绍管理信息系统的开发与开发方法,MIS 的开发包括五个阶段,重点介绍五个阶段的主要任务。从管理信息系统的实际应用案例出发,介绍管理信息系统的几种主要的开发方法。

★引导案例

某企业管理信息系统开发

某企业是一家采用金字塔式组织结构、内部分工简单、业务流程短促的中小型贸易企业,长期以来专营食品,如各种名牌的巧克力、奶糖等。随着企业的不断发展,不仅经营国内品牌产品,而且代理国际知名品牌产品的销售。企业经过几年的奋斗,在食品专营方面已具有较大规模,业务范围已突破原有的地域,形成以总部所在地为中心的省际辐射,业务量和客户数都扩大到以前的数倍。企业在快速成长的同时,对企业组织结构设计、业务流程的规划、各种数据存储和应用提出了新的要求,旧的模式已不能适应企业迅速发展的需要。

随着业务的开展和市场竞争的加剧,企业的高层领导也意识到企业内部管理存在一些问题,信息技术的发展和普及应用给管理者带来了希望。他们希望通过信息化建设来改变企业的现状,使企业能对市场机遇做出快速反应,从而带来更多的利润。管理信息系统成功应用的案例使得管理者有信心通过管理信息系统的开发和利用来改变企业的管理现状,使企业得到更好的发展。

根据初步调查，目前企业拥有少量计算机，大多数工作人员对计算机的操作知识知之甚少，企业没有采用任何管理信息系统，基本工作大多由人工完成，计算机仅仅用来进行文字处理，导致工作烦琐、重复性大，企业发展滞后。计算机在企业的主要功能停留在核算统计方面，无法应用到各个管理部门，即无法实现数据的共享。企业的业务流程中各个环节几乎都是采用手工操作方式，由于数据量大，所以工作人员工作量很大，容易出现差错，效率低下。

另外，企业是凭借单据实现部门间的作业顺序、业务关系的，单据一般由客户传递，客户要在各个部门间奔波，客户满意度较差。企业现在的财务部与结算科的职能边界不清晰，造成权责不明确，在销售分析和核算上容易出现差错。由于整个业务流程都采用了手工方式，一些供需信息不能及时传给高层管理者，造成信息滞后，不利于决策者进行准确的市场判断决策，使企业无法适应市场的瞬息万变。

【问题与思考】
1. 管理信息系统开发该如何进行规划？
2. 管理信息系统开发应遵循怎样的过程？
3. 结合本案例中需要重点解决的技术问题，谈谈你对管理信息系统项目开发的看法。

【分析启示】
了解管理信息系统开发战略规划的重要性，掌握管理信息系统开发的过程和方法。

【知识点】
管理信息系统的开发首先要进行系统开发的战略规划，为系统开发做出统筹安排。管理信息系统开发一般要先成立领导小组，组建系统开发组，然后进行系统规划、系统分析、系统设计、系统实施、系统运行与维护。在系统开发过程中，通常使用的方法有生命周期法、原型法、面向对象的方法等。

第一节　管理信息系统战略规划概述

一、管理信息系统战略规划的概念

（一）战略规划

企业战略是一个自上而下的整体性规划过程，可分为公司战略、职能战略、业务战略及产品战略等几个层面的内容。战略规划是指组织制定长期目标并将其付诸实施的一个正式的过程和仪式。

1. 战略规划的内容

战略规划的内容由方向和目标、约束和政策、计划和指标三个要素组成。

（1）方向和目标。组织领导在设立方向和目标时有自己的价值观和抱负，但是又不得不考虑到外部的环境和自己的长处，因而最后确定的目标总是这些东西的折中，这往往是主观的，一般来说最后确定的方向和目标绝不是一个人的愿望。

（2）约束和政策。这就是要找到环境和机会与自己组织资源之间的平衡。要找到一些最好的活动集合，使它们能最好地发挥组织的长处，并最快地达到组织的目标。这些政策和约束所考虑的机会是现在还未出现的机会，所考虑的资源是正在寻找的资源。

（3）计划和指标。计划的责任在于进行机会和资源的匹配，但是这里考虑的是现在的情况，或者说是不久的将来的情况。由于是短期，有时可以做出最优的计划，以达到最好的指标。经理或厂长以为他做到了最好的时间平衡，但这还是主观的，实际情况却难以完全相符。

战略规划内容的制定处处体现了平衡与折中，都要在平衡折中的基础上考虑回答以下四个问题：

①我们想要做什么？What do we want to do？——确定目标
②我们可以做什么？What might we do？——确定方向
③我们能做什么？What can we do？——找到环境和机会与自己组织资源之间的平衡
④我们应当做什么？What should we do？——做出计划

这些问题的回答均是领导个人基于对机会的认识，基于对组织长处和短处的个人评价，以及基于自己的价值观和抱负而做出的回答。所有这些不仅限于现实，而且要考虑到未来。

战略规划是分层次的，正如以上所说战略规划不仅在最高层有，而且在中层和基层也应该有。一个企业一般应有三层战略，即公司级、业务级和执行级。每一级均有三个要素：方向和目标、约束和政策、计划和指标。这九个因素构成了战略规划矩阵，也就是战略规划的框架结构，如图4-1所示。

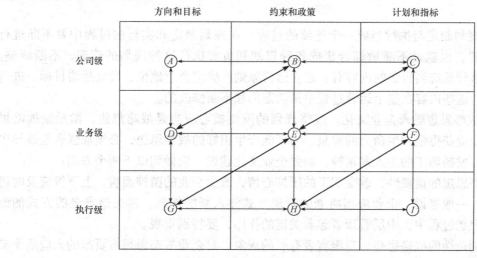

图4-1 战略规划的框架结构

这个结构中唯一比较独立的元素是 A，它的确定基本上不受图中其他元素的影响，但是它仍然受到图外环境的影响，而且和图中 D 也有些关系。因为当考虑总目标时不能不考虑各种业务目标完成的情况，如在确定总的财务目标时不能不了解公司财务的现实状况。

其他的元素都是互相关联的，当业务经理确定自己的目标 D 时，他要考虑上级的目标 A，也要考虑公司的约束和政策 B。尤其当公司活动的多样性增加时，公司总目标所覆盖的范围相对降低，必然需要下级有自己的目标。一个运行得很好的公司应当要求自己的下属做到"上有政策，下有对策"，而不满意那种"上有政策，下无对策"的下属。同样，这样的公司领导也应当善于合理地确定自己的目标，以及善于发布诱导性的政策和约束。执行经理的目标 G 不仅受到上级目标 D 的影响，而且要受到上级的约束和政策 E 的影响。

总的结构是：上下左右关联，而左下和右上相关，上下级之间是集成关系。这点在"计划和指标"列最为明显，这列是由最实在的东西组成，上级的计划实际上也是下级计划的汇总。左右之间是引导关系，约束和政策是由目标引出，计划和指标则是由约束和政策引出。

2. 战略规划的执行

战略规划的执行，即战略规划的操作。战略规划的执行存在着如下两个先天性的困难：

其一，参加规划的专家多为企业中的人员，他们对以后实现规划负有责任。由于战略规划总是要考虑外部的变化，因而要求进行内部的变革以适应外部的变化，这种变革又往往是这些企业人员不欢迎的，这样他们就有可能在实行这种战略规划时持反对态度。

其二，这种规划一般均是一次性的决策过程，它是不能预先进行实验的。用一些管理科学理论所建立的模型与决策支持系统，往往得不到管理人员的认可，他们喜欢用自己的经验建立启发式模型，由于其一次性的性质难以确定究竟哪种正确。

为了执行好战略规划，应当做到以下几点：

（1）解决好员工问题。让各种人员了解战略规划的意义，使各层干部均能加入战略规划的实施中。要让高层人员知道吸收外部人员参加规划的好处，要善于把制定规划的人的意图让执行计划的人了解，对于一些大企业战略计划的新思想往往应当使其和企业文化的形式相符合，或者说应当以旧的企业习惯的方式推行新的内容。规划一旦制定，就不要轻易改动。

（2）把规划制定与执行当成一个连续的过程。在规划制定和实行的过程中要不断进行"评价与控制"，也就是不断地综合集成各种规划和负责执行这种规划的管理，不断调整。一个好的战略管理应当包含的内容有：建立运营原则、确定企业地位、设立战略目标、进行评价与控制。这些内容在整个运营过程中是动态的和不断修改的。

（3）将战略思想融入企业文化。战略规划的重要核心应当是战略思想，激励新战略思想的产生是企业获得强大生命力的源泉。为了能产生很好的战略思想，必须加强企业领导中的民主气氛，发扬职工的主人翁精神，加强企业文化建设。应做到以下两个方面：

明确战略思想的重要性，改变职工的压抑心情，改变企业的精神面貌，上下级应及时进行思想沟通。一般来说，企业应当将老的管理方式注入新的规划，再去追求老的方式的改变。在转变思想过程中，中层管理者起着关键的作用，要特别重视。

要奖励创造性的战略思想，克服言者有罪的现象。对企业战略思想有贡献的人应给予奖励；对于提了很好建议而一时无法实现的人，要做好工作，不要挫伤其积极性。有些公司经理不仅不扶植新战略思想的苗子，反而被创造思维所激怒，以致造成恶劣影响。因而在选择公司经理时，应把对待创造思维的态度或有没有战略思想作为重要条件。

3. 制定战略规划的方式

制定战略规划的方式有以下五种：

第一种是领导层授意，自上而下逐级制定，这种方式在很多企业里都有运用。

第二种是自下而上，以事业单位为核心制定。

第三种是领导层建立规划部门，由规划部门制定。

第四种是委托负责、守信、权威的咨询机构制定，当然这里所说的负责、守信、权威是一些必要的条件，可能还会有更多的条件，如果咨询机构不具备这些必要的条件，那么对企业来说是非常危险的。

第五种是企业与咨询机构合作制定。

在实际制定规划的过程中，这五种方式往往是相互结合在一起来操作的。信息系统的规划和实现，如图 4-2 所示。

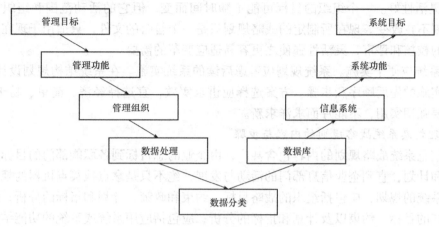

图 4-2　信息系统的规划和实现

（二）管理信息系统战略规划

1. 管理信息系统战略规划的含义

一个有效的战略规划可以使信息系统和用户有较好的关系，可以做到信息资源的合理分配和使用，从而可以节省信息系统的投资。一个有效的规划还可以促进信息系统应用的深化。此外，一个好的规划还可以作为一个标准，可以考核信息系统人员的工作，明确他们的方向，调动他们的积极性。进行规划的过程本身就是迫使企业领导回顾过去的工作，以发现需要改进的地方。

管理信息系统战略规划就是根据组织的总体发展战略和资源状况，对组织信息系统近、中、长期的使命和目标、实现策略和方法、实施方案等内容做出的统筹安排。管理信息系统战略规划的意义，首先在于它可以合理利用信息资源，节省 MIS 投资；其次是明确 MIS 的任务；最后是为将来的评估工作提供依据。

2. 管理信息系统战略规划的特点

战略规划的有效性包括两个方面：一方面是战略正确与否，正确的战略应当做到组织资源和环境的良好匹配；另一方面是战略是否适合该组织的管理过程，也就是和组织活动匹配与否。一个有效的管理信息系统战略规划一般有以下特点：

（1）目标明确。战略规划的目标应当是明确的，不应当是含糊的。其内容应当使人得到振奋和鼓舞。目标要先进，经过努力可以达到，其描述的语言应当是坚定和简练的。

（2）可执行性良好。好的战略说明应当是通俗的、明确的和可执行的，它应当是各级领导的向导，使各级领导能确切地了解它、执行它，并使自己的战略和它保持一致。

（3）组织人事落实。制定战略的人往往也是执行战略的人，一个好的战略规划只有好的人员执行，它才能实现。因而，战略规划要求一级级落实，直到个人。高层领导制定的战略一般应以方向和约束的形式告诉下级,下级接受任务,并以同样的方式告诉下下级,这样一级级的细化,做到深入人心、人人皆知,战略规划也就个人化了。

个人化的战略规划明确了每一个人的责任,可以充分调动每一个人的积极性。这样一方面激励了大家动脑筋想办法,另一方面增加了组织的生命力和创造性。在一个复杂的组织中,只靠高层领导一个人是难以识别所有机会的。

(4)灵活性好。一个组织的目标可能不随时间而变,但它的活动范围和组织计划的形式无时无刻不在改变。现在所制定的战略规划只是一个暂时的文件,只适用于现在,应当进行周期性的校核和评审,灵活性强使之更容易适应变革的需要。

(5)系统应便于实施。系统规划应考虑后续的系统实施。在系统结构规划设计的同时,必须考虑实施的先后顺序和步骤。方案选择应讲求实效,宜选择经济、简单、易于实施的,而技术上要强调实用,不能片面求洋求新。

3. 管理信息系统战略规划的内容与步骤

管理信息系统战略规划的内容包含甚广,由企业的总目标到各职能部门的目标,以及它们的政策和计划,直到企业信息部门的活动与发展,绝不只是拿点钱买点机器的规划。一个管理信息系统的规划,应包括组织的战略目标、约束和政策、计划和指标的分析;应包括管理信息系统的目标、约束以及计划和指标的分析;应包括应用系统或系统的功能结构,信息系统的组织、人员、管理和运行;还应包括信息系统的效益分析和实施计划等。

管理信息系统战略规划要按照一定的步骤执行,如图4-3所示。

(1)确定规划的基本问题。确定规划的基本问题包括确定规划的年限、规划方法的选择、规划方式(集中或分散)的选择以及是采取进取型还是保守型的规划等。

(2)收集初始信息。收集初始信息包括从各级主管部门、竞争者、本企业内部各职能部门,以及从各种文件、书籍、报纸、杂志中收集信息。

(3)现状评价、识别计划约束。现状评价、识别计划约束包括:分析系统的目标、系统开发方法;对现行系统存在的设备、软件及其质量进行分析和评价;对系统的人员、资金、运行控制和采取的安全措施以及各子系统在中期和长期开发计划中的优先顺序等进行计划和安排。

(4)设置目标。设置目标是由企业组织的领导和系统开发负责人,依据企业组织的整体目标来确定信息系统的目标,包括系统的服务质量和范围、人员、组织以及要采取的措施等。

(5)准备规划矩阵。准备规划矩阵是由信息系统规划的内容,依据相互之间的关系组成矩阵。

(6)识别活动。识别活动是将上面列出的各项活动进行分析,分为一次性的工程项目活动和重复性的要经常进行的活动,并指出需优先进行的项目。由于受到资源的限制,各项活动和项目不可能同时进行,应该依据项目的重要性、风险的大小以及效益的好坏等,正确选择工程类项目和日常性重复类项目的组成,并排出执行的先后次序。

(7)选出最优活动组合。

(8)确定优先权、估计项目成本、人员要求。

(9)编制项目实施进度计划。

(10)写出MIS总体规划。写出MIS总体规划是将信息系统开发的战略规划整理成规范

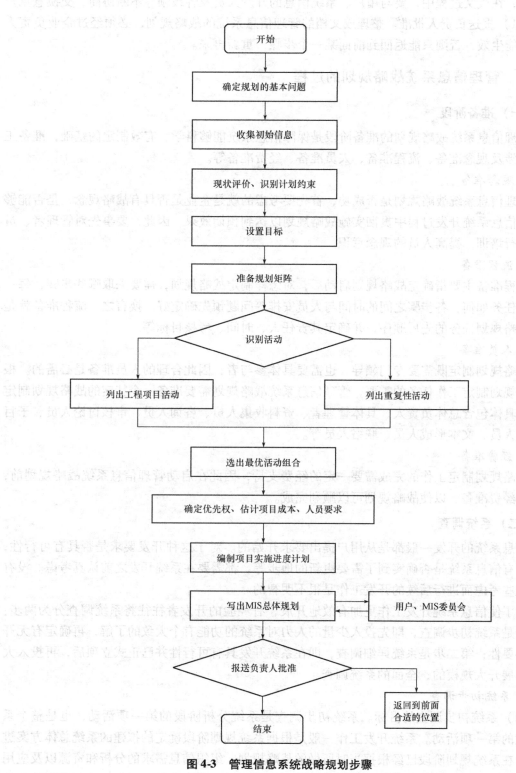

图 4-3 管理信息系统战略规划步骤

的文档,在成文过程中,要与用户、系统信息的开发人员及各级领导不断协商、交换意见。

(11)报送负责人批准。整理成文档的管理信息系统的战略规划,必须经过企业负责人批准才能生效,否则只能返回到前面某一个步骤,重新再来。

二、管理信息系统战略规划的过程

(一)准备阶段

管理信息系统战略规划的准备阶段是保障信息系统能够科学、有效制定的基础,准备工作主要涉及观念准备、流程准备、人员准备、经费准备等。

1. 观念准备

管理信息系统战略规划是否成功,首先要考虑的就是企业是否具有战略观念,是否能够在管理信息系统开发过程中贯彻实施战略规划以达到预期效果。因此,要事先对管理者、员工等进行培训,提高人员的观念意识。

2. 流程准备

流程准备主要指确定战略规划启动后,对怎样制定战略规划,需要采取哪些步骤,每一步骤的任务如何,各步骤之间的时间与人员安排等问题预先确定好。换言之,流程准备就是确定战略规划任务的先后顺序,并确定其责任人、时间、考核目标等。

3. 人员准备

战略规划制定既需要专门领导,也需要具体参与者,因此合理的人员准备是必需的。根据战略规划制定工作任务的需要,管理信息系统战略规划需要准备一个特定的战略规划制定团队,具体包含总体负责人、具体管理者、资料收集人员、咨询人员、审核讨论人员、子目标负责人员、文本形成人员、联络人员等。

4. 经费准备

战略规划制定工作的完成需要一定的经费支持,因此在启动管理信息系统战略规划前,要做好经费准备,以使战略规划可以顺利完成。

(二)系统调查

信息系统的开发一般都是从用户提出要求开始的。对于这种开发要求是否具有可行性,以及原有信息系统是否确实到了需要更新的地步等,都需要在系统开发之前认真考虑。没有进行这些考虑而进行后续的开发工作是很不明智的。

为了使信息系统开发工作更加有效地开展,有经验的开发者往往将系统调查分为两步:第一步是系统初步调查,即先投入少量的人力对系统的功能有个大致的了解,再确定有无开发的必要性;第二步是系统详细调查,即在系统开发具有可行性并已正式立项后,再投入大量人力展开大规模的、全面的系统调查。

1. 系统初步调查

(1)系统初步调查的目标。系统初步调查是系统分析阶段的第一项活动,也是整个系统开发的第一项活动。系统开发工作一般是根据系统规划阶段确定的拟建的系统总体方案进行的。在系统规划阶段已经根据当时所做的战略规划、组织信息需求的分析和资源以及应用环境的约束,将整个信息系统的建设分成若干个项目进行分期分批的开发。系统规划阶段的工作是面向整个组织,着重于系统的总体目标、总体功能和发展方向,而对于每个开发项目的目标、规模和内容并没有做详细的分析。还有，由于组织面临的内、外部环境可能发生变化，系统规划阶段确定的开发项目的基本要求，要等到系统正式开发时根据实际情况进行审定。

总的来说，初步调查阶段的主要目标就是从"态度"中去看新项目有无开发的必要和可能。这里的"态度"是指组织中各类人员（包括系统分析人员、管理人员等）对开发信息系统的态度，主要包括：支持和关心的程度，对信息系统的认识程度和看法。

（2）系统初步调查的内容。系统初步调查时的基本内容大致包括以下几项：

①用户需求分析。初步调查的第一步是要从用户提出新系统的开发，以及用户对新系统的要求入手，考察用户对新系统的需求，预期新系统要达到的目的。因为信息系统将会涉及企业或者组织管理的各个方面，所以这里的用户是指企业上上下下的各级管理人员。他们对新系统开发的需求状况，对新系统的期望目标，是否愿意下大力气参与和配合系统开发，当新系统改革涉及用户的业务范围和习惯做法时，用户是否有根据系统分析和整体优化的要求调整自己职权范围和工作习惯的心理准备，上一层管理者有无参与开发工作、协调下一级管理部门业务和职能关系的愿望等，都是未来进行调查要了解的内容。

②企业现有的运行情况。企业现有的运行情况主要包括企业的性质、企业内部的组织结构、运营过程（对企业整体情况的了解）、各办公楼或者部门的布局（为今后处理各种模块之间的关系和网络分布以及分布式DBS做准备）、上级主管部门、横向协作部门、下设直属部门等（了解系统对外的信息流通渠道）。这些都是与系统开发可行性研究、系统开发初步建议方案以及下一步调查直接相关，所以应该在初步调查中弄清楚。除这些现存的基本状况外，还有一点必须调查清楚，那就是企业近期预计发生变化的可能性，它是今后制定以不变应万变措施的基础。这些可能的变化包括企业兼并、地址迁移、企业周围环境等。

③企业的管理方式和基础数据。现有企业的管理方式和基础数据的管理状况是整个系统调查工作的重点，它与将要开发的系统密切相关。在初步调查阶段只需要对这些情况做大致的了解，并定性了解它是否支持今后所开发的信息系统，而进一步深入的了解留待详细调查去解决。对管理方式的大致了解包括企业整体管理状况的评估、组织职能机构与管理功能、重点职能部门（如计划、生产、销售、财务等）的大致管理方式以及这些管理方式今后用计算机来辅助管理的可行性、可以预见将要更改的管理方法以及这些新方法将会对新系统和实现管理问题带来的影响和新的要求等。

对基础数据管理状况的了解包括基础数据管理工作是否完善，相应的管理指标体系是否健全，统计方法和程序是否合理，用户对于新系统的期望值有无实际的数据支持。如果没有，让企业增设这些管理指标和统计方法并考虑增设的内容是否具有可行性。基础数据管理工作是实现信息系统和各种定量化管理方法的基础，如果这一方面的工作不牢靠，后续的开发工作将很难进行。

④企业现有信息系统的运行情况。信息系统是一个人机结合的开放式系统，从广义上说，它并不是因为计算机和网络等硬件设备的应用而存在的。所以说在决定是否开发新系统之前一定要了解现有系统的运行状况、特点、存在的问题、可以利用的信息资源、可以利用的技术力量以及可以利用的信息处理设备等。

2. 系统详细调查

在系统开发正式立项后，就应该立刻着手对管理业务工作进行详细调查。详细调查是系统开发工作中的一项十分重要的工作，它是系统开发人员开发信息系统的基础，同时也是一项十分繁杂、工作量很大的工作。这一阶段的工作必须充分重视。

（1）系统详细调查的目标和内容。系统详细调查的目标是在可行性研究的基础上完整掌握现行系统的现状，发现系统的薄弱环节，收集资料，找出要解决的问题实质，确保新系统比原系统更有效，为下一步系统化分析和提出新系统的逻辑模型的确定做好准备。

信息系统所处理的信息是渗透于整个组织之中的，系统分析员必须从具体组织的实际情况出发，逐步抽象，才能得到组织中详细活动的全貌。系统详细调查的内容主要包括对现行系统的目标、主要功能、组织结构、业务流程、信息流程、数据流程的调查和功能分析等。具体如下：

现行系统的目标和功能调查：只有充分了解现行系统的目标和功能以及用户的需求，才能发现存在的问题，寻找解决问题的途径，这也是新系统开发成功的基础。

组织结构的调查：调查的第一步就是要了解组织结构，即各个职能部门的划分及其相互关系、人员配备、业务分工、信息流和物流的关系等。组织结构的状况可以通过组织结构图来反映。所谓的组织结构图就是把组织分成若干职能部门，同时标明部门的行政隶属关系、信息流动关系以及其他关系。

业务流程的调查：组织结构图描述了在组织的内部、各职能部门之间的主要的各种业务活动的情况。这是一种粗略的描述。为了弄清楚各部门之间的信息处理工作，哪些与系统建设有关，哪些无关，就必须了解组织的业务流程。系统分析员应该按照业务活动中信息流动的过程，调查所有环节中对处理业务、处理内容、处理顺序和时间的要求，弄清楚各环节的信息需求、信息来源、去向、处理方法、提供信息的时间和信息的形态等。有关的调查情况可以用"业务流程图"来表示。

信息流程的调查：开发系统，必须了解信息流程。业务流程虽然在一定程度上表达了信息的流动和存储的情况，但是仍然含有物资、材料等内容。为了用计算机对组织的信息进行控制，需要将信息的流动、加工、存储等过程抽象出来，得出组织中的信息流的综合情况。描述这种情况需要借助于数据流程图。

数据及功能分析：有了数据流程图后，就要对图中出现的数据和信息的属性进行更深入的分析，包括数据词典的编制、数据存储情况的分析以及使用者查询要求的分析。同时要对数据流程图的各个功能的内容从逻辑上进行说明，可借助决策树、决策表等。

（2）系统详细调查的原则。详细调查的对象是现行系统（包括手工系统和已采用的计算机管理信息系统），详细调查的目的在于完整掌握现行系统的现状，发现问题和系统的薄弱环节，收集资料，为下一步的系统化分析和提出新系统的逻辑方案做好准备。

详细调查除了遵循上面系统调查的原则外，还应该遵循用户参与的原则，即由使用部门的业务人员、主管人员和开发部门的系统分析人员、系统设计人员共同进行。设计人员虽然掌握计算机技术，但是对于使用部门的业务不是很清楚，而管理人员则熟悉本身的业务而又不太懂专业的计算机技术，现在将二者集合起来，就能取长补短，更深入地发现对象系统存在的问题，进而共同研讨解决问题的方案。

（3）系统详细调查的范围。系统详细调查的范围应该围绕组织内部信息流所涉及的领域的各个方面。但是也要注意信息流是通过物流产生的，物流和信息流是同时在组织中流动的。这就要求调查范围不能仅仅局限于信息和信息流，还应该包括企业的生产、经营、管理等多个方面。这些归纳起来大致有以下九个方面：
①组织结构和业务功能；
②组织目标和发展战略；
③工艺流程和产品构成；
④管理方式和具体业务的管理方法；
⑤业务流程和工作方式；
⑥数据与数据流程；
⑦决策方式和决策过程；
⑧可用资源和限制条件；
⑨现存问题和改进意见。

以上九个方面只是一种大致的划分，在实际工作中应该根据具体情况进行增减或者修改，且围绕上述范围可以根据具体情况设计调查问卷或者问卷调查表的栏目。总之，目的只有一个，就是真正弄清楚处理对象现阶段工作的详细情况，为后面的分析设计工作做准备。

（三）可行性分析

可行性分析是指按照各种有效的方法和工作程序，对拟建项目在技术上的先进性、适应性，经济上的合理性、营利性以及项目的实施等方面进行深入的分析。

可行性分析的主要任务是确定系统目标、提出问题、制定方案和进行项目评估，从而为决策提供科学依据。在管理信息系统的开发中，可行性研究同样占有很重要的位置。在总体规划中，经过初步调查，确立系统的目标和开发策略之后，就需要进行可行性研究。

管理信息系统的可行性分析主要从以下四个方面加以考虑：

1. 技术可行性

技术可行性是指根据系统的目标来考虑系统的软件设备、硬件设备、环境条件和技术条件是否具备，这里的技术是指已经得到普遍采用、切实可行的技术手段，而不是在研究之中的技术。技术条件主要包括硬件、系统软件、应用软件三个方面。

2. 经济可行性

经济可行性是指估计管理信息系统开发、运行的成本和其使用以后带来的效益，分析系统开发在经济上是否合理。如果企业不具备提供开发所需成本的能力，或者信息系统的使用不能提高企业的利润，那么管理信息系统的开发就不具经济上的可行性。

管理信息系统的经济可行性包括两个方面，即资金上的可得性和经济上的合理性。资金上的可得性是指企业能够提供管理信息系统开发的经费；经济上的合理性是指管理信息系统能够带来经济上的效益。

3. 管理可行性

管理可行性主要考虑当前系统的管理体制是否能够为系统提供其所必需的数据，以及各级人员对目标系统所提供的信息需求的迫切性。另外，还要考虑信息系统一旦投入运行对企业目前的管理（如管理风格、管理跨度等）所产生的影响。

4. 开发环境可行性

开发环境可行性主要指企业领导对于管理信息系统的开发是否意见一致，能否抽出骨干力量参与系统的开发等。如果高级领导层的意见不统一，那么势必会引起开发方案的经常变动，影响开发进度。如果不投入骨干力量，所开发出的系统将很难满足要求。

（四）编制可行性报告

可行性报告是开发人员对现行系统初步调查、分析和规划的结论，反映了开发人员对系统的看法，也是系统开发过程中的第一个正式文档。一般来说，可行性报告经有关部门审核之后，就可以进入正式开发阶段。

可行性报告是系统总体规划阶段的文档性结果，也是指导整个系统开发的纲领性文件。它一般包括以下内容：

1. 引言

引言通常包括三部分内容。其一，摘要。摘要指出目标系统的名称、总体目标和主要功能。其二，背景。背景指出目标系统的用户和开发者、该系统与组织结构之间的联系以及项目的由来。其三，参考资料。参考资料包括下达本系统可行性研究的文件、合同、批文、专门说明等。

2. 现行系统的调查与分析

现行系统的调查与分析主要包括对现行系统的初步调查和用户需求分析两部分。

（1）初步调查的内容主要包括：现行系统的主要目标、组织结构和主要业务流程；运行现行系统所需的人员、设备以及其他各项目的费用开支；现行系统的计算机配置、使用效率以及存在的问题；现行系统中可沿用的子系统；现行系统中存在的主要问题和薄弱环节等。

（2）用户需求分析的内容主要包括：用户在功能上、性能上以及安全性上对目标系统的需求。

3. 目标系统方案

目标系统方案的内容主要包括：目标系统的总体目标，包括目标系统建成后要达到的运行指标和性能要求等；目标系统的规模与初步方案，包括目标系统的范围与边界、组织结构以及目标系统的主要功能等；目标系统的人员培训实施方案；目标系统的投资方案，包括投资金额、资金来源和时间安排等。

三、制定管理信息系统战略规划的方法

制定管理信息系统（MIS）战略规划的方法有多种，主要有关键成功因素法（Critical Success Factors，CSF）、战略目标集转化法（Strategy Set Transformation，SST）和企业系统规划法（Business System Planning，BSP）三种。还有几种用于特殊情况，或者作为整体规划的一部分使用，如企业信息分析与集成技术、产出/方法分析、投资回收法、征费法、零线预算法、阶石法等。

（一）关键成功因素法（CSF）

1970年哈佛大学教授William Zani在MIS模型中用了关键成功变量，这些变量是确定MIS成败的因素。过了10年，麻省理工学院教授Jonn Rockart将CSF提高为MIS的战略。

关键成功因素法是以关键因素为依据来确定系统信息需求的一种MIS总体规划的方法。在现行系统中，总存在着多个变量影响系统目标的实现，其中若干个因素是关键的和主要的（即成功变量）。通过对关键成功因素的识别，找出实现目标所需的关键信息集合，从而确定系统开发的优先次序。有人把这种方法用于数据库的分析与建立，其步骤如下：

(1) 了解企业和信息系统的战略目标；
(2) 识别影响战略目标的所有成功因素；
(3) 确定关键成功因素；
(4) 识别性能指标。

这四个步骤可以用一个图表示，如图 4-4 所示。

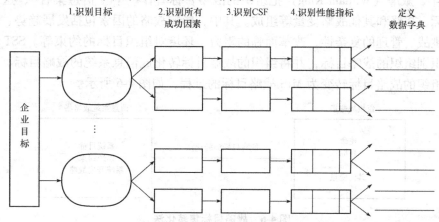

图 4-4　用 CSF 法进行数据库分析的步骤

关键成功因素法通过目标分解和识别、关键成功因素识别、性能指标识别，产生数据字典。关键成功因素就是要识别联系系统目标的主要数据类及其关系，识别关键成功因素所用的工具是树枝因果图，如图 4-5 所示。某企业有一个目标，是提高产品竞争力，可以用树枝图画出影响它的各种因素，以及影响这些因素的子因素。

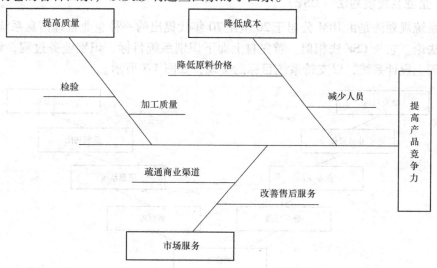

图 4-5　识别关键成功因素的树枝因果图

如何评价这些因素中哪些因素是关键成功因素，不同的企业是不同的。习惯于高层人员个人决策的企业，关键成功因素主要由高层人员个人在此图中选择。习惯于群体决策的企业，可以用德尔菲法或其他方法把不同人设想的关键因素综合起来。在高层人员中应用关键成功因素法，一般效果较好，因为每一个高层人员日常总在考虑什么是关键因素。一般不大适合在中层人员中应用，因为中层人员所面临的决策大多数是结构化的，其自由度较小，他们最好应用其他方法。

（二）战略目标集转化法（SST）

1978年，威廉（William King）把组织的战略目标看作一个"信息集合"，这个集合由使命、目标、战略和其他战略变量等组成。其中，影响战略的因素包括发展趋势、组织面临的机遇和挑战、管理的复杂性、改革面临的阻力、环境对组织目标的约束等。SST法的基本思想是：识别组织的战略目标，并将组织的战略目标转化成信息系统的战略目标。战略规划过程是把组织的战略目标转变为MIS战略目标的过程，如图4-6所示。

图4-6 战略目标集转化法

这个方法的第一步是识别组织战略集，先考察一下该组织是否有成文的战略或长期计划，如果没有，就要去构造这种战略集。第二步是将组织战略集转化成MIS战略，MIS战略应包括系统目标、系统约束以及设计原则等。这个转化的过程包括组织战略集的每个元素识别对应MIS战略约束，然后提出整个MIS的结构。最后，选出一个方案呈交给企业负责人。

（三）企业系统规划法（BSP）

企业系统规划法是由IBM公司于20世纪70年代提出的一种企业管理信息系统规划的结构化的方法论。它与CSF法相似，首先自上而下识别系统目标，识别业务过程，识别数据，然后自下而上设计系统，以支持系统目标的实现，如图4-7所示。

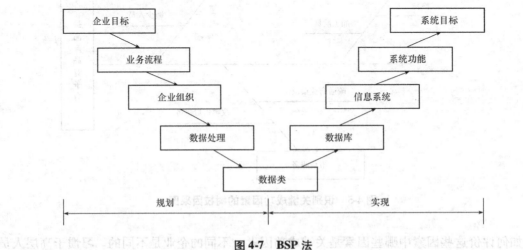

图4-7 BSP法

1. 主要步骤

BSP 法从企业目标入手,逐步将企业目标转化为管理信息系统的目标和结构。它摆脱了管理信息系统对原组织结构的依从性,从企业最基本的活动过程出发,进行数据分析,分析决策所需数据,然后自下而上设计系统,以支持系统目标的实现。BSP 法主要步骤如图 4-8 所示。

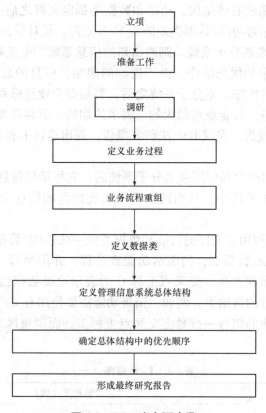

图 4-8 BSP 法主要步骤

(1) 研究开始阶段。成立规划组,进行系统初步调查,分析企业的现状,了解企业有关决策过程、组织职能和部门的主要活动、存在的主要问题、各类人员对信息系统的看法。要在企业各级管理部门中取得一致看法,使企业的发展方向明确,使信息系统支持这些目标。

(2) 定义业务过程。定义业务过程,又称企业过程或管理功能组,是 BSP 法的核心。所谓业务过程就是逻辑相关的一组决策或活动的集合,如订货服务、库存控制等业务处理活动或决策活动。业务过程构成了整个企业的管理活动。识别业务过程可对企业如何完成其目标有较深的了解,可以作为建立信息系统的基础。按照业务过程构建的信息系统,其功能与企业的组织机构相对独立,因此,组织结构的变动不会引起管理信息系统结构的变动。

(3) 业务流程重组。在业务过程定义的基础上,分析哪些过程是正确的,哪些过程是低效的,需要在信息技术支持下进行优化处理;哪些过程不适合计算机信息处理,应当取消。检查过程的正确性和完备性后,对过程按功能分组,如经营计划、财务规划、成本会计等。

(4) 定义数据类。定义数据类是 BSP 法的另一个核心。所谓数据类是指支持业务过程所必需的逻辑上相关的一组数据。例如，记账凭证数据包括凭证号、借方科目、贷方科目、金额等。一个系统中存在着许多数据类，如顾客、产品、合同、库存等。数据类是根据业务过程来划分的，即分别从各项业务过程的角度将与它有关的输入/输出数据按逻辑相关性整理出来归纳成数据类。

(5) 定义管理信息系统总体结构。功能和数据类都定义好之后，可以得到一张功能/数据类表格，该表格又可称为功能/数据类矩阵或 U/C 矩阵。设计管理信息系统总体结构主要工作就是利用 U/C 矩阵来划分子系统，刻画出新的信息系统的框架和相应的数据类。

(6) 确定总体结构中的优先顺序。由于资源的限制，信息的总体结构一般不能同时开发和实施，总要有个先后次序。划分子系统之后，要根据企业目标和技术约束确定子系统实现的优先顺序。一般来讲，对企业贡献大的、需求迫切的、容易开发的要优先开发。

(7) 形成最终研究报告。完成 BSP 法研究报告，提出建议书和开发计划。

2. 子系统的划分

BSP 法是根据信息的产生和使用来划分子系统的，它尽量把信息产生的企业过程和使用的企业过程划分在一个子系统中，从而减少了子系统之间的信息交换。划分子系统的步骤如下：

(1) 做 U/C 矩阵。利用定义好的功能和数据类做一张功能/数据类表格，即 U/C 矩阵，见表 4-1。矩阵中的行表示数据类，列表示功能或过程，并用字母 U（Use）和 C（Create）表示功能对数据类的使用和产生，交叉点上标 C 表示这类数据由相应的功能产生，标 U 的表示这类功能使用相应的数据类。例如，销售功能需要使用有关产品、客户和订货方面的数据，则在这些数据下面的销售一行对应交叉点上标 U；而销售区域数据产生于销售功能，则在对应交叉点上标 C。

表 4-1　U/C 矩阵（一）

功能或过程（行）	数据类（列）
	□交叉点上的符号 C（Create）表示这类数据由相应的功能产生 □交叉点上的符号 U（Use）表示这类功能使用相应的数据类 □空着不填表示功能与数据无关

(2) 调整功能/数据类矩阵。开始时数据类和过程是随机排列的，U、C 在矩阵中排列也是分散的，必须加以调整。

首先，功能这一列按功能组排列，每一功能组中按资源生命周期的四个阶段排列。功能组指同类型的功能，如"经营计划""财务计划"属计划类型，归入"经营计划"功能组。

其次，排列"数据类"这一行，使得矩阵中 C 最靠近主对角线。因为功能的分组并不绝对，在不破坏功能组的逻辑性基础上，可以适当调配功能分组，使 U 也尽可能靠近主对角线。

(3) 确定子系统。画出功能组对应的方框，并起个名字，这就是子系统，表 4-1 的功能/数据类矩阵经上述调整后，可得到表 4-2 的功能/数据类矩阵。

(4) 确定子系统之间的数据流。用箭头把落在框外的 U 与子系统联系起来，表示子系统之间的数据流。例如，数据类"计划"由经营子计划系统产生，而技术准备子系统要用到这一数据类。

表 4-2 U/C 矩阵（二）

功能＼数据类	客户	产品	订货	成本	操作顺序	材料表	零件规格	材料库存	职工	成品库存	销售区域	财务	机器负荷	计划	工作令	材料供应
经营计划				U								U		C		
财务计划				U					U			U		C		
资产规模												C				
产品预测	U	U									U					
产品设计		U	C			U	C									
产品工艺		U				C	C	U								
库存控制							C			C					U	U
调度		U											U		C	
生产能力计划					U											U
材料需求		U					U									C
操作顺序					C									U	U	U
销售区域管理	C	U	U													
销售	U	U	U									C				
订货服务	U	U	C													
发运		U	U							U						
通用会计	U								U							
成本会计			U	C												
人员计划									C							
人员考核									U							

（四）三种系统规划方法的比较

关键成功因素法（CSF）能抓住主要问题，使目标的识别突出重点。由于高层人员比较熟悉这种方法，所以使用这种方法所确定的目标，高层人员更乐于努力去实现。这种方法最有利于确定企业的管理目标。

战略目标集转化法（SST）从另一个角度识别管理目标，它反映了各种人的要求，而且给出了按这种要求的分层，然后转化为信息系统目标的结构化方法。它能保证目标比较全面，疏漏较少，但它在突出重点方面不如前者。

企业系统规划法（BSP）虽然也首先强调目标，但它没有明显的目标导引过程。它通过识别企业"过程"引出了系统目标，企业目标到系统目标的转化是通过业务过程/数据类等矩阵的分析得到的。由于数据类也是在业务过程基础上归纳出的，所以说识别企业过程是企业系统规划法战略规划的中心，而不能把企业系统规划法的中心内容当成 U/C 矩阵。

以上三种规划方法各有优缺点，可以把它们综合成 CSB 法来使用，即用 CSF 法确定企业目标，用 SST 法补充完善企业目标，然后将这些目标转化为信息系统目标，再用 BSP 法校核企业目标和信息系统目标，确定信息系统结构。这种方法可以弥补单个方法的不足，较好地完成规划，但过于复杂而削弱了单个方法的灵活性。因此，没有一种规划方法是十全十美的，企业进行规划时应当具体问题具体分析，灵活运用各种方法。

第二节 管理信息系统开发过程

一、管理信息系统开发的步骤

管理信息系统的开发是一项复杂的系统工程,开发工作的一般步骤如图 4-9 所示。下面对每个步骤的工作做一简要说明。

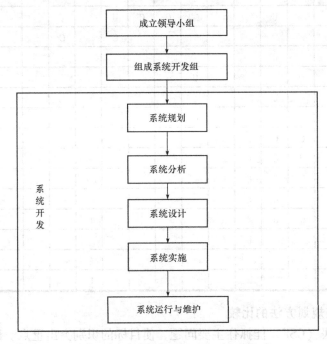

图 4-9 管理信息系统开发的步骤

(一) 成立领导小组

由于信息系统耗资大、历时长,并且涉及管理方式的变革,因而必须由主要领导亲自抓这项工作,才能取得成功。一般应由企业主管领导来负责此项工作,并组成一个信息系统委员会。

(二) 组成系统开发组

在信息系统委员会的领导下建立一个系统开发组,这个组的组成人员应包括各行各业的专家,如计划专家、系统分析员、运筹专家、计算机专家等。这个组可以由本单位(具备条件的单位)抽人组成,也可请外单位(如科研单位、高等院校、咨询公司)派出专家与本单位专家联合组成。

(三) 系统规划

系统规划是系统开发中的一个关键性步骤,系统规划阶段的成果是系统规划文本,它是后续系统开发工作的指南。

（四）系统开发

系统开发的主要工作包括系统规划、系统分析、系统设计、系统实施、系统运行与维护管理这五个阶段。这五个阶段构成系统开发的生命周期。这里需要说明系统开发过程中应注意的几个问题：

（1）系统分析占据了很大的工作量。

（2）开发系统时不应把购买设备放在第一位，因为只有在进行了系统分析与设计后才知道是否需要购买设备，或需要怎样的设备。

（3）程序的编写应在系统分析与设计阶段以后进行。

（4）在系统开发的整个过程中应该始终以"企业过程再造"（Business Process Reengineering，BPR）的思想为指导，图 4-10 所示为基于 BPR 的管理信息系统开发的步骤。

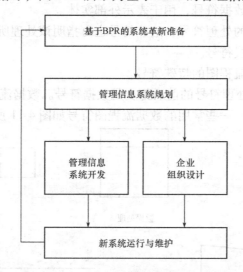

图 4-10　基于 BPR 的管理信息系统开发的步骤

二、系统分析

管理信息系统的系统分析的主要工作包括业务流程调查、数据流程分析、构建新系统模型和撰写系统分析报告四个部分。

（一）业务流程调查

一般来说，一个新的管理系统的开发，总是建立在现行系统的基础上的。因此，为了开发新系统，应对现行系统进行详细的业务流程调查。这一过程要全面、深入、细致地调查和掌握现行系统的运行情况，为下一步数据流程分析提供依据。调查的重点应该围绕人力、物力、财力和设备等在资源的管理过程中所涉及的各种信息以及信息的流动情况等。具体内容如下：

（1）用户结构调查。即要弄清楚与完成系统任务有关的部门、个人及相互层次关系，画出用户结构图。

（2）业务流程调查。即对各职能单位的业务管理情况和业务处理流程进行调查。

（3）信息流程调查。即对企业信息载体（单据、报表、账册等）的种类、格式、用途及流程进行调查，弄清楚各个环节需要的信息、信息来源、流经去向、处理方法、计算方法、提供信息的时间和信息形态（报告、报单、屏幕显示等）。

（4）系统中的资源及其利用情况的调查。对系统中的资源情况进行调查，分析资源利用的情况等。

（二）**数据流程分析**

为了在管理信息系统中的开发应用，还要在业务流程调查和分析的基础上针对物资流，抽象出信息流，绘制出数据流程图，并对各种数据的属性和各项处理功能进行详细的分析。数据流程图是分析阶段所提供的重要技术之一，它反映了系统内部的数据传递关系，是对系统的一种抽象和概念化，只表示数据、功能之间的关系，不涉及如何实现的问题。

数据流程图（Data Flow Diagram，DFD）是描述系统数据流程的工具，它将数据独立抽象出来，通过图形方式描述信息的来源和实际流程。数据流程图包括以下几个部分：

（1）指明数据存在的数据符号，用于表示外部实体。

（2）指明对数据处理的处理符号，这些符号也可指明该处理所用到的机器功能。

（3）数据流走向的流线符号。

（4）便于读、写数据流程图的特殊符号。

画图时需要注意，在处理符号的前后都应是数据符号。数据流程图以数据符号开始和结束。以 Visio 和 Word 为例，一些常用的数据流程图符号如图 4-11 所示。

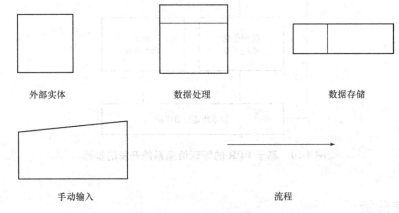

图 4-11　一些常用的数据流程图符号

如果数据流程图很复杂，可以分层来画。DFD 有顶层、中间层、底层之分。

对于复杂的大系统，有时可以分七八层。画数据流程图要遵循以下基本原则：

（1）数据流程图上的所有图形符号必须是前面所说的四种元素。

（2）数据流必须封闭在外部实体之间，外部实体可以是一个，也可以是多个。

（3）处理过程至少有一个输入数据流和一个输出数据流。

（4）任何一个数据流子图必须与它的父图上的一个处理过程对应，两者的输入数据流和输出数据流必须一致，即所谓"平衡"。

（5）数据流程图上的每个元素都必须有名字。

（三）**构建新系统模型**

在对原系统的数据流程、数据特性和功能关系等方面有了深入了解的基础上，就可以着

手建立新系统模型。这一阶段的任务如下:
(1) 确定新系统的目标和范围。
(2) 进行功能分析,划分子系统的功能模块。
(3) 明确新系统的数据处理方式。
(4) 进行可行性分析和经济效果评价。

(四) 撰写系统分析报告

系统分析报告,也称系统说明书,是系统分析阶段工作的总结,也是进行系统设计的依据。系统分析报告要由领导审批和业务人员确认,批准后才可以开始进行系统的设计。系统分析报告的内容主要如下:

(1) 现行系统概述和分析。现行系统概述和分析包括总况、管理业务流程图、各种输入凭证和输出报表、系统的环境。
(2) 新系统的目标。在这个问题上要尽量详细、具体、准确、定量地进行全面描述。
(3) 新系统的模型。
(4) 新系统的可行性分析及初步评价。

三、系统设计

系统设计是信息系统开发过程中的第二个重要阶段。在这一阶段中将根据前一阶段系统分析的结果,在已经获准的系统分析报告的基础上,进行新系统设计。

系统设计的指导思想是结构化的设计思想,就是用一组标准的准则和图表工具,确定系统由哪些模块、用什么方式联系在一起,从而构成最优的系统结构。在这个基础上再进行各种输入/输出、处理和数据存储等的详细设计。

(一) 总体设计

系统的总体设计,又称概要设计,它根据系统分析报告确定的系统目标、功能和逻辑模型,为系统设计一个基本结构,从总体上解决如何在计算机系统上实现新系统的问题。总体设计不涉及物理设计细节,而是把着眼点放在系统结构和业务流程上。总体设计包括:确定系统的输出内容、输出方式及介质等;根据系统输出内容,确定系统数据的发生、采集、介质和输入形式;根据系统的规模、数据量、性能要求和技术条件等,确定数据组织和存储形式、存储介质;运用结构化的设计方法,对新系统进行划分,即按功能划分子系统,明确子系统的子目标和子功能,并按层次结构划分功能模块,画出系统结构图;根据系统的要求和资源条件,为信息选择计算机系统的硬件和软件;制订新系统的引进计划,用以确保系统详细设计和系统实施能按计划、有条不紊地进行。

(二) 详细设计

详细设计,就是在系统总体设计的基础上,对系统的各个组成部分进行详细的、具体的物理设计,使系统总体设计阶段设计的蓝图逐步具体化,以便付诸实现。详细设计的内容如下:

1. 代码设计

对被处理的各种数据进行统一的分类编码,确定代码对象及编码方式,并为代码对象设置具体代码、编制代码表以及规定代码管理方法等。

2. 输入、输出详细设计

进一步研究和设计输入数据以怎样的形式记录在介质上,以及输入数据的校验,输出信息的输出方式、内容和输出格式的设计。另外,还有人机对话的设计等。

3. 数据存储详细设计

数据存储的设计,就是对文件(或数据库)的设计。对文件的设计,就是对文件记录的格式,文件容量计算,物理空间的分配,文件的生成、维护以及管理等的设计。

4. 处理过程设计

处理过程设计,就是对系统中各功能模块进行具体的物理设计。其包括处理过程的描述,绘制处理流程图,与处理流程图相对应的输入/输出、文件的设计。

5. 编制程序设计说明书

程序设计说明书是程序员编写程序的依据,应当简明扼要、准确、规范化地表达处理过程的内容和要求。

程序设计说明书的内容如下:

(1) 程序说明:程序名称、所属系统名称、子系统名称、计算机硬件和软件配置、使用的计算机语言、程序的功能、处理过程和处理方法等。

(2) 输入/输出数据和文件的定义:文件名称、数据项目规定、文件介质、输入/输出设备、输入/输出项目名称以及条件和要求、模块间的接口关系等。

(3) 处理概要:绘制概要流程图、编号处理的概要说明等。

四、系统实施

(一) 系统开发实施

系统开发实施阶段的任务包括两个方面,一是系统硬件设备的购置与安装,二是应用软件的程序设计。在程序设计上根据系统设计阶段的成果,遵循一定的设计原则来进行。其最终的阶段性成果是大量的程序清单及系统使用说明书。

(二) 系统测试

一般在程序调试过程中使用的是一些试验数据。因此,在程序设计结束后必须选择一些实际管理信息加载到系统中进行测试。系统测试是从总体出发,测试系统应用软件的总体效益,即系统各个组成部分的功能完成情况,测试系统的运行效率和系统的可靠性等。

(三) 系统安装调试

系统测试工作的结束表明信息系统的开发已初具规模,此时必须投入大量的人力从事系统安装、数据加载等系统运行前的一些旧系统的转换工作。转换结束后就可以对计算机硬件和软件系统进行系统的联合调试。

五、系统运行与维护

(一) 系统运行

做好管理人员的培训工作,制定一些管理规则和制度,一般还有一段时间用以对新系统的试运行来进一步对系统的各个方面进行测试。保证系统处于可用状态之后就可以进行各项运行操作,如系统的备份、数据库的恢复、运行日志的建立、系统功能的修改与增加和数据库操作权限的更改等。同时还要定期对系统进行评审。

（二）系统维护

系统维护是在开发的新系统交付使用后和运行过程中，为保持系统能正常工作并达到预期的目标而采取的一切活动，包括系统功能的改进，以及解决系统运行期间所发生的一切问题和错误。其主要内容如下：

（1）程序的维护：修改程序，以适应新的要求。

（2）数据的维护：对数据文件和数据库的修改、删除、更新等。

（3）代码的维护：包括制定新的和修改旧的代码体系。

（4）硬件的维护：包括硬件设备的日常管理、维护和检修等。

系统维护工作是延长管理信息系统生命周期、尽量使之保持最佳运行状态的重要因素。据统计，世界上有90%的软件人员是在维护现存系统。因此，管理信息系统是在不断维护活动中得以生存的。

（三）系统评价与更新

在系统投入运行之后，为了弄清楚系统是否能达到预期目的，就需要对实际达到的性能和取得的经济效益进行鉴定，以便对整个系统的性能做出评价。评价工作应主要从以下几个方面考虑：

（1）达到目标的情况：从小到大诸项检查目标的满足情况，并检查目标分解的合理性，从而为修改目标或系统做好准备。

（2）系统运用的适应性：主要检查系统是否稳定可靠，使用、维护是否方便，用户和管理人员是否满意等。

（3）系统的可扩展性：系统具有扩展能力，以保证在业务扩大时，能方便地扩展系统的功能。

（4）系统的经济效果、开发费用和运行费用：包括系统投资回收期的估计和系统经济效益（直接的经济效益和间接的经济效益）的评价。

第三节　管理信息系统开发方法

管理信息系统的开发尤其是大型信息系统的开发离不开方法的应用，常见的开发方法有生命周期法、原型法、面向对象法、计算机辅助法等。

一、生命周期法

（一）生命周期法的概念

任何一个系统都有发生、发展和消亡的过程，新系统在旧系统的基础上产生、发展、老化，最后又被更新的系统所取代，这就是系统的生命周期。

生命周期法的主要思想是将管理信息系统从系统调查开始，经过系统分析、系统设计、系统实施和系统维护与评价，直至要求建立新的系统看成是一个生命周期的结束，另一个生命周期的开始。

（二）生命周期法的五个阶段

运用生命周期法进行管理信息系统开发，包括系统调查与规划、系统分析、系统设计、系统实施、运行测试与系统维护五个阶段，见表4-3。

表4-3 运用生命周期法进行管理信息系统开发的阶段

开发阶段	主要工作	文档资料
系统调查与规划	初步调查拟订开发计划	可行性研究报告
系统分析	数据流程、数据及处理分析	系统分析说明书
系统设计	模块设计、数据库设计	系统设计说明书
系统实施	编制程序	用户使用手册
运行测试与系统维护	测试、维护	系统测试报告

1. 系统调查与规划

第一阶段是系统调查与规划。其主要任务是对用户提出的初始要求进行初步调查，并在技术、经济、组织上做可行性分析、详细调查以及在分析的基础上提出可行性研究报告，并拟订开发系统的初步计划。

2. 系统分析

在这一阶段，开发人员要做详细调查，全面细致地分析现行系统的工作业务流程、数据流程、数据结构、用户要求和系统目标等，分析研究现行系统的本质，建立新系统的逻辑模型，提出系统分析说明书。

3. 系统设计

第三阶段是系统设计。其主要任务是根据系统分析说明书，对系统的各个组成部分进行具体的设计，建立新系统的物理模型，主要包括模块设计、代码设计、数据库设计、输出设计和输入设计等，并提出系统设计说明书。

4. 系统实施

第四阶段是系统实施。其主要任务是以新系统的物理模型，即系统设计说明书为依据，编制可在计算机上执行的程序代码，建立文件和数据库等，测试整个管理信息系统，使系统设计的物理模型付诸实施。这一阶段的工作结果是一个可实际运行的程序系统、各种数据库及一系列文档资料。

5. 运行测试与系统维护

第五阶段是运行测试和系统维护。管理信息系统开发成功后，就可以正式投入运行，并逐步取代现有的系统。在运行期间，由于业务的发展、体制的调整，会存在各种错误与不足，可能需要对其进行扩充、修改与优化，这些工作统称为系统维护。对系统的维护一直要到该系统被另一个新的管理信息系统取代为止，此时该系统的生命周期就告结束。

（三）生命周期法的优缺点

生命周期法的优点在于，使用生命周期法开发一个系统时对系统的每个微小情况都能给予更多的注意。因为用户参与开发并在系统需求分析阶段让用户确定他们的需求，因此用这种方法开发系统比用其他方法更能满足用户的需求。由于系统设计对每个情况都是独立考虑的，因此这种方法常常能产生更高质量的系统。此外，完整的文档也使系统维护工作更为方便。

生命周期法的缺点也很明显：在使用生命周期法开发一个系统时，即使是小系统，也要花费很多时间和很高的成本。另外，生命周期法需要用户提供完整的需求，而对建立新的应用领域的新系统，用户也不能完全理解本身的需求。对没有明确需求的系统，生命周期法也是无法使用的。

（四）结构化生命周期法

结构化生命周期法是结构化系统分析、结构化系统设计和生命周期法的结合，是系统分析员、软件工程师、程序员以及最终用户按照用户至上的原则，自上向下分析与设计和自下向上逐步实施的建立计算机信息系统的一个过程，是组织、管理和控制信息系统开发过程的一种基本框架。

结构化生命周期法在系统分析与系统设计阶段，用系统的思想、系统工程的方法，按用户至上的原则，结构化、模块化、自上向下地对信息系统进行分析与设计；在系统实施阶段，自下向上逐步实施，然后按照系统设计的结构，将模块一个个拼接到一起进行调试，自下向上逐步地构成整个系统。与传统的生命周期法相比，结构化生命周期法的优势在于：首先，它提高了编程效率，改进了程序质量；其次，它采用模块结构，便于修改与扩充。

1. 结构化生命周期法的基本原则

面向用户，强调用户参与，在系统开发过程中始终同用户保持联系；在系统开发过程中，区分工作阶段（Phases）、活动（Activities）、作业（Tasks）；自上向下地分析、设计，自下向上地实施；采用模块结构应对变化；工作成果规范化、标准化。

2. 结构化生命周期法的优缺点

结构化生命周期法的优点：

（1）严格区分开发阶段。对每一阶段的任务完成情况进行审查，对于出现的错误或问题及时加以解决，不允许转入下一阶段。错误纠正得越早，所造成的损失就越少。

（2）整体性与全局性好。强调开发过程的整体性和全局性，自上向下，逐步求精，在整体优化的前提下考虑具体的分析、设计问题。

结构化生命周期法的缺点：

（1）预先定义用户需求较难。要求开发人员在调查中充分掌握用户需求、管理状况并预见可能发生的变化，这不符合人们认识事物的客观规律。同时，用户也很难准确陈述其需求。

（2）缺乏灵活性。修改系统分析和系统设计的结果工作量相当大，实施起来相当困难。因此就要求步步为营，尽量避免需要修改的情况发生。

（3）开发阶段间存在鸿沟。各阶段采用不同的、没有严格对应关系的模型作为开发工具，会形成阶段间的鸿沟，即不能很好地解决从系统分析到系统设计之间的过渡，如如何使物理模型如实反映出逻辑模型的要求。

（4）开发工具落后，起点太低。所使用的工具（主要是手工绘制各种各样的分析设计图表）落后，致使系统开发周期过长而带来了一系列的问题，如不能自动生成文档，文档整理工作量太大。

3. 结构化生命周期法适用范围

结构化生命周期法适用于开发能够预先定义需求、结构化程度较高的大型系统和复杂系统，该方法不适用于小型系统的开发。

二、原型法

（一）原型法概述

原型法是20世纪80年代随着计算机软件技术的发展，特别是在关系数据库系统（Relational Data Base System，RDBS）、第四代程序生成语言（4th Generation Language，4GL）和各种系统开发软件的产生与发展的基础上，人们提出的一种从设计思想到工具、手段都是全新的系统开发方法。

原型法的基本思想就是根据用户提出的需求，由用户与开发者共同确定系统的基本要求和主要功能，并在较短时间内建立一个实验性的、简单的小型系统，称为"原型"，然后将原型交给用户使用。用户在使用原型的过程中会产生新的需求，开发人员依据用户提出的评价意见对简易原型进行不断的修改、补充和完善。如此不断地反复修改（迭代），直至满足用户的需求。这就形成了一个相对稳定、较为理想的管理信息系统。

迭代就是用户对原型系统进行评价、提出意见，开发人员根据用户的意见进行修改的反复过程。迭代不是简单的反复，每一次迭代都意味着原型系统向着用户需求又前进了一步，迭代是系统开发进展的动力。迭代过程的结束，就是原型的完成。

（二）原型法的开发过程

原型法的开发过程是一个开发人员与用户通力合作的反复过程，即从一个能满足用户基本需求的原型系统开始，允许用户在开发过程中提出更好的要求，然后根据用户的要求不断对系统进行完善。它实质上是一种迭代的循环型的开发方式，如图4-12所示。

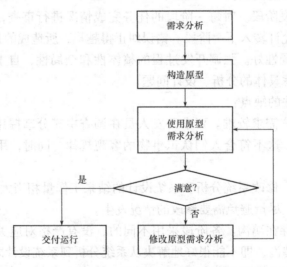

图4-12 原型法的开发过程

用原型法开发一个管理信息系统的过程分为四个阶段。

1. 明确用户基本需求

在系统开发初始的很短时间里调查用户的需求,这样的需求也许是不完全、粗糙的,但却是最基本的。原型法在这一阶段主要是为初始模型确定需求,建立简化模型。

2. 开发初始化原型系统

系统开发人员根据用户确定的基本需求,借助软件工具开发一个应用系统的初始原型。这个初始原型只需满足用户的基本需求,它强调的是开发速度。

3. 对原型进行评价

让用户试用原型,根据实际运行情况,找出原型存在的问题,并提出修改意见。

4. 对原型系统进行修正和改进

系统开发人员根据用户在试用过程中提出的需求,与用户共同研究并确定修改原型的方案,经过修改、完善得到一个新的原型。然后试用、评价,再修改、提高,循环多次直到用户满意为止。总之,用原型法开发系统的过程是一个循环的、不断修改完善的过程。

(三)原型法的种类

根据在系统开发过程中的作用,原型法可分为丢弃式原型(Throw-it-away Prototyping)法和进化式原型(Evolutionary Prototyping)法。丢弃式原型法用于描述和说明系统的需求,作为开发人员和用户之间的通信工具,而不作为实际系统运行。进化式原型法用于满足用户不断变化的需求,在原型系统基础上不断迭代,作为实际系统运行。

根据应用目的和场合的不同,原型法可分为研究型原型(Exploratory Prototyping)法、实验型原型(Experimental Prototyping)法和演进型原型(Evolutionary Prototyping)法。

(四)原型法的优缺点

1. 原型法的优点

开发者在正式开发之前就可以得到用户的真正需求,而用户能在较短的时间内看到新系统的模样;改进了用户和系统开发人员的交流方式,有效避免了开发者和用户的认识差异所产生的失败;开发的系统更加贴近实际,提高了用户的满意度;降低了系统开发风险,一定程度上减少了开发成本;采用自下向上的开发策略,更易被用户接受。

2. 原型法的缺点

由于原型法在实施进程中缺乏对 MIS 全面、系统的认识,因此它不适用于开发大型或复杂的 MIS。

对用户的管理水平要求较高。原型法每次迭代都要花费人力、物力。如果用户合作不好,盲目纠错,就会拖延开发进程,甚至偏离原型的目的。

测试和文档工作常被忽略,使系统运行后很难进行正常的维护。开发工具要求高,支持原型开发的软件工具大致可分为原型化工具、CASE 原型化工具、可用于原型开发的工具。

(五)原型法的适用范围

原型法适用于用户需求不清,管理及业务处理不稳定,需求常常变化,规模小,不太复杂,而且不要求集中处理的系统。

三、面向对象法

（一）面向对象法简介

面向对象（Object Oriented）法简称 OO 法，是一种认识客观世界、从结构组织模拟客观世界的方法。面向对象法产生于 20 世纪 60 年代，在 20 世纪 80 年代后获得广泛应用。其一反那种功能分解方法只能单纯反映管理功能的结构状态，数据流程模型只能侧重反映事物的信息特征和流程，信息模拟只能被动迎合实际问题需要的做法，而是从面向对象的角度为人们认识事物，进而为开发系统提供了一种全新的方法。这种方法以类、继承等概念描述客观事物及其联系，为管理信息系统的开发提供了全新思路。

（二）面向对象法的相关概念

1. 对象

对象是现实世界中具有相同属性、服从相同规则的一系列事物的抽象。任何事物在一定前提下都可以看成是对象。从计算机角度来看，对象是把数据和对该数据的操作封装在一个计算单位中的运行实体；从程序设计者角度来看，对象是一个高内聚的程序模块；从用户角度来看，对象为他们提供所希望的行为。对象可以是具体的，如一个人、一张桌子、一辆轿车等；对象也可以是概念化的，如一种思路、一种方法等。

2. 属性

属性是实体所具有的某个特性的抽象，它反映了对象的信息特征，而实体本身被抽象成对象。

3. 类

类是具有相同属性和相同行为描述的一组对象，它为属于该类的全部对象提供了统一的抽象描述。例如，动物、人、高校、管理信息系统等。

4. 消息

消息是向对象发出的服务请求。在 OO 法中，完成一件事情的方法就是向有关对象发送消息。对象间可以通过消息实现交互，模拟现实世界。

5. 行为

行为是指一个对象对于属性改变或收到消息后所进行的行动的反应。一个对象的行为完全取决于它的活动。

6. 操作

操作是指对象行为、动态功能或实现功能的具体方法。每一种操作都会改变对象的一个值或多个值。操作分为两类：一类是对象自身承受的操作，操作结果改变了自身的属性；另一类是施加于其他对象的操作，操作结果作为消息发送出去。

7. 关系

关系是指现实世界中两个对象或多个对象之间的相互作用和影响。例如，师生关系、上下级关系、机器与配件的关系等。

8. 接口

接口是指对象受理外部消息所指定操作的名称或外部通信协议。

9. 继承

继承是指一个类承袭另一个类的能力和特征的机制。继承的优点是避免了系统内部类或对象封闭而造成的数据与操作的冗余现象，并保持接口的一致性。

（三）面向对象法的开发过程

利用面向对象法开发信息系统的主要步骤如下：

1. 系统调查和需求分析

系统调查和需求分析，即对系统要面临的具体管理问题及用户对系统开发的需求进行调查研究，确定系统目标；对所要研究的系统进行系统需求调查分析，搞清楚系统要做什么。

2. 面向对象分析

根据系统目标分析问题和求解问题，在众多的复杂现象中抽象地识别需要的对象，弄清楚对象的行为、结构和属性等；弄清可能施于对象的操作方法，为对象与操作建立接口。

3. 面向对象设计

对分析结果做进一步的抽象、归纳、整理，从而给出对象的实现描述，并最后以范式的形式将它们确定下来。

4. 面向对象编程

此阶段为程序实现阶段，即选用面向对象的程序设计语言，实现设计阶段抽象整理出来的范式形式的对象，形成相应的应用程序软件。面向对象法开发的系统有较强的应变能力，因而具有重用性和可维护性较好等特点。

（四）面向对象法的优缺点

这种方法更接近于现实世界，可以限制由于不同的人对于系统的不同理解所造成的偏差；以对象为中心，利用特定的软件工具直接完成从对象客体的描述到软件结构间的转换，解决了从分析和设计到软件模块结构之间多次转换映射的繁杂过程，缩短了开发周期。在面向对象法中，系统模型的基本单元是对象，是客观事物的抽象，具有相对稳定性，因而面向对象法开发的系统有较强的应变能力，重用性和维护性较好，并能降低系统开发维护费用和控制软件的复杂性。面向对象法特别适合于多媒体和复杂系统。

但是面向对象法所面临的问题与存在的不足和原型法一样，它需要有一定的软件基础支持才可应用。另外，对大型系统而言，采用自下向上的面向对象法开发系统，易造成系统结构不合理、各部分关系失调等问题，易使系统整体功能的协调性变差、效率降低。

（五）面向对象法的适用范围

面向对象法是比较流行的开发方法，适用面很广。

四、计算机辅助法

（一）计算机辅助法的思想

计算机辅助法是指计算机辅助软件工程（Computer Aided Software Engineering，CASE）。严格地讲，CASE 只是一种开发环境而不是一种开发方法。它是 20 世纪 80 年代末从计算机辅助编程工具、第四代语言（4GL）及绘图工具发展而来的。目前，CASE 仍是一个发展中的概念，各种 CASE 软件也较多，没有统一的模式和标准。采用 CASE 工具进行系统开发，必须结合一种具体的开发方法，如结构化系统开发方法、面向对象法或原型法等，CASE 只是为具体的开发方法提供了支持每一过程的专门工具。因而 CASE 工具实际上是把原先由手工完成的开发过程转变为以自动化工具和支撑环境支持的自动化开发过程。

（二）计算机辅助法的特点

（1）解决了从客观对象到软件系统的映射问题，支持系统开发的全过程。

（2）提高了软件质量和软件重用性。

（3）加快了软件开发速度。

（4）简化了软件开发的管理和维护。

（5）自动生成开发过程中的各种软件文档。

现在，CASE 中集成了多种工具，这些工具既可以单独使用，也可以组合使用。CASE 的概念也由一种具体的工具发展成开发信息系统的方法学。

（三）计算机辅助法的工具

为提高软件开发效率和减轻开发人员的劳动强度而设计的软件称为软件工具。软件工具是为支持计算机软件的开发、维护、模拟、移植或管理而研制的程序系统。软件工具涉及很多方面，种类繁多，目前分类方法也很多。较为流行的分类方法是按生命周期分类，通常可分为以下五大类：

1. 软件需求分析工具

利用形式化语言描述，与自然语言相近，可产生需求分析的文档和相关的图形。例如，问题描述语言（PSL）和问题分析器（PSA）都是需求分析工具。

2. 软件设计工具

软件设计工具主要包括两种工具，一种是图形、表格、语言的描述工具，如结构图、数据流程图、判定表、判定树等；另一种是转换与变换工具，如程序设计语言，可实现算法描述到接近可执行代码的描述转换。

3. 软件编码工具

软件编码工具如各种高级语言编译器、解释器、编辑连接程序和汇编程序等。软件编码工具是软件开发的主要工具。

4. 软件测试和验收工具

软件测试和验收工具如静态分析程序（DAVE）、程序评测系统（PET）等。

5. 软件维护工具

软件维护工具如 PERT、TSN 和 GANTY 图等。

另外，有些软件工具支持多个软件开发阶段，因此难以明确将其归入上述五类中的某一类。对于依赖数据库技术的 MIS 开发，目前主要采用面向对象的开发工具。很多 DBMS 支持多个软件开发阶段，既作为系统开发平台，又作为系统开发编程工具。

除了这四种常用的方法之外，管理信息系统开发可以使用的方法还有软件包法、最终用户开发（End User Development）法、外部化法和软件再造工程法等。应当指出，以上对 MIS 开发方法的分类只能说是大致的不严密的分类。由于这些方法间有不少交叉的内容，分类并非在同一维度上进行，所以在概念上有含糊之处。

本章小结

1. 管理信息系统是"一把手工程"。

管理信息系统会影响组织的结构、目标、工作设计、利益群体的竞争、决策和日常行为。管理信息系统是一个投资大、历时长、风险大的项目。

2. 管理信息系统引入时，来自人员方面的阻碍最大。

习惯阻碍、情感阻碍、技术阻碍等。

3. 管理信息系统开发的五个阶段。

系统规划阶段、系统分析阶段、系统设计阶段、系统实施阶段、系统运行与维护阶段。

本章习题

1. 解释管理信息系统战略规划与系统开发的关系。
2. 管理信息系统战略规划有哪几种方法？
3. 简述管理信息系统的开发过程。
4. 简述管理信息系统常用的几种开发方法。
5. 信息系统战略规划和企业计算机应用规划有何不同？

第五章

饭店管理信息系统

★学习目标

1. 掌握饭店信息管理的主要内容。
2. 熟悉饭店业务的数据流程。
3. 掌握饭店管理信息系统的开发各阶段的任务。
4. 了解各个类型饭店管理信息系统的功能。

★教学要求

本章主要介绍管理信息系统在饭店业中的开发与应用，使学生了解饭店主要的业务流程，各个部门的不同功能需求。通过对企业常用软件的使用与操作，熟练操作软件。

★引导案例

智慧饭店的变化

早期人们关于"智慧饭店"做的一个刚性需求分析，包括饭店灯光控制系统的应用、饭店空调控制系统的应用、饭店客房控制系统的应用、饭店管理软件系统的应用、饭店智能门禁系统的应用、饭店交互视频系统的应用和饭店信息查看系统的应用、饭店计算机网络系统的应用、饭店展示系统的应用和饭店智能取电开关的应用。

现在人们对于未来饭店的标配包括无人前台、自助礼宾服务台、智能手机客房钥匙、饭店客房感应器、数字礼宾部、镜子电视和商务吧。从以上的变化中可以看出：

饭店对管理信息化需求变大，如无人前台、自助礼宾服务台、数字礼宾部，越来越倾向于数字化管理，未来的饭店管理必将趋向于"无人化管理"。

饭店越来越注重客人的便捷性，如智能手机客房钥匙、镜子电视，方便快捷，是互联网时代客人对饭店的基本要求，具体表现在：一网连接、一手控制、随心所欲。

饭店越来越关注客人的个性化需求，如饭店正在研发的各种不同类型的饭店客房感应器；通过体温感应器就可以感测客人身体的温度，然后根据客人身体的温度调节饭店客房的温度；通过情绪感应器就可以感测客人的情绪，然后根据客人的情绪来播放歌曲。专门针对商务客人的商务吧，会帮助客人准备好各类办公设备、充电器、耳机等，还有的饭店会有迷你吧，为客人提供食品和饮料。

【问题与思考】

互联网给饭店的运作与管理带来了哪些影响？

【分析启示】

饭店信息化的三个主要趋势，分别是饭店管理思维的转变、饭店产品服务的升级、饭店运营策略的变革。

【知识点】

互联网思维的中心是口碑，围绕着这个中心，有一些关键词，如专注、极致、口碑、快、参与感、用户、社会化传播。

第一节　饭店管理信息系统概述

一、饭店管理信息系统的基本概念

饭店作为一个比较特殊的行业，是企业管理要求最为严格的一个行业，为满足饭店业的特殊要求，饭店管理信息系统（Hotel Management Information System，HMIS）应运而生，作为管理信息系统中的又一个重要分支，它实现的是计算机管理系统在饭店业中的具体应用。

饭店管理信息系统是于20世纪70年代初在国外发展起来的，经过10余年的发展，到了80年代，国外的饭店信息管理系统，如ECCO（UX）、HIS、CLS等，整个模式已基本定型，技术较成熟，功能也较齐全。我国的饭店管理信息系统是在80年代初发展起来的，充分吸收了国外管理信息系统的精华，再结合国内的实际情况，逐步发展成熟，到90年代初期已形成几个较成熟的软件系统，同时产生了几家专职从事宾馆业管理信息系统研发的公司。到了90年代中期，随着计算机在饭店中的普及应用，以及计算机技术的不断发展，HMIS发展到一个新的时期，新的系统平台、新的饭店软件、新的系统特点及发展方向不断涌现。

饭店管理信息系统可以简单定义为：一个利用计算机技术和信息通信技术对饭店信息进行综合管理的、以人为主体的人机系统，即饭店管理信息系统＝计算机技术＋信息通信技术＋饭店信息。

二、饭店管理信息系统的特点

1. 信息管理一体化

饭店管理信息系统对饭店的信息管理是从总体出发、全面考虑的，可保证各种职能管理部门共享数据，减少数据冗余和孤岛现象，保证数据的兼容性和一致性，做到了前台、后台一体化、客史资料与客人消费和账目的一体化等。

2. 软件功能层次化

现代饭店的科学管理具有很明显的等级制，各级管理职责分明，分工明确，下级服从上级。HMIS 为了适应这种管理也将软件设计成相应的层次，一般分为三个层次：最低层是作业层，主要功能是录入和管理一些基础数据，目的是提升企业的工作效率和服务质量；中间层是管理层，主要功能是管理综合数据，目的是提高管理精确度，使得整个饭店的计划、组织、控制及激励更加有效、更加有的放矢；最高层是决策层，使用对象是饭店高层领导，他们根据 HMIS 输出的结果信息进行决策，目的是提高决策的科学性和准确性。

3. 产品智能化

多家饭店掀起了智能化产品的高潮，互联网、智能电视机、智能空调、智能开房机等广泛运用到了客人服务当中。客人自主预订、支付、办理入住、"扫"开房门，智能会议系统，智能门禁系统，客房智能系统等已逐渐成为饭店打造个性化服务、增强客人体验的突破口。

4. 管理灵活化

由于饭店的经营管理处于不断变化的环境中，HMIS 在运行过程中会根据实际情况加以调整和扩充，从而使其更好地发挥信息技术的作用。为了延长软件的使用周期，需根据 HMIS 的实际输出信息以及外部信息随时调整处理方式和输入信息。

三、饭店管理信息系统的结构

HMIS 包含概念结构、层次结构、硬件结构、软件结构和功能结构等，下面分别从硬件结构、软件结构和功能结构进行讨论。

（一）硬件结构

硬件结构是指 HMIS 的物理结构，也就是 HMIS 硬件系统的拓扑结构，它一般有三种类型，即单机批处理结构、集中式处理结构和分布式处理结构，它们是随着计算机技术的发展而产生的。

1. 单机批处理结构

早期的 HMIS 都是这种结构，这种结构由一台主机、显示器、键盘、打印机等组成，装上 HMIS 软件就构成了一个完整的 HMIS 系统。由于这种结构对数据的共享和实时处理性能较差，目前已很少使用。此内容已在第一章中重点阐述。

2. 集中式处理结构

随着计算机技术的发展，出现了多台终端的联机系统，通过终端与计算机联系，进行各类数据处理的作业，这就是集中式处理结构。联机集中式处理结构采用一台或两台小型计算机或超级微型机作为主机，管理人员可以在任何时间通过各终端与主机联系，进行各类数据处理作业。

3. 分布式处理结构

分布式处理结构以一台或几台高档微机作为网络服务器，通过网络连接各个工作站，而各个工作站都是一台独立的微型计算机，本身都具有数据处理的能力，需要时就可以联机入网，在服务器内处理数据，所以称分布式处理结构。

（二）软件结构

软件结构是根据管理的层次和要求的功能来划分的。对于饭店来说，软件结构是根据饭店的管理层次以及为了完成饭店业务数据处理要求而定义的功能模块。

(三) 功能结构

在饭店业务管理中,系统功能一般可分为前台和后台两大部分,另外还可包括对前台系统和后台系统的功能扩充的扩充系统(有的系统中把扩充系统直接包含在前、后台系统中),以及各种各样的系统接口。

前台系统可包括总台(预订、接待、问询、账务、稽核)、客房中心、程控电话、商务中心、餐饮收银、娱乐收银、公关销售和总经理室等。后台系统包括财务系统、人事系统、工资系统和仓库管理等。

高星级饭店还可配备工程设备、固定资产、财务分析、商品销售、采供系统、宴会预订、餐饮成本、卡拉OK点歌、桑拿管理和多媒体查询模块。

系统还可提供程控交换机接口、门锁接口、IC卡/磁卡消费系统、远程查询系统、远程预订系统、语音信箱接口、客房VOD、户籍管理和Internet接口等。HMIS的功能结构如图5-1所示。

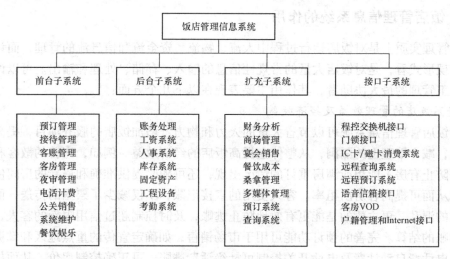

图 5-1　HMIS 的功能结构

预订接待系统:预订接待系统是前台系统的主要功能模块,主要完成对散客、团体的预订和接待登记任务,以及对散客、团体的客房分配、加床、退房、拼房和续住等日常管理工作。

账务审核系统:账务审核系统主要完成对散客、团体的结账处理,负责总台的收银工作以及夜间的审计工作,所有住店客人的账务从交订金开始就和该系统发生关系,并可记录每个客人在饭店的消费情况。

程控电话管理系统:程控电话管理系统是通过程控交换机和计算机连接的一个电话控制计费系统,可实现对饭店内各分机电话的准确计费,并可进行各种统计、查询报表等管理。

客房中心管理系统:客房构成饭店的经营主体,是饭店销售的主要产品。客房中心管理系统的主要工作是管理所有客房的状态、客房设备以及客房所用的消耗品。

餐饮娱乐管理系统:餐饮娱乐管理系统主要完成散客点菜和收银等日常管理以及预订包餐等。

商务中心管理系统：商务中心管理系统主要对商务中心的商品进行进、销、存管理，包括商品的入库管理、销售管理、收银管理以及库存管理，也可对住店客人实现收费自动过账、一次性付账等处理。

总经理查询系统：总经理查询系统主要提供一些供总经理管理决策用的信息数据，如饭店经营方面的数据、接待账务数据、餐饮管理的经营数据、财务上的数据、人事数据、工资管理方面的数据、客房中心的数据、商务中心数据、程控电话控制的管理数据以及仓库管理方面的数据等。

财务管理系统：财务管理系统属后台系统，它是饭店管理的核心内容（总账凭证、应收应付账、银行存款）。一切管理以财务为中心。

人事工资管理系统：人事工资管理系统主要管理饭店的人事关系及工资。

工程设备管理系统：工程设备管理系统主要管理饭店的固定资产设备。

仓库管理系统：仓库管理系统大部分是针对烟、酒、食品、饮料等，还有消耗品及办公用品等的管理。

四、饭店管理信息系统的作用

饭店管理实质上是对饭店运行过程中人流、物流、资金流和信息流的管理，而计算机管理就其表现形式看，是对饭店大量的常规性信息的输入、存储、处理和输出。可以说计算机管理是人工管理的最大协助者，其作用主要表现在以下几个方面：

1. 提高饭店的管理效益及经济效益

应用饭店管理信息系统可以节省大量的人力和物力，增加饭店的服务项目，提高饭店的服务档次，减少管理上的漏洞，从整体上提高饭店的经济效益。例如，完善的散客和团体预订功能可防止有房不能租或满房重订的情况出现，还可随时提供准确和最新的房间使用和预订情况，从而可提高客房出租率。客人费用的直接记账，不仅减少了票据的传送，而且避免了管理上的混乱，更主要的是能更有效地防止逃账，及时控制超过信用限额的客人，随时催促欠款客账的结算。完善的预订功能可用于市场销售，如确定宣传的重点地区和掌握价格的浮动等。电话费自动计费及电话开关控制可杜绝话费逃账。可正确控制房价，从而提高客房收入。控制客人优惠，减少管理漏洞。

2. 提高服务质量

计算机处理信息的速度很快，可以大大减少客人入住、用餐、娱乐和结账的等候时间，从而提高对客人的服务质量，为其提供及时、准确、规范的服务。快速的饭店客人信息查询手段，可使客人得到满意的答复。餐费、电话费、洗衣费、客房饮料费、电话传真费和酒吧饮料费等费用的一次性结账管理，不仅大大方便了客人，也提高了饭店的经营管理水平。历史档案查询更为查账或查客人信息提供了极大的方便。回头客自动识别、黑名单客人自动报警、VIP客人鉴别等均有利于改善饭店的形象。清晰准确的账单、票据和表格，可使客人感到高档次的享受。完善的预订系统，使客人的入住有充分的保证。

3. 提高工作效率

大中型饭店每天的客流量大，前台每天对客房状况的统计、记录订房信息、登记信息、提供查询、为客人提供结算账单等的业务量也很大，如用手工方式进行上述业务运作，速度很慢，需要的人手也多，出现错误的可能性也大，而采用计算机管理则可以大大提高业务运作的速度和准确性。例如，计算机的自动夜间稽核功能结束了手工报表历史。计算机资料的正确保存避免了抄客人名单的低效工作。严格的数据检查可避免手工操作的疏忽而造成的错误，可减轻员工的工作压力，从而提高工作效率。计算机管理还可减少票据的传送、登记、整理分类、复核等一系列的繁重劳动。

4. 完善饭店内部管理体制

饭店管理信息系统在建立营业库的同时，还建立了人事库，进一步形成企业严格的管理体系，使企业各岗位的考核管理工作更趋于科学化、正确化和系统化。其在饭店管理体系中还发挥着强有力的稳定作用，可以明显地减少员工及管理人员的流动对饭店管理运作的不良影响，是使饭店形成特色管理的一个重要组成部分。

5. 全面了解营业情况，提高饭店决策水平

饭店的管理层在面对市场竞争时，更需要加强对各种营业进行预测分析，对饭店经济状况进行全面分析，而饭店计算机系统能提供完备的历史以及当年度的数据，又可提供各种分析模式，这能使管理人员很方便地完成复杂的分析工作。管理层还离不开对饭店运营的内部控制，如控制客房数量、餐饮原料数量和客房消耗品数量，由于饭店计算机系统能提供更好、更完备的信息管理，因此它能很好地提高饭店管理人员的控制决策水平。

五、饭店信息管理软件的发展与展望

目前，计算机在饭店业中的应用日渐普及。特别是随着饭店业的发展，其对饭店信息管理的要求越来越高，因而对信息管理软件的要求也越来越高。面对计算机新技术革命的浪潮和社会主义市场经济体制的确立，面对饭店业日趋激烈的竞争，特别是饭店业要适应当今信息爆炸时代发展的需要，对计算机信息管理软件的要求将越来越高，也更加迫切。从最近几年的发展来看，饭店信息管理软件将朝以下几个方面发展。

1. 软件功能集成化

计算机在饭店业中的应用是逐渐发展起来的，开始时都是利用计算机处理一些简单的事务，因而相应的程序软件都是专门针对某一管理部门的具体事务编写的，而不是从整个饭店的角度出发的，这种单项模块式软件显然已不能适应现代饭店电子化经营的需要。现代饭店管理要求向"管理一体化、信息化"方向发展，既要从整个饭店经营的角度发挥计算机在管理中的作用，又要让计算机在各个部门既有数据管理，又有文本管理，还要起到控制作用。

目前，国内几大成熟的饭店管理软件基本上符合饭店管理一体化的要求，通过提供一系列的、高度集成的饭店管理软件产品，如前台系统、餐饮系统、人事系统、采供系统、接口系统、物流系统和扩展系统等整合型的软件来为饭店经营服务。同时与 Internet 系统的集成，除了传统的提供 Internet 系统接口，还可实现客房上网自动开关、费用记账和即插即用等功能。

2. 软件向智能化发展

我国饭店业从 20 世纪 80 年代初开始应用计算机管理以来，一直处于静态数据处理阶段，主要功能是处理饭店日常事务，也就是说计算机在饭店管理工作中仅发挥低级阶段的作用。目前所谓的饭店管理信息系统（HMIS），功能上也只是根据现行饭店的组织结构、制度和管理方法，执行一般的事务统计、汇总、制表、检索和打印等基本处理，这些事务处理虽然也是重要的，但对饭店获取更高经济效益的要求来说则远远不够。

饭店管理信息系统应该是一个开放的系统，能适应环境变化和竞争需要，而传统的管理信息系统基本上是一个静态的保守系统，只能管理已有的静态存在的数据，而不能从管理层的决策需要出发来处理动态的非结构数据。由此人们提出了决策支持要求，即 HDSS 系统，以让计算机更直接地面向决策，并能根据管理人员的需求，提供各种有价值的信息和决策方案，辅助各级管理人员迅速做出正确的决策。

一些高星级饭店已经开始使用自助服务系统，客人可以选择自助办理入住和结账手续，而无须在前台排队。完全自动化的入住和结账手续处理，满足了客人日益增长的服务需求。自动化服务包括客户身份确认、房门钥匙口令设置和钥匙提取、明细打印等功能。

3. 由局域网向客户/服务器体系结构发展

客户/服务器（Client/Server）技术是几年前发展起来的集事务处理、数据库设计和通信技术为一体的综合性技术。它在 HMIS 中的普及应用，克服了以往局域网点对点通信服务的不足以及系统资源利用率不高等缺陷。在现有局域网的基础上，通过运行客户/服务器软件可达到数据真正分布处理的目的，提高了系统信息服务的灵活性，增强了共享资源的互相访问功能。整个系统还可以水平地或垂直地根据需要进行扩展，因此正好适合饭店实际信息管理的需要。

4. 与移动互联网紧密结合

在这样一个移动互联网时代，生活节奏不断加快的都市人渐渐学会了利用手机有效地开发碎片化时间，上网查询信息、导航、购物、在线支付以及在线预订饭店……生活的衣、食、住、行都离不开手机。商家与客户之间的互联互通更加灵活多变，APP 则是饭店与客户交互极为重要的快捷终端入口之一。无论何种连接方式，关键是要考虑用户的心理和消费行为，以及长久以来形成的客户习惯。饭店借助 APP，具有可以不受地域限制的客观优势，还可以不断拓展各类潜在客户群，通过数据营销与客户需求相对接。

饭店结合自身情况拟定移动互联网策略，若是实力"弱"、无团队，那么可以暂且借助平台型 APP 导入流量资源。另外，若是连锁型饭店，在拥有自己的电商营销团队的情况下，不妨自建 APP，通过社交化平台、电商平台或者线下渠道，搜集和规整客户数据，通过持续性的统计分析，提炼客户情况，从而制定出有针对性的客户营销策略。

5. 与饭店自动化设备相结合

国内大多数饭店的计算机管理信息系统，都没有与饭店其他的计算机应用系统进行整合，尤其是自动化控制系统与饭店管理信息系统没有联系或集成，这方面与国外先进国家相比还存在较大的差距。总的来说，饭店管理信息系统与饭店自动化设备的结合与集成将是未来管理信息系统建设的一种趋势。

（1）客人入住自动登记系统。客人抵达饭店只需插入他的信用卡，操作自动登记系统就可完成入住登记手续，在饭店的所有消费也仅需信用卡，一切消费信息均由饭店管理信息系统统一进行处理。客人刷卡的终端机成为饭店管理信息系统的前台处理机。

（2）服务和监控集成化设备。目前饭店客房中有多种接口，如电话、电视、音响和空调等，今后的发展方向是以 HMIS 为中心的一个集成化系统：用电话实现客房状态修改、语音信箱、自动问询、客房账务查询和用电视查阅账单等；同时，通过管理信息系统还可以集成控制电子门锁，控制空调、灯光和热水等设备以达到节能的目的；通过自动化设备管理客房小酒吧，实现客人消费的自动记账和监控，便于服务员及时补充客房中的饮料和食品。这些客房中的服务设备都纳入饭店管理信息系统的统一管理，作为系统的数据采集和信息交换设备。

（3）客房配备计算机或数字电视设备。这可以实现客人自己结账、查询各种信息和处理商务或公务等，它也是未来商务客房发展的一种趋势。饭店管理信息系统与这些客房数字设备、计算机实现联网，可以控制这些设备的使用情况。客人不但可以利用这些设备了解饭店的服务信息，获取服务内容，还可以通过远程网络或 Internet 与自己的公司总部直接联系并处理商务。

（4）餐厅的无线点菜设备。计算机在餐饮管理中的应用，以前主要是点菜管理和收银管理，未来则主要是提高餐厅、厨房和收银台之间的数据通信效率，提高点菜、送菜和结账的效率。例如，目前的手持点菜餐饮管理系统采用手持 POS 点菜软件，通过无线传输方式可以把点菜信息传输到厨房和账台。

这类系统同时采用条码技术，实现会员卡的统一管理。饭店管理信息系统通过与具有无线功能的智能掌上计算机连接，服务员可以随时随地使用系统为客人点菜、加菜，并即时把数据传到厨房等处的打印机上，再打印出所点的菜单，而且所有的操作数据都储存在后台的数据库中，以备查询。系统使用无线网络与掌上计算机技术，使前台使用者可以在营业大厅内任意位置为客人服务，无须在大厅中布置任何网络线路而影响餐厅环境。由于服务人员不用再跑到厨房送菜单，就可以为更多的客人提供更好的服务，同时可以适当节约人力成本，实现无纸化作业。

此外，饭店管理信息系统软件正在向基于 Web 技术的方向发展，成为一个开放型的软件系统，既可以处理饭店内部的信息，也可以处理饭店外部的信息。这样，目前饭店管理信息系统，既有 DOS 型又有 Windows 型的；既有传统型的，又有基于 Web 型的；既有通用型的，又有专用型的和集成型的。饭店的高层管理者在制定管理信息化的战略规划时，应该明确如何选择这些信息系统，以帮助实现自己发展的战略目标。

第二节　饭店管理信息系统的系统分析

一、饭店宾客信息流程

饭店是为宾客服务的企业，从饭店与客人发生联系开始（预订），经客人抵达接待、入住消费，到结账离店，构成了客人在饭店消费的一个完整的过程。饭店针对这一过程，必须建立一套面向客人的服务流程，以达到完善对客服务、严格内部管理流程的目的。面向客人服务的流程每家饭店各有不同，其信息流向、处理过程是基本一致的，都要经历如图 5-2 所示的各个阶段。

（一）预订阶段

客人可以通过各种方式向饭店预订中心进行预订，饭店需把客人的基本信息，如客人的姓名、性别、人数，需要的房型、房价，付款方式，房间数，抵达时间，停留的天数，联系人，联系方式和特殊需求等记录下来。如果饭店能满足客人的需求，就可以接受客人的预

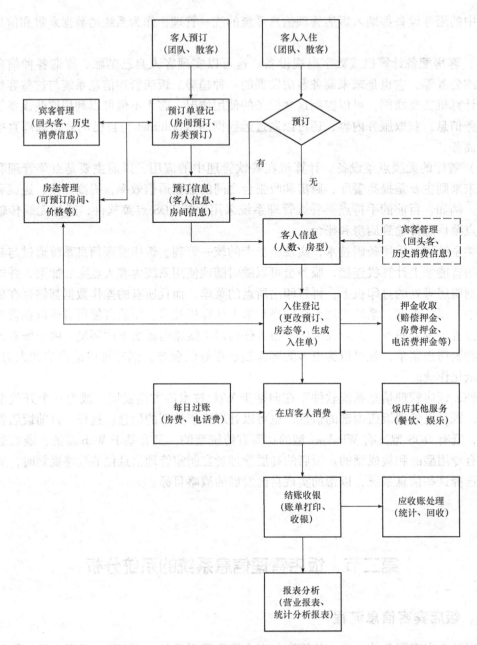

图 5-2　饭店宾客信息流程

订，否则可婉言拒绝或帮助客人预订其他饭店。

对于保证类预订（客人预付了定金）需要预先建立客人账户，同时进行预分房。非保证类预订（临时性预订、确认性预订）可以预先分房，也可以不做这部分工作。

1. 非保证类预订

临时性预订（Advanced Reservation）是指客人在即将抵达饭店前很短的时间内或在到达的当天联系预订。

确认性预订（Confirmed Reservation）是指饭店答应为预订的客人保留房间至某一事先

声明的规定时间。通常，确认性预订的方式有两种：口头确认和书面确认。

2. 保证性预订

保证性预订有三种情况：预付款担保，指客人通过交纳预付款而获得饭店的预订保证；信用卡担保，指客人使用信用卡来担保所预订的饭店客房；合同担保，指饭店同经常使用饭店设施的客户单位签订合同以担保预订。

对各预订种类、饭店每天的预订情况进行统计，使饭店各级管理人员了解当日或一段时间内的预订情况，以便更好地对工作进行安排和调整。定期对预订情况进行分析，供销售部门作为业务预测的依据，以灵活地制定价格策略。

预订阶段要把握以下两方面的信息：

（1）全面的客人预订信息：从国内各个饭店的预订单来看，客人预订填写的信息不太全面，不是把每一项都记录下来；相反，境外的饭店对预订信息进行详尽的记录，其不仅包含上述内容，还包含了VIP级别、抵离航班、是否需要接机、是否需要加床等，这就对预订的客人和饭店员工提出了更高的要求。

（2）准确的客房信息：客人的预订目的是要预先订好饭店的客房，饭店需要根据客人需求检查特定时间是否有相应客房，这就需要客房的基本信息和远期动态信息。客房基本信息包括客房编号、类型编号、楼层编号、客房价格和床数；远期动态信息是指饭店所能接受预订的最大时间范围内有关客房各种预订的动态变化信息。与之相应的，还有一种近期动态信息，是代表当前客房的占用与否和处于"清洁""脏""坏"何种状态的信息等，在饭店中简称房态信息。

（二）接待阶段

客人分为预订入住和非预订入住两种。对于预订的客人，入住时将预订信息转为入住信息，同时还要增加客人身份信息、停留事由等，而非预订客人需要填写登记信息。总台接待人员根据客房的基本信息、房态信息为未分房的客人分房、定价和建立账户。账户的建立一般是以客人为依据建立。接待阶段是对客服务的重要阶段，准确把握相关信息是做好接待服务的基本保证。

1. 房态信息是接待服务的基础

做好接待服务的前提是要实时掌握准确的房态信息。房态信息的真实性、及时性都影响接待服务的质量。饭店的客房状态分为使用状态和清洁状态。

干净房：房间已经打扫干净，可以销售。

脏房：客房没有打扫或有人在，不能销售。

维护房：房间正在检修或维护，不能销售。

自用房：房间由饭店内部使用，不能销售。

修理房：房间正在大修，不能销售。

以上是饭店客房的几种状态，在系统中通常可以用英文字母表示。相关管理人员可以对房态的状态进行实时查看。

2. 客人账务是结算的基础，是接待管理中的核心

客人账务是反映住店客人住店期间所发生的房费及其他费用的账目。客账又可分为以下两种：

（1）寓客账，尚未退房的住店客人的账目。

(2) 外客账，已退房但尚未结账的住店客人的账目。外客账一般由饭店财务部与旅行社或委托单位进行结算。饭店外客账主要是饭店对信誉好的客人或饭店贵宾的一种在本饭店消费的授信额度，其最终目的是方便饭店客人的消费，以增加饭店的收入。

（三）住店阶段

客人从登记入住到结账离店前属于住店阶段，其消费的信息必须及时传递到总台。饭店经营点分布在不同的前台部门，客账的信息处理涉及饭店经营点的所有收银台，客人消费信息的传递就成了经营管理的关键。

（四）结账阶段

结账阶段是客人离店前接受饭店所提供的最后一项服务。客人结账服务的程序如下：

（1）当客人到前台结账时，确认客人姓名是否正确，并称呼客人的姓氏。
（2）接待人员主动收取房间门卡，并询问客人是否有其他消费。
（3）客人结账的同时，前台接待人员要与客房服务人员联系，查清客人房间情况。
（4）打印出计算机清单，交付客人检查，经其确认在账单上签字，并确认支付方式。
（5）在结账的同时，要清理客人档案。
（6）确认一切手续，在短时间内完成结账手续。

二、饭店管理信息系统的数据流程分析

饭店数据流程分析是将系统中的数据资料和文档资料集中到一起，对组织内部整体管理状况和信息处理过程进行分析。它侧重从饭店业务全过程的角度进行分析。分析的主要内容是：业务和数据的流程是否通畅，是否合理；数据、业务过程和实现管理功能之间的关系；老系统管理模式改革和新系统管理方法的实现是否具有可行性，等等。通过对信息流程分析，可以把用户的需求及其解决方法确定下来，明确系统能做什么、需要做什么。系统数据流程分析所确定的内容是今后系统设计、系统实现的基础。

（一）预订业务的数据流程

预订是客人与饭店之间的第一步接触，是饭店销售的一个重要环节，提供准确的客房信息、预订流程是满足客人预订需求的基本要求。预订员用恰当的方式明确客人需求，此信息包括客人姓名，抵店时间，离店日期，客人所需客房类型、数量，客人人数，对房间的偏好以及预订人姓名、联系方式等。针对不同类型的客人，饭店提供了不同的业务处理方式。饭店职能部门应用示意图，如图5-3所示。

客房预订业务的程序如下：

1. 散客预订的信息流程

当客人是作为个人而非一个团队成员时，饭店称之为散客。其预订过程为：填写预订登记表；确定房价和保留时间；接受预订金；确认和修改预订（客人）。散客的预订方式如下：

（1）直接订房：由客人或其代理人亲自到饭店总台预订部办理订房手续。
（2）电话订房：由客人或其代理人打电话到饭店总台预订部办理订房手续。
（3）网络订房：由客人或其代理人通过互联网向饭店总台预订部办理订房手续。

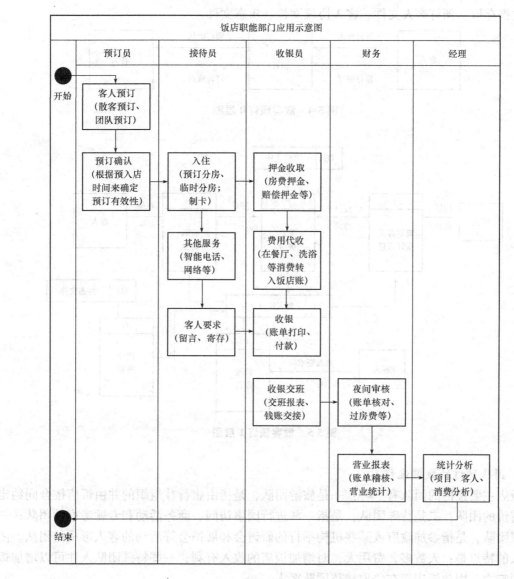

图 5-3 饭店职能部门应用示意图

(4) 传真、信函订房：由客人或其代理人通过传真、信函等方式向饭店总台预订部办理订房手续。

从饭店预订业务处理信息的角度来看，可以将其流程描述为：获取客人入住基本信息和住房要求→根据房间要求、时间以及其他需求确定房价→收取预订金→确认或根据客人的要求修改前述预订信息→预分房间。在这一过程中要为每一位客人建立一个预订客人记录，在预订时还要明确客人是否与饭店签有协议，如协议存在，根据协议约定明确房价。不是对所有客人都收取预订金，对于一些特殊情况的客人是不收取的。散客预订图，如图 5-4 和图 5-5 所示。

外部实体：客人。

数据处理：获取客人预订信息、确定房价、收取订金、修改预订、确认预订、分配房间。

数据存取：预订客人文件、客人协议文件、房态文件。

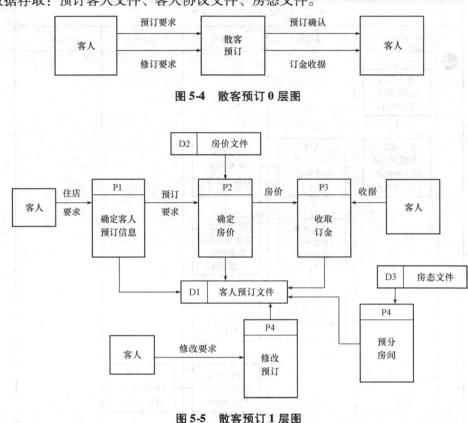

图 5-4　散客预订 0 层图

图 5-5　散客预订 1 层图

2. 团队预订的数据流程

饭店主要接待的团队有三种：一是旅游团队，是指由旅行社组织的并由饭店按合同约定给予特价的团队；二是特殊团队，是指一些进行国事访问、商务活动和专题考察的团队；三是会议团队，是指参加政府或某些机构举行的研讨会和展销会等活动的客人形成的团队。团队客人的特点是：人数多、费用大，对增加饭店的收入有利，一些特殊团队入住可以增加饭店的影响力。因此饭店都在争取接待团队客人。

团队预订的基本过程：获取团队基本信息和住房要求、时间要求→根据协议确定房价→确认或根据团队的要求修改前述预订信息→获取团队成员名单→预分房间（从饭店业务角度）。

团队预订业务的数据流程，其预订 0 层图如图 5-6 所示。

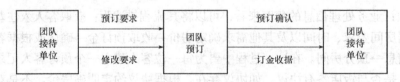

图 5-6　团队预订 0 层图

同样，根据数据流程图分层原理，将团队预订 0 层图进一步分解为 1 层图，如图 5-7 所示。

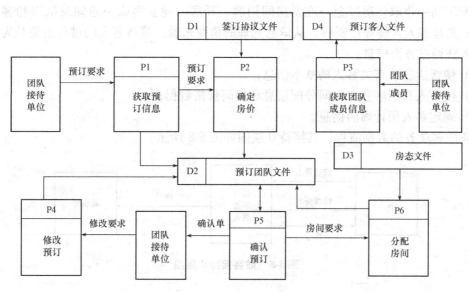

图 5-7 团队预订 1 层图

外部实体：团队接待单位。
数据处理：获取预订信息、确定房价、获取成员信息、修改预订、确认预订和预分房间。
数据存取：预订团队文件、客人文件、签订协议文件和房态文件。

3. 团队预订与散客预订的基本差别

预订前与旅行社、会议机构签订房价协议，在团队抵达时已预先安排房间饭店不收预订金。

4. 预订业务需要处理的其他情况

通过计算机网络预订房间，应详细记录客人预订的信息。如果是国际化的预订机构，饭店应按照惯例，定期统计各机构预订的客人数目，并向这些机构收取订房佣金。

在预订中，往往会发生一些特殊情况，如飞机延误、发生意外事件导致取消或修改预订等，为创造较高的收入，许多饭店允许预订部门接受超额预订。这样做会有一定的风险，如果接受超额预订后，所有客人都按期到达饭店，可能会对饭店管理带来不好的影响。

接受非常重要客人（VIP）的预订。饭店一般将政府要人、商界知名人士、社会知名人士和合作单位重要人员视为非常重要客人。在接待时需提供较为特殊的服务，如安排特别的接送、高档次的房间和房内放置鲜花、水果等。在接受 VIP 的预订时要有特别的标注，将客人情况单独编制报表和通报总经理。

（二）饭店接待业务的数据流程

接待业务是饭店通过总台向客人销售客房及其他综合服务的重要环节。向客人提供快速、准确和热情的服务决定着客人对饭店服务的满意度和忠诚度，因此，各个饭店都想方设法提升总台接待工作的服务质量。总台接待散客和团队客人差别较大，接待已预订客人和无预订客人的流程差别不大。

1. 散客接待的数据流程

接待业务过程：识别客人预订→客人填写登记表→核对客人证件→确定房价及付款方

式→分配房间→收取住房押金→准备房间钥匙、开房→建立客账→通知总机房和客房等相关部门→整理客人入住登记资料。从信息处理的角度来看,接待客人的过程主要是为了使饭店和客人获得三方面信息:

(1) 使饭店获取有关客人的基本信息;
(2) 使客人和饭店获取房间分配信息和房间价格数据;
(3) 确定客人预计离店信息。

接待散客业务的数据流程,其接待 0 层图如图 5-8 所示。

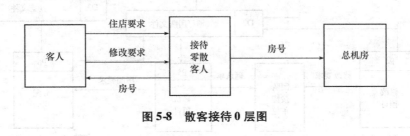

图 5-8　散客接待 0 层图

同样,根据数据流程图分层原理,将散客接待 0 层图进一步分解为 1 层图,如图 5-9 所示。

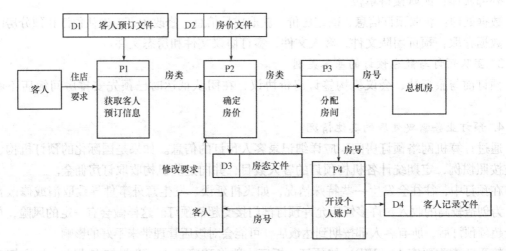

图 5-9　散客接待 1 层图

外部实体:客人、总机房。
数据处理:获取散客信息、确定房价、分配房间和建立客账。
数据存取:客人预订文件、房类文件、客人记录文件和房态文件。

2. 团队接待的数据流程

接待业务过程:询问团队的预定文件号→查阅核实团队订房资料,确认是否有变更→分配房间,分发房间钥匙,通知开启房门→通知客房部、总机房→登记团队成员信息→为所有成员开设住店期间的消费账号→整理客人入住登记资料。接待团队过程的关键是要清楚团队所需房间的数量和类型,准确分配房间和明确团队离店的日期。一般团队都是有预订的,无预订的团队可当作散客对待。团队接待的数据流程,其接待 0 层图如图 5-10 所示。

图 5-10 团队接待流程 0 层图

同样，根据数据流程图分层原理，将团队接待 0 层图进一步分解为 1 层图，如图 5-11 所示。

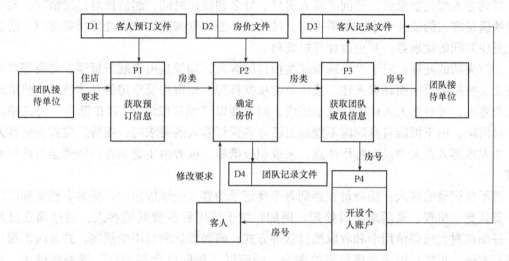

图 5-11 团队接待流程 1 层图

外部实体：团队、团队成员和总机房。
数据处理：获取团队信息、分配房间、开设团队账号、获取成员信息和开设客人账号。
数据存取：团队预订文件、团队记录文件、客人记录文件和房态文件。

3. 接待业务的特殊情况

接待 VIP 客人、商务客人：VIP 客人抵达前的各项检查工作由各相关部门经理负责。接待礼仪和主管经理检查接待室设备是否完好，鲜花、水果、饮料、香烟和面巾纸摆放是否整齐，房间是否清洁，迎接花束是否准备好，小毛巾是否准备好，其他一切物品是否准备就绪。

调换房间：客人在入住饭店后，可能会对房间的楼层高低、房间大小和陈设布置等不满意，而提出换房要求；或者因为客房设施损坏等原因需要给客人调换房间。

首先了解换房原因，调换房间有时是客人的要求，有时则是饭店方面的要求，通常有这些情况：正在使用的房间在价格、大小、种类、噪声、舒适程度以及所处的楼层、位置、房号、朝向等方面不太理想；客房设备设施损坏或出现故障，维修需要时间较长；现住客人要求续住，影响到指定预订该房间客人的入住；客人在住宿过程中，人数发生变化。由于饭店方面的原因需要客人换房，接待员必须向客人解释清楚，求得客人的谅解与合作。

然后查看客房状态资料，为客人安排时间。客人提出调换房间要求时，首先要通过计算机查看房态资料，了解是否有符合客人需要的房间。如果暂时没有，则需向客人说明。若房间档次升高，则要加收房费（饭店自身原因要求客人换房时除外）并要对给客人带来的不便表示歉意。最后填写换房通知单，在系统中进行修改，然而通知相关部门，这些部门应根据换房通知修改资料。例如，管家部应对原住房进行检查，并对走客房进行清扫；总机房更改资料，以方便电话转接；收银处接到通知后，转移客人账单等。

延期续住：由于种种原因，客人在住宿期间更改离店日期，尽管这样会在一定程度上给饭店的服务、接待与管理工作带来不便，但饭店还是应该满足客人的要求，使客人获得最大限度的满足。

接到客人续住要求后，要问清客人房号、姓名和续住时间，然后核对订房情况，确定是否能够满足客人的续住要求。如果可以，接待员要通知管家部、收银处等相关部门，给客人送上延住期间的优惠券，并更改计算机资料。

预订失约的处理：对于没办理保证类预订的客人，如果是由于航班延误、交通等客观因素或无法抗拒的原因而延迟入住，接待员应根据排房、预留房及空房的具体情况，热情地接待这类客人，并对客人入住饭店表示感谢，而不能以"预订取消""现在没房"等简单的说法一口回绝。由于饭店自身原因不能满足已办理预订客人的要求时，接待员应首先向客人道歉，先安排客人在大堂或咖啡厅休息，采取积极措施，或者由主管和客户经理亲自进行妥善处理。

遇不良记录的客人：接待员在遇到有不良记录的客人光顾饭店时，凭客史档案和以往经验，要认真、机智、灵活地予以处理。例如，对于信用程度较低的客人，通过确立信用关系、仔细核对、压印信用卡和收取预付款等方式，确保饭店利益不受损害，并及时汇报；对于曾有劣迹、可能对饭店造成危害的客人，则应以"房间已全部预订"等委婉说法，巧妙地拒绝其入住。

（三）客账处理的数据流程

客账处理包括客人消费项目的入账、挂账、转账和结账等工作。客人入住时，由接待处建立客人账户，其后客人在饭店进行的所有消费均可记入客人的总账单，客人离开饭店时一次性结清。客人结账退房是饭店对客人服务的最后一个环节，直接关系着对客人整体服务是否完善，能否给客人留下良好的印象。准确快速结账是前台收银工作的一项基本要求。客人要求离店结账时，收银员应立即通知楼层服务员检查客人房间的使用情况，打印客人的总账单，按客人选定的付款方式结算，将客户账单记录转入历史账项记录，编制结账房号清单交前台接待处。

总服务台员工在客人登记入住时必须正确了解客人选择的结账方式，这一点很重要。如果客人选择现金结账，那么饭店通常要求客人在入住时一次付清，饭店一般不给付现金的客人赊账权。客人要求转账结算，要确认事先已经批准的转账地址以及转账安排。客人入住期间一定要严密、系统、准确地为客人建立账户。客账处理的数据流程，如图5-12所示。

外部实体：客人。

数据处理：房费计算、消费点费用和结账。

数据存取：客人记录文件、客人消费文件。

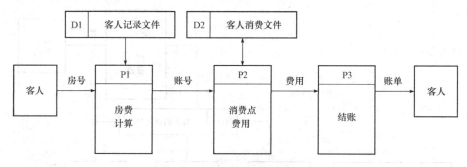

图 5-12　客账处理的数据流程

（四）夜审业务的数据流程

1. 夜审业务的主要目的

在先进的饭店管理体制中，夜间稽核是控制饭店经营的一个核心部分，其地位相当重要，它和预订、接待、收银四部分组成最基本的前台计算机管理系统。夜审管理的主要内容是对各收银点的收银员以及各部门交来的单据、报表等资料进行深入细致的查对，纠正错误、追查责任，以保证当天饭店收益的真实、准确。

夜审的主要工作内容及步骤为：接管前台收银工作，即为深夜个别客人的入住或退房办理相关的收银手续；检查前台收银工作，即将尚未入账的单据输入计算机，检查所有出勤的前台收银员交来的收银报告及账单；核对客房出租单据，即打印一份当天客房租住明细表，列示全部已出租的房号、账号、客人姓名、房价、入住日期、离店日期和结算方式等，将该明细表与前台接待处报来的客房清点表进行核对，如发现问题，查清原因后予以修正；房租过账，即核查完客房租用状态的正确性后，将新的一天房租计入各住客总账单，并打印出过账表；编制当天客房收益终结表，填写交班表，将账款中涉及数额较大的错误计入交班表，等翌日经手人员上班后查明再改。夜审系统所需存储的数据项组包括房态审核记录、房价审核记录、其他费用审核记录和职员留言/记事等。

2. 夜审业务的信息流程过程

夜审主要完成对按天计的房租等进行自动计算并记录到相应账单上。进行账目的核对、特殊房价审批、需对当日预订到店未到的客人、当日离店未离的客人、预订取消的客人、房费折扣、房费冲减、其他折扣、免费结账和逃账名单进行检查等夜审业务的数据流程，如图 5-13 所示。

外部实体：相关部门。

数据处理：过账、核对房价、核对现金和统计报表。

数据存储：团队记录文件、客人记录文件、其他消费文件和客人消费文件。

统计报表分为两类：一类是服务于财务的报表，包括饭店营业日报表、饭店营业收入报表、饭店部门营业日报表、营业点营业报表和营业点营业收入报表等；另一类是客源市场分析报表、按客源国划分的市场分析报表和按住店类型划分的市场分析报表等。

（五）客房管理的数据流程

客房管理的最主要任务是修改客房状态，提供房间是否空闲、出租等信息，以便预订、分配房间。客房管理功能主要包括：修改客房状态，即与前台接待处共同维护房态；接待处

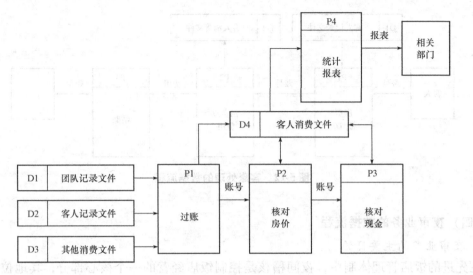

图 5-13 夜审业务的数据流程

控制客房的占用与否；客房部控制其清洁、待修等情况；同时还要根据进入房间时看到的房间占用与否，与接待处进行核对；输入所有房间内发生的费用；拾遗物品管理；客房内部管理。

其他业务的数据流程，在此就不做介绍。

第三节 饭店管理信息系统的系统设计

一、HMIS 系统设计的原则

系统设计是在系统分析提出的逻辑模型的基础上，科学合理地进行物理模型的设计。系统设计阶段将系统分析阶段获得的功能分析图转化成具体可实现的功能子模块，这是系统开发过程中最关键的环节。

从系统分析的逻辑模型设计到系统设计的物理模型设计是一个由抽象到具体的过程，有时并没有明确的界限，设计可能会有反复。

经过系统设计，设计人员应能为程序开发人员提供完整、清楚的设计文档，并对设计规范中不清楚的地方做出解释。在系统设计中，应遵循以下原则：

1. 系统性

系统是作为统一整体而存在的，因此在系统设计中，要从整体系统的角度来考虑，系统的代码要统一，设计规范要标准，传递语言要尽可能一致，对系统的数据采集要做到数出一处、全局共享，使一次输入得到多次利用。

2. 灵活性

为保持系统的长久生命力，要求系统具有很强的环境适应性，为此，系统应具有较好的开放性和结构可变性。在系统设计中，应尽量采用模块化结构，提高各模块的独立性，尽可能减少模块间的数据耦合，使各子系统间的数据依赖减至最低限度。这样，既便于模块的修改，又便于增加新的内容，提高系统适应环境变化的能力。

3. 可靠性

可靠性是指系统抵御外界干扰的能力及受外界干扰时的恢复能力。一个成功的管理信息系统必须具有较高的可靠性，如安全保密性、检错及纠错能力、抗病毒能力等。

4. 经济性

经济性是指在满足系统需求的前提下，尽可能减少系统的开销。一方面，在硬件投资上不能盲目追求技术上的先进，而应以满足应用需要为前提；另一方面，在系统设计中应尽量避免不必要的复杂化，各模块尽量简洁，以便缩短处理流程、减少处理费用。

二、HMIS 系统设计的内容

系统设计是根据系统分析确定的逻辑模型，确定新系统的物理模型，即计算机化信息系统应用软件的总体结构和详细设计，并提出系统配置方案，继而对物理模型进行详细的设计。详细设计的主要内容包括代码设计、用户界面设计和处理过程设计。最后，编写系统设计报告。

（一）系统总体结构设计

系统设计工作应该自上向下地进行。首先设计饭店管理信息系统的总体结构，然后再逐层深入，直至进行每一个模块的设计。总体结构设计主要是指在系统分析的基础上，对整个系统的划分（子系统）、机器设备（包括软、硬件设备）的配置、数据的存储规律以及整个系统实现规划等方面进行合理的安排。总体结构设计的主要任务有子系统划分、总体网络设计和网络配置等。

1. 子系统划分

在前面强调过结构化系统分析与设计的基本思想就是自上向下地将整个系统划分为若干个子系统，子系统再分子系统（或模块），层层划分，然后自上而下地逐步设计。人们在长期的实践中摸索出了一套子系统的划分方法。

在前几章中介绍过从科学管理的角度划分子系统的方法，它是划分系统的基础。但在实际工作中往往还要根据用户的要求、地理位置的分布和设备的配置情况等重新进行划分。系统划分的一般原则如下：

（1）子系统要具有相对独立性。子系统的划分必须使得子系统的内部功能、信息等各方面的凝聚性较好。在实际中都希望每个子系统或模块相对独立，尽量减少各种不必要的数据调用和控制联系，并将联系比较密切、功能近似的模块相对集中，这样对于以后的搜索、查询、调试和调用都比较方便。

（2）要使子系统之间数据的依赖性尽量小。子系统之间的联系要尽量减少，接口要简单明确。一个内部联系强的子系统对外部的联系必然是相对较少，所以划分时应将联系较多的都划入子系统内部。这样划分的子系统，将来调试、维护和运行都是非常方便的。

（3）子系统划分的结果应使数据冗余最小。如果忽视这个问题，则可能引起相关的功能数据分布在各个不同的子系统中，大量的原始数据需要调用，大量的中间结果需要保存和传递，大量计算工作将要重复进行，从而使得程序结构紊乱、数据冗余，不但给软件编制工作带来很大的困难,而且也大大降低了系统的工作效率。

(4)子系统的设置应考虑今后管理发展的需要。子系统的设置光靠上述系统分析的结果是不够的,因为现存的系统由于这样或那样的原因,很可能都没有考虑到一些高层次管理决策的要求。为了适应现代管理的发展,对于老系统的这些缺陷,在新系统的研制过程中应设法将它补上。只有这样才能使系统实现以后,不但能够更准确、更合理地完成现存系统的业务,而且可以支持更高层次、更深一步的管理决策。

(5)子系统的划分应便于系统分阶段实现。信息系统的开发是一项较大的工程,它的实现一般都要分期分步进行,所以子系统的划分应该考虑到这种要求,适应这种分期分步的实施。另外,子系统的划分还必须兼顾组织机构的要求(但又不能完全依赖组织,因为目前正在进行体制改革,组织结构相对来说是不稳定的),以便系统实现后能够符合现有的情况和人们的习惯,更好地运行。

★小资料

子系统的划分方法

一个合理的子系统或模块划分,应该是内部联系功能强,子系统或模块间尽可能独立,接口明确、简单,尽量适应用户的组织体系,有适当的共用性。这也就是"耦合小,内聚大"。按照结构化设计的思想,对模块或子系统进行划分的依据通常有以下几种:

按逻辑划分:把相类似的处理逻辑功能放在一个子系统或模块里。例如,把"对所有业务输入数据进行编辑"的功能放在一个子系统或模块里。那么不管是库存还是财务,只要有业务输入数据都由这个子系统或模块来校错、编辑。

按时间划分:把要在同一时间段执行的各种处理结合成一个子系统或模块。

按过程划分:即按工作流程划分。从控制流程的角度来看,同一子系统或模块的许多功能都应该是相关的。

按通信划分:把相互需要较多通信的处理结合成一个子系统或模块。这样可减少子系统间或模块间的通信,使接口简单。

按功能划分:即按管理的功能划分。例如,财务、物资、销售子系统或输入记账凭证模块等。

根据饭店管理的各个部门的职能,饭店管理信息系统可以分为前台子系统、后台子系统、接口子系统和扩充子系统等。各个子系统的具体功能将在后文给予描述。

2. 系统平台设计

管理信息系统是以计算机科学为基础的人机系统。管理信息系统平台是管理信息系统开发与应用的基础。管理信息系统平台设计包括计算机处理方式、网络结构设计,网络操作系统的选择,数据库管理系统的选择等软、硬件选择与设计工作等。

(1)按管理信息系统的目标选择系统平台。单项业务系统——常用各类 PC、数据库管理系统作为平台。综合业务管理系统——以计算机网络系统平台,如 Novell 网络和关系型数据库管理系统。集成管理系统——OA、CAD、CAM、MIS、DSS 等综合而成的一个有机整体,综合性更强,规模更大,系统平台也更复杂,涉及异型机、异种网络、异种库之间的信息传递和交换。在信息处理模式上常采用客户/服务器(Client/Server)模式或浏览器/服务器（Browser/Server）模式。

（2）计算机处理方式的选择和设计。计算机处理方式可以根据系统功能、业务处理特点、性能/价格比等因素，选择批处理、联机实时处理、联机成批处理和分布式处理等方式。在一个管理信息系统中，也可以混合使用各种方式。

（3）计算机网络系统的设计。计算机网络系统的设计主要包括中、小型机方案与微机网络方案的选取，网络互联结构及通信介质的选择，局域网拓扑结构的设计，网络应用模式及网络操作系统的选型，网络协议的选择，网络管理，远程用户等工作。有关内容可参考计算机网络的技术书籍。

（二）详细设计

进行了系统的总体设计后即可在此基础上进行系统的详细设计，即各种输入、输出、处理和数据存储等的详细设计。下面分别介绍详细设计的内容。

1. 代码设计

代码是用来表示事物名称、属性和状态等的符号。在管理信息系统中，代码是人和机器的共同语言，是系统进行信息分类、校对、统计和检索的依据。代码设计就是要设计出一套能为系统各部门公用的、优化的代码系统，这是实现计算机管理的一个前提条件。

（1）代码设计的原则。代码设计是一项重要的工作，合理的编码结构是使管理信息系统具有生命力的重要因素。设计代码的基本原则如下：

①具备唯一确定性：每一个代码都仅代表唯一的实体或属性。

②标准化与通用性：凡国家和主管部门对某些信息分类和代码有统一规定和要求的，则应采用标准形式的代码，以使其通用化。

③可扩充且易修改：要考虑今后的发展，为增加新代码留有余地，以便某个代码在条件或代表的实体改变时，容易进行变更。

④短小精悍：即选择最小值代码，代码的长度会影响所占据的内存空间、处理速度以及输入时的出错概率，因此要尽量短小。

⑤具有规律性、便于编码和识别：代码应具有逻辑性强、直观性好的特点，便于用户识别和记忆。

（2）代码的种类。目前人们对代码分类的看法不一致。一般来说，代码可按文字种类或功能进行分类。按文字种类可分为数字代码、字母代码（英语字母或汉语拼音字母）和数字字母混合代码。按功能则可以分成以下几类：

①顺序码：用连续数字代表编码对象，通常从1开始编码。顺序码的一个特例是分区顺序码，它将顺序码分为若干区，如按50个号码或100个号码分区，并赋予每个区以特定意义。这样就可进行简单的分类，又可在每个区插入号码。

②层次码：层次码也是区间码。它是将代码的各数字位分成若干个区间，每一区间都规定不同的含义。因此，该码中的数字和位置都代表一定意义。

例如，财务管理中的会计科目代码可写成6110501，其意义如下：

一级科目	二级科目	三级科目
611	05	01
利润	营业外支出	劳保支出

又如，图5-14是我国居民身份证代码的编码规则。居民身份证代码共有18位数字，全

部采用数字编码,各位数字的含义请参见图 5-14 中的说明,其中第 17 位数字是表示在前 16 位数字完全相同时,某个居民的顺序号,并且单数用于男性,双数用于女性。如果前 16 位数字均相同的同性别的公民超过 5 人,则可以"进位"到第 16 位。例如,有 6 位女性居民前 16 位数字均相同,并假设第 16 位数字是 7,则这些女性居民的第 16、17 位编号分别为"72,74,76,78,80,82"。另外,还特别规定,最后三位数为"996,997,998,999"这 4 个号码为百岁老人的代码,这 4 个号码将不再分配给任何派出所。

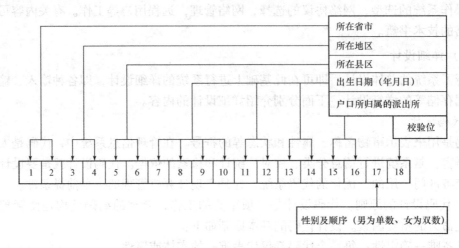

图 5-14　我国居民身份证代码的含义

层次码由于数字的值与位置都代表一定意义,因而检索、分类和排序都很方便,缺点是有时会造成代码过长。

③十进制码:这是世界各地图书馆里常用的分类法。它先把整体分成 10 份,进而把每一份再分成 10 份,这样继续不断。该分类对于那些事先不清楚产生怎样结果的情况是十分有效的。

例如:

500 ·　　　自然科学
510 ·　　　数学
520 ·　　　天文学
530 ·　　　物理学
531 ·　　　机构
531 · 1　　机械
531 · 11　 杠杆和平衡

助记码:将编码对象的名称、规格等作为代码的一部分,以帮助记忆。

例如:

TVB14　　　14 寸黑白电视机
TVC20　　　20 寸彩色电视机
DFI1 ×8 ×20　规格 1 " ×8" " ×20" 的国产热轧平板钢

助记码适用于数据项数目较少的情况,否则容易引起联想出错。

（3）代码设计书。确定了代码的类型及校验方法后，需要编写代码设计书，如图5-15所示。

代码对象名	读者证编号
代码类型	层次码
代码位数	11
代码结构	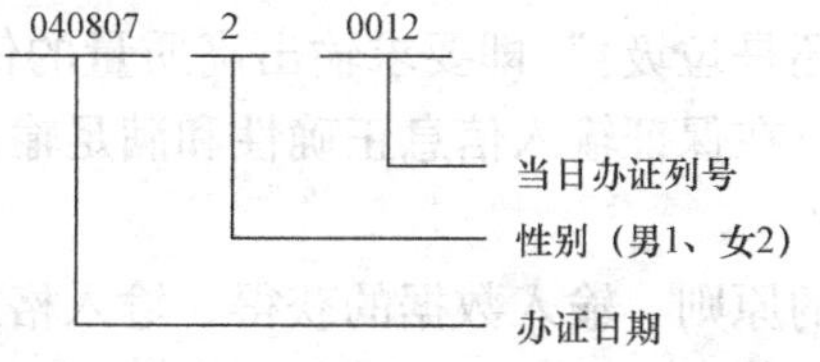 040807 2 0012 当日办证列号 性别（男1、女2） 办证日期
校验位	无

图5-15　代码设计书

2. 输出设计

系统的详细设计过程是根据管理和用户的需要先进行输出设计，然后反过来根据输出所要求获得的信息来进行输入设计。输出信息的使用者是用户，故输出的内容与格式等是用户最关心的问题之一，因此，在设计过程中，开发人员必须深入了解并与用户充分协商。

对输出信息的基本要求是准确、及时而且适用。输出设计主要考虑输出要求的确定、输出方式的选择和输出格式的设计。输出设备和介质的选择也要考虑在内。

（1）输出要求的确定。在确定一个系统究竟应输出什么信息时，应按照下列步骤加以调查和分析：

详细分析现行系统的输出报表和内容，其中包括：哪些报表是真正需要的，哪些是重复的或可以合并的，各份报表的输出周期，等等。分析要参考与用户同类型企业或部门的情况，借鉴业务性质类似的其他管理信息系统的经验，用户单位的实际业务人员进行讨论。

（2）输出方式的选择。我国目前管理信息系统主要使用的输出方式是屏幕显示和打印机打印。磁盘或磁带则往往作为一种备份（保存）数据的手段。通常在功能选择、查询和检索信息时，采用屏幕输出方式。用屏幕输出方式的优点是实时性强，但输出的信息不能保存。

打印机一般用于输出报表、发票等，这种方式输出的信息可以长期保存和传递。输出介质主要是各种规格的打印用纸，包括专用纸和通用纸。通用纸用于通常用的打印机，输出内容全部需打印。专用纸是事先印刷好的报表或票据，输出时只要打印有关的数据即可，无须打印表格框架等。

（3）输出格式的设计。对输出格式设计的基本要求是：规格标准化，文字和术语统一；使用方便，符合用户的习惯；美观大方，界面漂亮；便于计算机实现；能适当考虑系统发展的需要。

设计屏幕输出的格式时，除了合理安排数据项的显示位置，还应注意适当的色彩搭配，美观的屏幕格式能给人以享受，容易获得用户的好感。

设计纸质报表的格式时，要先了解打印机的特性，包括对各种制表符号、打印字体大小和换页走纸命令的熟悉，因为不少打印机往往其控制方式有独特之处。

为了便于编写输出程序，以免在调试程序时做反复修改，设计输出格式时，最好先在方格纸上拟出草图。

3. 输入设计

输出设计完成以后，就可进行输入设计。输入设计的重要性可以用一句话来形容："进去的是垃圾，出来的也还是垃圾！"即要求输出高质量的信息，首先就要求输入高质量的信息。输入设计的目标是：在保证输入信息正确性和满足输出需要的前提下，应做到输入方法简便、迅速和经济。

下面讨论输入设计的原则、输入数据的获得、输入格式的设计和输入数据的校验。

（1）输入设计的原则。输入设计应遵循的基本原则包括：输入量应保持在能满足处理要求的最低限度，应明白这样一个道理，输入的数据越多，则可能产生的错误也越多；杜绝重复输入，特别是数据能共享的大系统、多子系统一定要避免重复输入；输入数据的汇集和输入操作应尽可能简便易行，从而减少错误的发生；输入数据应尽早地用其处理所需的形式进行记录，以便减少或避免数据由一种介质转换到另一种介质时可能产生的错误。

（2）输入数据的获得。在管理信息系统中，最主要的输入是向计算机输送原始数据，如仓库入库单、领料单和财务记账凭证等。因此在输入的前期，应详细了解这些数据的产生部门、输入周期、输入信息的平均发生量和最大量，并研究、计划今后这些数据的收集时间和收集方法等。

原始数据通常通过人机交互方式进行输入，为了提高输入速度并减少出错，可设计专门供输入数据用的记录单，在输入数据时，屏幕上画面格式与输入记录单保持一致。输入记录单的设计原则是易使用，减少填写量，便于阅读，易于分类、整理和装订保存。有时也可以不专门填写输入记录单，而只在原始票据上框出一个区域，用来填写需特别指明的向计算机输入的数据。此方法容易为业务人员所接受，因为他们可减少填写记录单的工作量，但对输入操作不一定有利。

对于某些数据，最好的方法是结合计算机处理和人工处理的特点，重新设计一种新的人机共用的格式。例如，入库单和领料单可在原有人工使用的单据格式上增加材料代码、经手人员的职工号等栏目。业务部门和计算机操作员都可直接使用该单据，这样既可减少填写输入记录单的工作量，又方便了输入操作。当然，对于单据中的代码填写，业务人员仍需经过一段时间的使用才能适应。

（3）输入格式的设计。输入格式应该针对输入设备的特点进行设计。若选用键盘方式人机交互输入数据，则输入格式的编排应尽量做到计算机屏幕显示格式与单据格式一致。输入数据的形式一般可采用"填表式"，由用户逐项输入数据，输入完毕后系统应具有要求"确认"输入数据是否正确无误的功能。

（4）输入数据的校验。由于管理信息系统中数据输入量往往比较大，为了保证其正确性，一般都设置输入数据校验功能，对已经输入的数据进行校验。校验的方法很多，常用的有以下两种：

①重复输入校验：由两个操作员分别输入同一批数据，或由一个操作员重复输入两次，

然后由计算机校对两次输入的数据是否一致，若一致则存入磁盘，否则显示出不一致的部分，由操作员修正。

②程序校验法：根据输入数据的特性，编写相应的校验程序对输入的数据进行检查，自动显示出错信息，并等待重新输入。例如，对于财务管理中的记账凭证输入，可设置科目代码字典，对输入的凭证中的科目代码进行自动检查。

4．处理过程设计

在获得了一个合理的模块划分即模块结构图以后，就可以进一步设计各模块的处理过程了，这是为程序员编写程序做准备，它是编程的依据。

处理过程设计，也称模块详细设计，通常是在 IPO 图上进行的。模块详细设计时除了要满足某个具体模块的功能和输入、输出方面的基本要求以外，还应考虑以下几个方面：

（1）模块间的接口要符合通信的要求。
（2）考虑将来实现时所用计算机语言的特点。
（3）考虑数据处理的特点。
（4）估计计算机执行时间不能超出要求。
（5）考虑程序运行所占的存储空间。
（6）使程序调试跟踪方便。
（7）估计编程和上机调试的工作量。

在设计中还应重视数学模型求解过程的设计。对于管理信息系统常用的数学模型和方法，通常都有较为成熟的算法，系统设计阶段应着重考虑这些算法所选定的高级语言实现的问题。

5．数据存储设计

在管理信息系统中对数据的存储和管理有文件和数据库两种方式（也可以把数据库看作文件的集合）。

（1）文件设计。文件是按一定的组织方式存放在存储介质上的同类记录的集合。文件设计就是根据文件的使用要求、处理方式、存储的数据量、数据的活动性及所能提供的设备条件等，确定文件类别、选择文件媒体、决定文件组织方法、设计记录格式，并估算文件容量。具体内容如下：

对数据字典描述的数据存储情况进行分析，确定哪些是数据需要作为文件组织存储，其中哪些是固定数据、哪些是流动数据、哪些是共享数据等，以便决定文件的类别。

决定需要建立的文件及其用途和内容，并为每个文件选取文件名。

根据文件的使用要求选择文件的存储介质和组织形式。例如，经常使用的文件应该采用磁盘介质随机方式（硬盘或软盘），不常用但数据量大的文件则可采用磁带方式和顺序存储组织方式。

根据数据结构设计记录格式。记录格式设计内容如下：

确定记录的长度；确定要设置的数据项数目以及每个数据项在记录中的排列顺序；确定每个数据项的结构；若需要时，确定记录中的关键字（数据项）。

文件中记录的长度取决于各个数据项的结构和数据项的数目。各数据项在记录中的排列顺序可根据实际需要和使用习惯决定。每个数据项的结构，包括数据项名称、数据类型及数据长度。在设计时不仅要考虑实际的需要，还要考虑计算机系统软件或语言所提供的条件和限制。例如，在 FoxPro 数据库文件中，规定每个记录中的字段（数据项）个数不能超过 128 个。

根据记录长度、记录个数和文件总数估算出整个系统的数据存储容量。

整个系统的存储容量等于各个存储容量之和。文件存储容量的计算与文件的组织方式、存储介质、操作系统和记录格式等有密切关系。详细计算文件存储容量的过程比较复杂，读者可参考有关资料。在计算机管理信息系统中，一个估计文件存储容量的简单方法就是将记录长度乘以估计的记录个数，或者用实验方法，先编写一个临时程序，按已确定的记录格式自动生成一个以空记录组成的文件，其记录个数与估计数目相同，这样就可通过操作系统的有关命令，从屏幕上看出该文件的实际容量了。

(2) 数据库设计。数据库设计是指在现有数据库上建立数据库的过程，它是管理信息系统的重要组成部分。

数据库设计的内容是：对于一个给定的环境进行符合应用语言的逻辑设计，以及提供一个确定存储结构的物理设计，建立实现系统目标并能有效存储数据的数据模型。因此，一个数据库的设计者，对数据库系统和实际应用对象这两方面的知识都必须有相当的了解。

在数据存储设计中，还涉及一项较为重要的问题，这就是数据（文件或数据库）的安全性保护和完整性保护。安全性保护是防止机密数据被泄露，防止无权者使用、改变或有意破坏他们无权使用的数据。完整性保护是保护数据结构不受损害，保证数据的正确性、有效性和一致性。由于数据的保护与计算机系统环境的保护是密切相关的，因此这个问题需要在更大的范围内才能彻底解决，如计算机系统所在的环境，硬、软件和信息、通信设施等方面的保护，以及必要的行政和法律手段。而在系统设计与实施阶段的关键任务，是从软件方面设计和实现数据保护的功能，如对数据并行操作（即多个用户同时存取和修改同一数据）的控制和管理，设置口令校验功能，等等。

★小资料

数据库建立

DBS（数据库系统）由 DBMS（数据库管理系统）和 DB（数据库）两部分构成，在操作系统下执行各种命令。DBS 有三种结构：层次、网状和关系。目前主要使用的是关系类型的 DBS。

建立 DBS：提供了两种建立 DB 的方式。

一种方式是用 DDL（Data Definition Language）来建立表、关系表、虚拟表以及它们之间的对应关系。

另一种方式是通过 DBS 系统本身提供的交互式的建库方式，以回答系统提问方式建立 DB，如 xBASE、SQL 命令等建库方式。

所以说建立一个 DB 从技术上是越来越简单。

例如，建立学生成绩管理系统的某个数据库的结构如下：

字段	dept	sno	sname	sex	age	sclass
类型	C	N	C	C	N	C
长度	10	8	10	2	3	6
含义	院系	学号	姓名	性别	年龄	班级
字段	major	Math	Eng	Phys	…	t_score
类型	C	N	N	N	…	N
长度	10	3	3	3	…	3
含义	专业	数学	英语	物理	…	总学分

6. 用户界面设计

用户界面是人和计算机联系的重要途径。操作者可以通过屏幕窗口与计算机进行对话、向计算机输入有关数据、控制计算机的处理过程并将计算机的处理结果反映给用户。因此，用户界面设计必须从用户操作方便的角度来考虑，与用户共同协商界面应反映的内容和格式。用户界面主要有以下几种形式：

（1）菜单式。通过屏幕显示出可选择的功能代码，由操作者根据需要进行选择，将菜单设计成层次结构，则通过层层调用，可以引导用户使用系统的每一个功能。随着软件技术的发展，菜单设计也更加趋于美观、方便和实用。目前，系统设计中常用的菜单设计方法主要如下：

一般菜单：在屏幕上显示出各个选项，每个选项指定一个代号，然后根据操作者通过键盘输入的代号或单击鼠标左键，即可决定何种后续操作。

下拉菜单：它是一种二级菜单，第一级是选择栏，第二级是选择项，各个选择栏横排在屏幕的第一行，用户可以利用光标控制键再选定当前选择栏，在当前选择栏下立即显示出该栏的各项功能，以供用户进行选择。

快捷菜单：选中对象后单击鼠标右键所出现的下拉菜单，将鼠标移到所需的功能项目上，然后单击左键即执行相应的操作。

（2）填表式。填表式一般用于通过终端向系统输入数据，系统将要输入的项目显示在屏幕上，然后由用户逐项填入有关数据。另外，填表式界面设计常用于系统的输出。当需要查询系统中的某些数据时，可以将数据的名称按一定的方式排列在屏幕上，然后由计算机将数据的内容自动填写在相应的位置上。由于这种方法简便易读，并且不容易出错，所以它是通过屏幕进行输入/输出的主要形式。

（3）选择性问答式。当系统运行到某一阶段时，可以通过屏幕向用户提问，系统根据用户选择的结果决定下一步执行什么操作。这种方法通常可以用在提示操作人员确认输入数据的正确性，或者询问用户是否继续某项处理等方面。例如，当用户输入完一条记录后，可通过屏幕询问："输入是否正确（Y/N）？"计算机根据用户的回答来决定是继续输入数据还是对刚输入的数据进行修改。

（4）按钮式。在界面上用不同的按钮表示系统的执行功能，单击按钮即可执行该操作。按钮的表面可写上功能的名称，也可用能反映该功能的图形加文字说明。使用按钮可使界面显得美观，使系统看起来更简单好用，操作也更方便灵活。

（三）系统设计报告

系统设计阶段的成果是系统设计报告，其主要是各种设计方案和设计图表，它是下一步系统实现的基础。

系统设计阶段的成果归纳起来一般有如下几种：

（1）系统总体结构图（包括总体结构图、子系统结构图和计算机流程图等）。

（2）系统设备配置图（主要是计算机系统图，设备在各生产岗位的分布图和主机、网络、终端联系图等）。

（3）系统分布编码方案（分类方案、编码系统）。

（4）数据库结构图［DB 的结构，主要指表与表之间的结构和表内部结构（字段、域、数据字典等）］。

（5）HIPO 图（层次化模块控制图、IPO 图等）。

（6）系统详细设计方案说明书。

★小资料

系统设计说明书的组成

1. 引言

（1）摘要：系统的目标名称和功能等的说明。

（2）背景：项目开发者；用户；本项目和其他系统或机构的关系和联系。

（3）系统环境与限制：硬件、软件和运行环境方面的限制；保密和安全的限制；有关系统软件文本；有关网络协议标准文本。

（4）参考资料和专门术语说明。

2. 系统设计方案

（1）模块设计：系统的模块结构图；各个模块的 IPO 图（包括各模块的名称、功能、调用关系、局部数据项和详细的算法说明等）。

（2）代码设计：各类代码的类型、名称、功能、使用范围和使用要求等的设计说明书。

（3）输入设计：输入项目；输入人员（指出所要求的输入操作人员的水平与技术专长，说明与输入数据有关的接口软件及其来源）；主要功能要求（从满足正确、迅速、简单、经济、方便使用者等方面达到要求的说明）；输入校验（关于各类输入数据的校验方法的说明）。

（4）输出设计：输出项目；输出接受者；输出要求（所用设备介质、输出格式、数值范围和精度要求等）。

（5）文件（数据库）设计说明：概述（目标、主要功能）；需求规定（精度、有效性、时间要求及其他专门要求）；运行环境要求（设备支撑软件、安全保密等要求）；逻辑结构设计（有关文件及其记录，数据项的标识、定义、长度和它们之间的关系）；物理结构设计（有关文件的存储要求、访问方法、存储单位、设计考虑和保密处理等）。

（6）模型库和方法库设计（本系统所选用的数学模型和方法以及简要说明）。

（7）安全保密设计。

（8）物理系统配置方案报告：硬件配置设计；通信与网络配置设计；软件配置设计；机房配置设计。

(9) 系统实施方案及说明：实施方案；实施计划（包括工作任务的分解、进度安排和经费预算）；实施方案的审批（说明经过审批的实施方案概况和审批人员的姓名）。

（四）饭店管理信息系统的功能设计

饭店管理信息系统的功能设计主要集中在前台与后台管理信息系统的功能上。前台管理信息系统是以客人服务为目标，面向客人提供实时服务的管理信息系统。前台管理信息系统主要包括预订子系统、接待子系统、客账管理子系统、客房管理子系统、餐饮管理子系统、程控计费子系统、娱乐管理子系统以及综合信息子系统等。

1. 预订子系统的功能结构设计

根据前面预订子系统的信息流程分析，预订主要是饭店客房的预订，预订主要包括散客预订、团队预订和特殊客人的预订等。通过对预订业务的分析，预订子系统的主要功能结构，如图 5-16 所示。

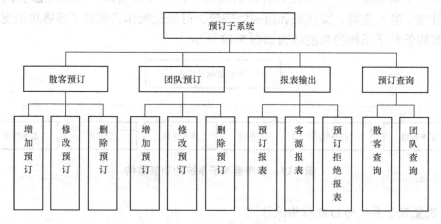

图 5-16　预订子系统的功能结构

2. 接待子系统的功能结构设计

接待子系统的设计是依据饭店接待系统的数据流程分析，通过对数据流程图的转化和优化，得到接待子系统的功能结构，如图 5-17 所示。

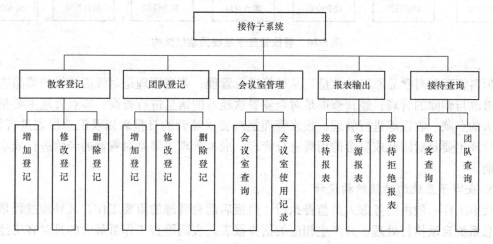

图 5-17　接待子系统的功能结构

3. 客账管理子系统的功能结构设计

客账管理子系统主要管理在住客人的一切账单费用，并为客人离店结账。根据前面对客人账务的数据流程分析与优化，得到客账管理子系统的功能结构，如图5-18所示。

图5-18 客账管理子系统的功能结构

4. 客房管理子系统的功能结构设计

客房管理子系统实现了一般饭店日常营运的全面自动化管理，包括房态管理、耗材管理、人员管理、客人查询、交接班和报表管理等，可以让操作者实时了解客房情况并轻松管理客房。客房管理子系统的功能结构如图5-19所示。

图5-19 客房管理子系统的功能结构

5. 餐饮管理子系统的功能结构设计

餐饮管理是每个饭店必不可少的职能，根据饭店餐饮工作的实际情况与工作流程分析，得到餐饮管理子系统的主要功能结构，如图5-20所示。

图5-20 餐饮管理子系统的功能结构

原料管理是对食品原料的数量、品种等进行管理；菜谱管理是对饭店提供的菜品进行增加、修改与删除的管理；经营查询是对企业餐饮经营的信息进行查询；零点管理主要是对零散客人的点菜、收银等进行管理；报表管理是对餐饮经营的日报表以及汇总报表进行管理；预订管理主要是对团队或宴会的用餐进行管理；成本管理主要是对餐饮的经营进行成本分析与控制。

6. 夜审子系统的功能结构设计

夜审工作一般由财务部人员监督执行，是饭店前台管理的重要工作。其处理过程是由管理信息系统自动执行处理，并产生相应的稽查报表。夜间稽查工作量最大的是对客房经营情况的稽查。夜审子系统的功能结构如图 5-21 所示。

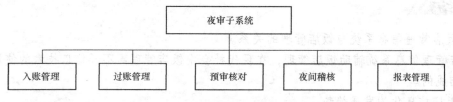

图 5-21　夜审子系统的功能结构

7. 人力资源管理子系统的功能结构设计

人力资源管理子系统的任务是记录与核算饭店所有工作人员的档案与工资情况。人力资源管理子系统记录了全体员工的基本人事信息、出勤信息、履历信息和培训信息等。人力资源管理子系统的功能结构如图 5-22 所示。

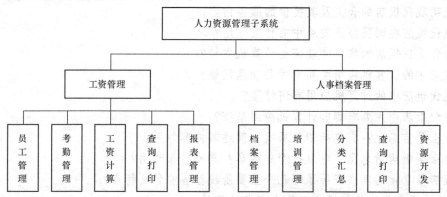

图 5-22　人力资源管理子系统的功能结构

8. 固定资产管理子系统的功能结构设计

固定资产管理子系统是饭店管理中的一个重要组成部分，固定资产具有价值高、使用周期长、使用地点分散和管理难度大等特点。固定资产管理子系统主要包括固定资产的新增、修改、退出、转移、删除、借用、归还、维修、计算折旧率及残值率等日常工作。固定资产子系统的功能结构如图 5-23 所示。

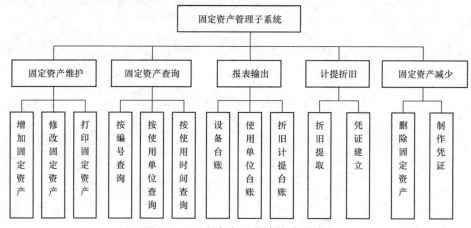

图 5-23　固定资产子系统的功能结构

本章小结

1. 饭店管理信息系统与饭店管理的关系。

饭店管理信息系统辅助饭店管理,在现代社会中饭店管理离不开信息技术的使用,二者是相辅相成的。

2. 饭店信息化的发展趋势。

信息协同化、自助式饭店服务、数字饭店客房系统等。

3. 饭店信息管理的重点。

前台经营系统、办公自动化系统、后台管理系统、饭店决策支持系统。

本章习题

1. 说明现代饭店的含义及其提供的服务内容。
2. 现代饭店在国民经济发展中有什么作用?
3. 为什么说饭店的信息管理需要计算机支持?
4. 饭店中的计算机应用主要有哪些功能领域?
5. 现代饭店中的计算机应用有何特点?
6. 现代饭店中主要有哪些计算机应用系统?
7. 什么是信息化?它包括哪些层次?简述其内容体系。
8. 什么是饭店信息化?它包括哪些内容?具有什么作用?
9. 饭店信息化的发展经历了哪几个主要阶段?各有什么特点?
10. 简述现代饭店计算机应用的未来发展前景。

旅行社管理信息系统

★ 学习目标

1. 掌握旅行社管理信息的主要内容。
2. 熟悉旅行社业务的数据流程。
3. 掌握旅行社管理信息系统开发各阶段的任务。
4. 了解各类型旅行社管理信息系统的功能。

★ 教学要求

本章主要介绍旅行社管理信息系统的开发与应用。旅行社管理信息系统是根据旅行社企业业务的特点，结合企业的实际运作而开发。通过介绍与上机实践，使学生能操作常见的旅行社管理信息系统软件。

★ 引导案例

四川旅游信息平台建设

为了不断增强四川旅游"三年提升计划"的核心竞争力，省旅游局提出了建设西部旅游信息高地，计划用3~5年的时间，充分整合行业和政府的需求，利用现代信息技术，建设服务于游客、企业和政府的四川旅游信息综合服务平台。该平台将集中体现政府职能部门对旅行社、景区、酒店和乡村旅游等各类企业的服务。旅行社作为旅游行业的重要企业主体，是综合服务平台建设的突破口。按照建设规划要求，并根据市场需要，省旅游局先期建设了"旅行社行业服务平台"，通过推行旅行社信息化管理来规范旅游市场，提高旅游团队服务质量，保障游客合法权益，提升应急管理服务水平。

旅行社信息化管理，主要是对四川境内所有旅行社以及地接旅游团队、组团旅游团队实行的电子化管理，具体内容包括以下三个方面：

1. 全面推行电子团队运行计划表

电子团队运行计划表，是团队运行计划在"旅行社行业服务平台"上的数字化体现，是旅游团队正规化操作的保障。团队运行计划表电子化后，可以多渠道进行传递，如旅行社可通过短信发送给游客，执法人员可通过识别导游证获取该导游所带团队的计划，导游可通过互联网或手机获取自己所带团队的计划。

2. 逐步实行旅游电子合同

电子合同是指游客和旅行社签署的电子版的旅游合同，它是根据旅行社在"旅行社行业服务平台"上销售的产品内容，自动生成的符合国家《旅行社条例》和《四川省旅游条例》相关要求，具有法律效应的制式合同，并经旅行社电子签章后生效。游客可根据电子合同的唯一编码通过四川旅游政务网（www.scta.gov.cn）、12301热线等渠道进行合同内容、旅行社资质的查证，同时，此编码也将是游客进行旅游投诉、维护自身权益的有效凭证。

3. 努力实现团队运行实时监测

团队动态数据采集终端是集语音通信、对讲和定位为一体的智能设备。通过该设备，旅行社和行政管理部门可实时监测团队运行轨迹，确保团队按照计划运行，保障团队服务质量；在应急事件发生时，能快速定位团队位置，并及时通知团队，防止团队进入危险区域，同时为搜救、应急管理提供第一手准确信息。

四川旅行社信息化管理是规范四川旅游市场、提升四川旅游形象、保障游客权益的重要手段，也是四川省旅游局通过信息技术，进一步提升行业服务水平的重要工作。省旅游局将紧紧围绕"三年提升计划"，努力构建四川旅游行业诚信体系，搭建四川旅游行业服务平台，全力推进旅行社信息化管理。

【问题与思考】

信息技术在旅行社的发展战略中起到了什么作用？

【分析启示】

了解信息技术对企业经营与管理的主要影响。

【知识点】

旅行社的行业特点决定了其信息化的特点，旅行社行业业务运作涉及部门多、企业多，因此信息量大、变化快，需要及时沟通协调。

旅行社是为旅游者提供服务的企业。世界旅游组织对旅行社的定义为：零售代理机构向公众提供关于可能的旅行、居住和相关服务，包括服务酬金和条件的信息。旅行组织者或批发商在旅游需求提出前，以组织交通运输，预订不同的住宿和提出所有其他服务为旅行和旅居做准备的行业机构。

我国《旅行社管理条例》中指出：旅行社是指以营利为目的而从事旅游业务的企业。其中旅游业务是指为旅游者代办出境、入境和签证手续，招揽、接待旅游者，为旅游者安排食宿等有偿服务的经营活动。旅行社的营运项目通常包括各种交通运输票券（如机票、车票与船票）、套装行程、旅行保险、旅行书籍等的销售，以及国际旅行所需的证照（如护照、签证）的咨询代办。最小的旅行社可能只有一个人，最大的旅行社则全球都有分店。

由此可见，收集和整理旅游产品提供者和旅游需求者的各种信息，在旅行社的经营管理工作中尤为重要。在现代社会中，旅行社必须借助计算机网络、通信技术等，建立一个旅行社管理信息系统。

第一节　旅行社管理信息系统概述

旅行社管理信息系统必须围绕旅行社的经营特点进行设计，一切以为旅游消费者提供完美服务为目标，这样才能提高旅行社的经营管理效率和市场竞争能力。目前的旅行社管理信息系统大多数以 Windows 操作平台为基础，也有以 Unix 操作平台为基础的。新一代的旅行社管理信息系统是基于 Internet、采用 Web 技术的开放型信息系统。

一、旅行社管理的基本业务

旅行社基本的业务过程，就是分别将交通部门、饭店、餐馆、旅游景点、商店和文化娱乐等类型企业生产的单项旅游产品统一采购后进行优化组合，形成各具特色的旅游产品，再销售给旅游者。作为一个"生产"服务的企业，旅行社最基本的业务主要集中在产品设计、宣传与销售、接待业务及最终的财务结算会计业务等环节。以下就这三个基本环节做简单介绍。

1. 产品设计、宣传与销售业务

产品设计、宣传与销售是旅行社最基本的业务之一。旅行社通过对交通、住宿和景点等综合信息的组织，设计出各种吸引旅游者的产品，而这种产品的特点是旅游者在消费之前无法直接感受到的。因此，旅游产品的销售就显得格外重要，即要将有关产品的各种信息通过各种媒介传递出去，以便消费者全面了解旅行社的产品并产生购买的欲望。

2. 接待业务

旅行社产品的特殊性决定了产品的购买先于消费，并且旅游者实际消费的过程，就是旅行社进行订房、订餐、订票及导游服务等直接生产和接待的过程。旅行社向旅游者预售产品并安排好各项服务事宜之后，还需提供向导、讲解和旅途照料等相关的旅游接待服务。

3. 财务结算会计业务

财务结算会计业务在旅行社经营中起监督、控制和调节的作用，并通过账目往来结算、财务分析和成本核算等途径促使旅行社企业开源节流，不断改善经营，以获取更高的经济效益。

二、旅行社管理信息系统的基本概念

旅行社管理信息系统的职能是对旅行社生产服务过程的管理实现信息化，从而提高旅行社的生产率和管理效率，同时提高旅行社的市场竞争能力，满足现代人旅游的个性化服务要求。设计旅行社管理信息系统的目的是提高旅行社管理效率，增加效益。

（一）定义

根据目前旅行社管理信息系统研究的现状和使用情况，对旅行社管理信息系统简单定义如下：旅行社管理信息系统是利用计算机网络技术和通信技术，对旅行社经营的所有信息进行综合管理和控制的以人为主体的人机综合系统。

（二）特点

旅行社管理信息系统的功能包括外联管理、接待管理、陪同管理、信息管理、成本核算和财务管理等内容，接待客人的每一笔业务都涉及各管理部门，而且旅游信息千变万化，因此旅行社管理信息系统具有以下一些特点。

1. 信息量大，信息过时快

旅行社管理涉及的信息量很大，特别是旅游产品的信息，一个旅行社所收集的旅游产品信息越多，旅游消费者获取满意产品的概率就越高。而且旅行社经营的产品涉及饭店、旅游景点、旅游交通和旅游用品等行业，相关信息处于不断的变化之中，其时效性是很强的，有些只有一天，有些甚至只有几个小时。旅行社管理信息系统必须时时刻刻变更系统中的信息，把最有效的旅游信息介绍给旅游消费者。

2. 信息处理复杂，需要各部门的通力协作

旅行社是旅游产品销售的中间商，其工作主要是推销、组织和销售旅游产品，为旅游消费者提供服务。旅行社的每一笔业务都必须通过各个部门的协作来完成，如一个旅游产品的销售，需经过外联、接待、陪同和财务结算等环节，这就要求旅行社管理信息系统具有很强的交叉处理信息的能力。

3. 较强的个性化处理能力

现代的旅行社管理信息系统必须提供个性化服务，利用 Internet 网络技术和信息处理技术，为个性化旅游者提供个性化的服务。例如旅行社通过完美的信息服务，可以实现自助旅游，即旅游者自己确定旅游线路、自己选择住宿的饭店等。现代旅行社不但组织团队旅游，还可以组织个人外出旅游，通过完美的信息服务系统，向旅游者提供旅途中的各种个性化服务。

三、旅行社管理信息系统的功能需求

旅行社内部网络的功能需求，是围绕旅行社的基本业务，如旅游产品开发、旅游产品的促销、旅游产品的销售、旅游接待服务和旅游的售后服务等环节来运行。一个旅行社管理信息系统必须能够满足以下功能需求：

（1）组团职能。负责收集市场信息，组织开发旅游产品，制订组团接待计划。

（2）接团职能。负责对团队地面的接待工作，及时协调接待中出现的异常问题。

（3）导游职能。根据客户要求，合理配备导游员，具体做好接待工作。

（4）散客职能。主要为海外游客提供小包价为主的旅游服务（区别于团队）。

（5）交通职能。负责联系车辆运输部门，准时出票和做好团队行李的运送。

（6）计调职能。做好接待团队计划，具体落实旅游中的票、房、车、餐等内容。

（7）财务职能。负责对企业的财务核算、决算以及经济活动分析等事务。

（8）综合业务职能。主要是管理各种价格信息，负责对价格的审批、检查和监督，并对旅游市场进行调研和分析。

（9）办公室管理。主要处理日常办公事务，如文件、档案的管理和经营协调的处理等。

（10）人事管理。主要处理人事方面的事务，如培训记录、晋升记录和奖励记录等，也包括工资管理等内容。

（11）外联管理。主要处理和协调旅游服务中需要其他单位配合的一些事务，记录有关

外联的一切数据信息。

旅行社的组团中心根据旅游团（者）组织情况编制自联计划和组团核算，而后将它们分别送至计调部和财务部；计调部接到计划后，需要逐项落实其中的票、车、房、餐、导游各项内容，同时根据旅游者的人数情况将计划告知接团中心或散客中心，并将计划流量通过综合业务部上报至经理办公室；接待中心与散客中心在完成接待工作的同时，需将接团核算以费用结算单的形式送至财务部进行统计、核算。

四、旅行社管理信息系统的结构

任何一个信息系统都具有一定的结构，旅行社管理信息系统也不例外，由于旅行社管理信息系统的软件不是很多，尤其是许多中小型旅行社还没有真正开展信息化的经营管理，所以在这里只能从原理的角度来讨论旅行社管理信息系统的结构形式。一般来说，旅行社管理信息系统的结构是指各部件构成的框架。对部件不同的理解就构成了不同的结构方式，一般可以分为概念结构、功能结构、软件结构和硬件结构等。

1. 概念结构

概念结构对信息系统的理解是：系统是由信息源、信息处理机、信息用户和信息管理者等四个部件组成。它是从理论概念的角度来看待信息系统的组织结构的。

2. 功能结构

功能结构是从系统使用者的角度来看待信息系统的组织结构的，其认为系统有一个目标，有多种功能，各种功能之间又有各种信息的联系，构成一个有机结合的树形结构整体。因为系统可以由子系统构成，子系统还可以由各功能模块组成，这样形成完整的 TAMIS 系统功能结构。

3. 软件结构

软件结构是从软件开发技术人员的角度来看待信息系统的组织结构的，其认为系统由许多软件模块和各种数据文件组成，把各个功能模块和文件数据组合起来，构成一个功能矩阵图，这就形成了系统的软件结构。从软件结构的角度来看，一个信息系统是由许多个功能模块文件、共享文件和数据文件构成的。

4. 硬件结构

硬件结构是系统的硬件组成及其连接方式，其核心是网络硬件结构，包括硬件的物理节点安排、网络设备配置、网络布线以及各办公室的计算机分布规划等。

第二节　旅行社管理信息系统的信息流程

旅行社经营管理过程即对旅游信息的处理过程，这个信息处理过程是一个复杂的系统工程，所处理的信息具有多种形式，对这些信息的处理采用不同的方法就形成了不同的子系统。在系统分析阶段，通常管理信息系统的开发使用自上向下结构化的系统分析方法，对旅行社内外业务进行分析，理顺其主要业务的业务流程、数据流程，为后续开发打好基础。

在业务上，旅行社各部门是由计划数据流和财务数据流串接起来的。从发生的时间顺序上来看，计划数据流（即订单产生）在前，财务数据流在后。在现实中旅行社一般业务信息流程如图 6-1 所示。

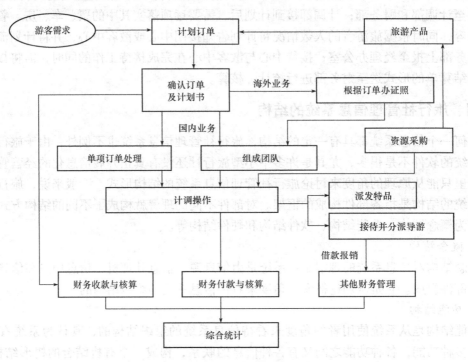

图 6-1　旅行社一般业务信息流程

从旅行社管理业务信息流程可见，旅行社的业务开始于根据游客需求（出游、订票、接送等）形成的计划订单，这是数据流的原点。在确认订单之后，根据业务的不同做出不同的处理，若是国内业务则确认游客名单并组成旅游团，然后交计调部门做订房、订车和订票等处理，接着转到接待部门，接待部门按照订单的要求安排导游人员和派发物品，从而完成整个接待工作。在此过程中，还必须完成财务收款、付款，成本、利润和收入的核算，核算的结果最终作为财务部的凭证，进行账务报表处理。因此数据流终点是财务部门，并在综合业务部门进行各种数据统计，以便对未来旅游产品的开发与完善。若是海外业务或港澳台业务还必须先办好各种证件和护照后再做处理。此外，旅行社还将处理一些单项业务，其处理过程较团队业务简单，在确定订单后交由计调部门，并最终在财务部门完成财务处理工作。

一、组团业务的信息流程

组团业务由组团报价与组团核算两个部分组成。
1. 组团报价

组团报价业务的流程为：根据客户（如游客、海外或异地旅行社）的需求，对旅游线路和旅游日期进行预算，将报价反馈给客户；客户同意方案后，编制旅游计划并确认订单，然后将计划下发到接待部门或旅游线路上的各个地接旅行社；并将报价及团队人数进行核算。

在图 6-2 中，P1 计划输入是输入客户的订单意向；P2 报价是根据订单意向，计算住房费、服务费、交通费、门票、车费和餐费等，合计每一个单价，生成确认的报价，经客户同意后生成确认的订单；P3 统计是将报价汇总进行组团结算，并生成组团汇总文件；P4 查询是提供根据人数、国籍、日期等进行组团情况查询的服务。

在图 6-2 中，D1 是计划书文件，内含订单编码、旅行社代码、旅行社名称、国籍、团队名称、团体人数、妇女人数、儿童人数、团队用房、预计到达日期、预计离开日期和旅行线路等数据；D2 为价格文件，用于保存营业项目、单价等信息；D3 为确认订单文件，保存的数据内容同 D1。

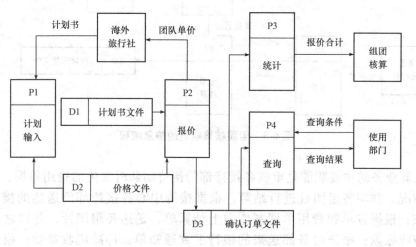

图 6-2 组团报价的信息流程

2. 组团核算

在实际业务上组团核算应属于财务部，但由于组团核算业务是核算销售部（或外联部）所组团队的收支情况，所以很多旅行社将组团核算业务置于销售部的行政管理下，流程为：根据组团报价计算预提成本，并做销售收入及预提成本凭证，记入应收账款。对各地送达的团队费用结算单，根据订单进行审核，审核内容一般为旅游线路与计划是否相符、费用支出是否合理等。审核结束后进行核算，记实际成本凭证送财务并记入应付账款。对财务部支付给各地旅行社的账款和回收客户的营业款制作凭证，冲减相对应的应收或应付款项。

根据组团核算业务绘制的信息流程图见图 6-3。

在图 6-3 中，P1 将报价单按客户的不同分别进行汇总；P2 根据汇总结果制作收入凭证，同时挂应收账款；P3 对结算单进行合理性、合法性审核；P4 将审核后的单据做支出凭证，并挂应付账款；P5 对应收或应付款根据条件进行查询和打印各客户应收或应付款信息。

在图 6-3 中，D1 应收账款文件保存收入账号、费用编码、数量、金额和日期等信息；D2 应付账款文件保存支出账号、费用编码、数量、金额和日期等信息。

二、接待业务的信息流程

旅行社接待业务的工作主要是接待旅游消费者。其中接团核算是其主要环节，而且核算过程比较复杂，因此，将重点介绍接团核算的信息流程。

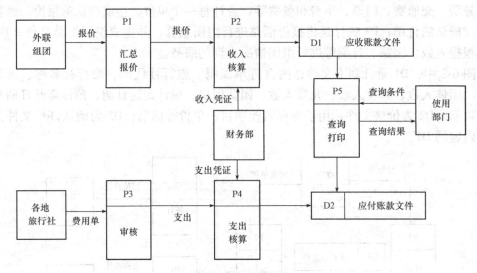

图 6-3 组团核算业务的信息流程

接团核算业务的主要职能是审核各接待部门接待团队时发生的费用单据，核算接待团队的收入情况，并与各组团社进行结算；根据接待中心各接待部门送达的接团单据与订单进行审核；根据订单和费用单据制作向上结算单，送达各组团社，并以之制作凭证送财务部记应收账款；根据财务部送来的银行汇款通知单，冲减应收账款；根据各种实际发生的费用单据，如餐单、房单、车单制作向下结算单，送达财务部作为向餐点、景点付款的依据。

接团核算业务的信息流程如图 6-4 所示。

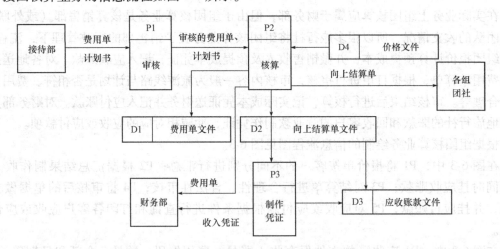

图 6-4 接团核算业务的信息流程

图 6-4 中，P1 是根据订单（或计划书）、费用单和行车千米数据，对计划执行情况及发生费用进行审核；P2 对订单和费用单据进行核算，根据各种收入价格表制作向上结算单，并送各组团社，同时，根据各种成本价格表制作向下结算单，并送财务部；P3 根据向上结算单汇总制作收入凭证送财务部，并记应收账款明细账。

图 6-4 中，D1 费用单文件保存费用单编码、日期、单价、数量和金额等数据；D2 向上结算单文件保存对方单位名称、团号、日期、费用编码、数量、金额和备注等数据；D3 应收账款文件保存收入账号、费用编码、数量、金额、日期；D4 价格文件主要保存费用编码、单价等数据。

三、计调业务的信息流程

计调的主要业务是接收本社或其他组团社的计划书，安排订车票、船票和机票，下达用车计划，负责订餐、订房，制订接待计划，接待完成后协助财务部审查报销凭据等。计调业务的信息流程如图 6-5 所示。

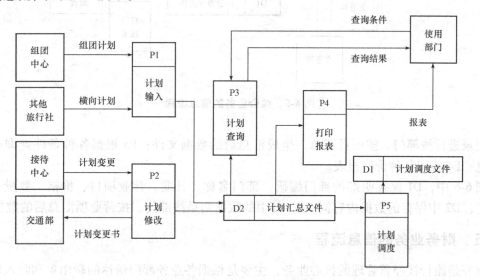

图 6-5　计调业务的信息流程

图 6-5 中，P1 是把收到的各种计划书输入计划汇总文件中；P2 根据各接待部收到的订单变更修订计划汇总文件，并通知票务部或车队；P3 可根据组（接）团名、旅行社名、日期、国籍、人数、流量、用房数、接待方式、地陪抵离时间和游览内容等查询有关计划；P4 根据计划及调度情况打印登记表、流量表和机票预订单等；P5 根据计划汇总文件内容及调度方案生成计划调度文件。

图 6-5 中，D1 保存接待部门或人员名称、旅行社代码、旅行社名称、国籍、团队名称、团队人数、女性人数、儿童人数、预计到达日期、预计离开日期、用房和旅行线路等数据；D2 保存已安排的计划，其数据内容同 D1。

四、综合业务的信息流程

在旅行社经营管理中，通常设置综合业务部处理综合业务。与综合业务往来的部门比较多，而且该部门与本地区的景点、饭店等联系也比较多。综合业务部通过统计、价格确定及检查等方式，完成各旅行社的总体情况报表，把这些报表提供给有关主管部门或经理。综合业务的信息流程如图 6-6 所示。

图 6-6 中，P1 主要将协议价格进行输入，并形成综合数据文件；P2 根据综合数据文件

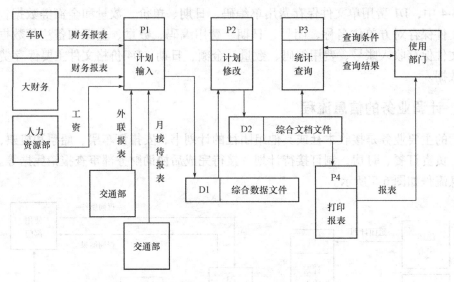

图 6-6 综合业务的信息流程

中的记录进行按部门、按项目汇总,生成汇总后的数据文件;P3 根据各种条件查询有关价格信息;P4 打印各种价格报表。

图 6-6 中,D1 保存明细的部门编码、部门名称、日期、营业项目、价格、数量、金额和备注;D2 中保存的数据内容同 D1,其中的数据则是按部门、按营业项汇总后的数据。

五、财务业务的信息流程

财务是旅行社经营管理的核心业务,主要是根据各业务部门送达的费用单和收入单制作收入和支出现金或银行存款凭证;根据费用单或收入单制作收支凭证;根据业务内容制作转账凭证;根据凭证记账,分别记日记账和明细账及总账,月底根据总账及各科目发生额制作内部报表和外部报表。其主要业务包括账务处理与成本核算两部分。

1. 账务处理流程

根据业务性质制作收入凭证、支出凭证和转账凭证。根据凭证中有关条目记总账、明细账。如果是现金或银行存款凭证则记日记账,结算出当天余额。到月底根据总账及明细账有关科目制作资产负债表、损益表和其他财务报表。

2. 成本核算流程

旅行社的接待中心、散客部、交通部或票务部等业务部门将接待所发生的实际费用单据经初步核算后送财务部。每月底财务部将发生的费用单据分宾馆盘点和业务部门汇总,再根据与旅游部门协商的价格计算所发生的费用,记入业务部门的成本和宾馆、景点、车队等部门的往来账户中。

成本核算业务的信息流程如图 6-7 所示。

图 6-7 中,P1 将手工制单的来自各业务部门的各种成本凭证输入计算机;P2 将系统中记录的各种费用单据按费用发生部门和费用项目进行汇总;P3 将汇总费用根据有关费用科目记成本凭证;P4 将凭证中的成本凭证记入成本账和挂应付款。

图 6-7 中,D1 费用单文件主要保存费用单编码、日期、费用编码、单价、数量和金额

等数据；D2 价格文件主要保存费用编码、单价等数据；D3 应付账款文件保存账号、费用编码、数量、金额和日期；D4 成本明细账文件保存费用编码、单价、数量、金额和摘要等数据。

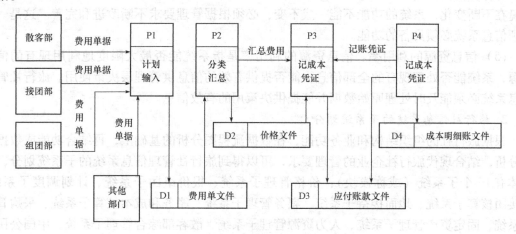

图 6-7　成本核算业务的信息流程

第三节　旅行社管理信息系统的系统设计

一、旅行社管理信息系统的总体设计

旅行社管理信息系统的开发经过信息流程分析和功能分析后，即进入系统设计阶段。系统设计阶段同样有总体设计和详细设计两个阶段。在这里仅介绍系统设计阶段中的总体设计，有关详细设计的内容，读者可以参考其他管理信息系统类的书籍。

1. 旅行社信息系统的设计标准

一个系统的好坏与总体设计密切相关，但如何衡量一个系统的好坏？它的标准是什么？旅行社管理信息系统的信息需求量大，涉及的外联单位又多，衡量系统的优劣有一定的难度。根据管理信息系统的共性，评价一个旅行社管理信息系统的标准应包括以下五个方面。

（1）系统的效率。系统的效率指系统数据处理的能力。旅行社管理信息系统至少是一个局域网系统，系统的效率是指单位时间内所处理的作业量以及联网状态下的响应速度。这里指的是系统的总体效率，并不是单台计算机的效率。它要求旅行社管理信息系统具有快速响应的数据处理能力。

（2）系统工作的质量。系统工作的质量是指旅行社管理信息系统所提供的数量、精度以及信息的及时性。另外，还指系统使用的方便程度和实用性。例如，设计的界面是否易于操作，信息检索是否灵活易用，报表形式是否符合管理常规和用户习惯等。

（3）系统的可靠性。系统的可靠性是指系统受外界干扰时的抵御能力和恢复能力。

例如，系统的保密性输入的容错能力、系统数据文件的备份以及系统故障时的恢复周期等。

(4) 系统的可扩充性。系统的可扩充性是指系统的功能可以修改和扩充。系统所处的环境在不断变化，系统的功能不能一成不变，必须根据管理要求不断改进和完善。这是一个管理信息系统必须具备的功能。

(5) 信息资源的利用率。信息资源的利用率是指系统能否最大限度地利用现有的信息资源，系统能否处理现有的全部信息，能否提供有效的信息供管理层决策使用。旅行社管理信息系统必须能及时处理原始数据并能提供决策用的有效信息。

2. 旅行社信息系统的子系统划分

根据旅行社的组织结构和业务功能，在数据流程图分析的基础上，再结合功能或数据图的分析，结合现代旅行社企业的管理要求，可以得到旅行社管理信息系统的子系统划分，其具体有16个子系统（或称模块）：价格管理子系统、报价组团子系统、计划调度子系统、组接团核算子系统、地面接待子系统、票务管理子系统、账务和成本核算子系统、采购管理子系统、固定资产管理子系统、人力资源管理子系统、散客部综合管理子系统、中国公民境外游管理子系统、办公自动化子系统、经理查询子系统、综合统计子系统、旅游产品管理子系统。这16个子系统基本上覆盖了旅行社的全部业务范围，每个子系统都是一个独立的系统，旅行社可以根据自己的需要选购和设计相应的子系统。这些子系统运行在不同的部门，通过权限和属性的设置，使每个部门共享一个完整的信息系统。

3. 旅行社信息系统的网络设计

一个通用的旅行社管理信息系统的设计以财务信息为中心，以计算机局域网为基础设施，覆盖旅行社主要业务部门及下属各企业实体，使整个企业实现信息资源的共享，完全摆脱人工方式的信息传递及处理，以达到信息传递快捷、信息处理自动化、信息流通网络化的要求。

旅行社计算机管理系统须建立在旅行社局域网的基础之上。旅行社各部门之间工作联系的紧密性，决定了旅行社内部的计算机系统应当建成一个现代通信技术和计算机数据处理技术相结合的网络信息系统。旅行社局域网是旅行社计算机管理系统运行的必要硬件基础。从技术上看，不同企业的局域网设计和建设方法都是相似的，旅行社的局域网设计可以参照饭店的网络设计。

同时，旅行社的对外联系业务较多，旅行社与其他机构之间的网络连接是旅行社实施信息化的外部基础，主要包括以下三个方面：

(1) 与外部联网：旅行社与民航、铁路、公安、海关等专用系统联网，有时还与CRS/GDS等一些专用网连接（在欧美国家中小旅行社通过CRS/GDS接触旅游供应商或旅游批发商的产品，通过系统实现房间预订等，对这些系统的使用提高了旅行社的效率和代理销售的产品范围）。这时旅行社一般只要考虑终端设置和网络接入的问题。

(2) 远程登录：许多旅行社在自己的主办公地点之外，还设有散客门市部、车队和代理售票处等业务部门。由于距离较远，这些业务部门不能直接与主办公地点的局域网相连。此时，需要增加调制解调器、中继器等远程通信设备，以扩大网络的使用范围。

(3) 与Internet的连接：旅行社要扩展自身的网络，必须通过Internet与国内的其他旅行社、境外的旅行社以及其他合作单位联系，并通过Internet宣传旅游产品，促进网络营销。

在网络设计中，旅行社可以根据自己组织的特点，设计一个适合自己企业特点的网络系统。一个典型的旅行社，其网络结构如图 6-8 所示。

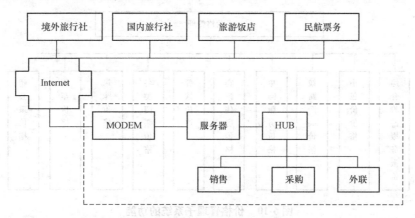

图 6-8　典型的旅行社网络结构

二、旅行社管理信息系统的功能设计

旅行社管理信息系统功能设计的依据是系统分析阶段所规划的系统数据处理流程图，通过对数据处理流程图的转换和优化，并根据由此得到的模块结构图，得到最后的系统功能结构图。

旅行社管理信息系统的子系统分布在不同的部门进行管理，共同集成在一个计算机网络系统中。整个系统的功能结构如图 6-9 所示。

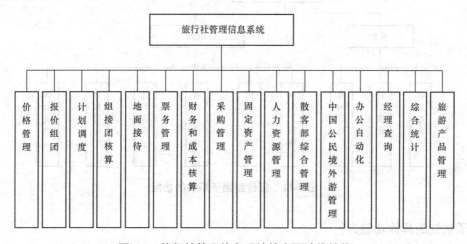

图 6-9　旅行社管理信息系统的主要功能结构

1. 价格管理子系统

价格是费用结算、向上结算单结算和成本核算的基础。报价组团是否合理也受价格是否及时、准确等因素的影响。由于旅游部门价格项目很多，不同地区、不同单位同一项服务价格也不一定相同，必须建立集中、统一和准确的价格管理体系，在系统设计上将价格划为一个子系统，以实现对价格的有效、科学和规范化管理。本子系统可按淡、旺季等条件完成全国各地线路产品宾馆住房、餐饮、各类门票、风味、用车等旅行服务价格信息的管理工作，为报价组团、成本结算等工作提供准确的价格信息。价格管理子系统的功能如图6-10所示。

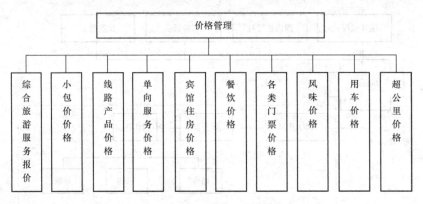

图6-10　价格管理子系统的功能

2. 报价组团子系统

报价组团不是旅行社自己的销售产品，而是旅行社相互之间的一种销售服务，是根据服务内容和要求向对方做出基本的报价。报价组团管理是根据境外旅行社发来的中国旅游计划，按旅游线路及对方要求计算出每人平均服务价格及全部价格，并把服务价格打印出来报给对方，按对方确定的团队计划，编排在中国境内的旅游线路，并打印出具体的旅游计划书。报价组团子系统的功能结构如图6-11所示。

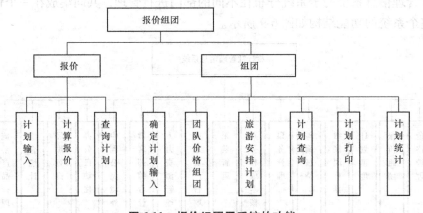

图6-11　报价组团子系统的功能

该子系统的具体功能为：

（1）报价计划维护。完成原始计划的输入、修改、查询、取消和打印等工作。

（2）模拟计算团队的各地（含各个项目）成本以及总成本。

（3）预算单团利润。

（4）完成对外正式报价。

（5）确认计划维护。完成确认计划的输入、修改、查询、取消和打印等工作。

（6）跟踪团队收入变更，调整团队成本，并保留每次的修改数据，随时可进行利润核算。

(7) 一旦发现利润不足，可重新调整团队成本或对境外重新报价。
(8) 打印、发送团队接待计划书和价格协议书。
(9) 审核团队收入、成本。
(10) 单团利润核算及账务汇总、打印。

3. 计划调度子系统

计划调度子系统的主要功能是为落实接团计划进行各种调度和协调，打印各种调度计划表，并根据计划表形成团队的订餐、订房和订票等表单，对用车进行调度，进行接团统计，为领导提供辅助决策。

该子系统的具体功能为：
(1) 计划管理。其包括计划输入、计划变更、计划取消等。
(2) 订票管理。根据计划安排订票，包括打印订票通知单及清单。
(3) 订房管理。如计划中指明要求代订客房，则自动产生订房单。
(4) 流量预报。根据计划，产生今后若干天的人数、批数流量预报表。
(5) 订车管理。根据计划安排用车、修改用车计划。
(6) 查询计划。根据各种要求，查询计划及团队情况。
(7) 初步统计。根据已发生的计划，初步统计出各部门接待的人数、批数等数据。

4. 组接团核算子系统

(1) 组团核算子系统。组团核算负责对外联所组团队的核算工作，包括报价输入、各旅行社结算单、收入支出凭证的生成和往来账的管理等。该子系统的功能如图 6-12 所示。

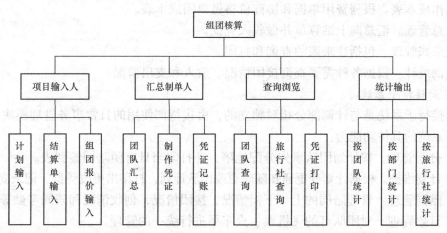

图 6-12 组团核算子系统的功能

该子系统的具体功能为：
①计划报价管理。其包括组团报价的输入、修改和查询等。
②各结算单管理。其包括各旅行社送达的结算单的输入、查询和修改等。
③汇总制作凭证。根据报价及结算单制作收入、支出凭证。
④往来账管理。往来账查询打印。
⑤各种统计。根据需要生成统计报表。
(2) 接团核算子系统。接团财务核算包括了接团核算的所有业务，其中有向上结算单

的生成、单团主要费用成本管理、汇总结算单、收入凭证的制单及应收账款的管理，以及进行各种统计查询工作。该子系统的功能如图6-13所示。

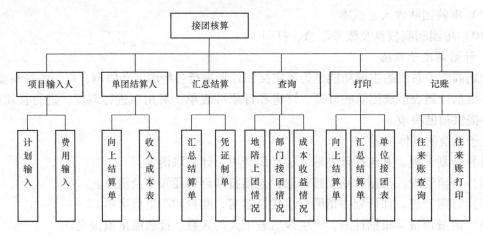

图6-13 接团核算子系统的功能

该子系统的具体功能为：

①计划管理。包括上团计划的输入、修改、查询和取消工作。
②费用管理。包括上团发生的主要费用单据管理。
③制作向上结算单。根据计划及完成情况制作向上结算单。
④制作成本表。根据费用单据和协商价格做单团成本表。
⑤汇总管理。汇总向上结算单并做收入凭证。
⑥往来账管理。包括往来账的查询和打印。
⑦查询统计。根据各种需要查询接团情况、收入和支出情况。

5. 地面接待子系统

地面接待子系统是与计调部分相对独立的，由接待部使用的日常事务管理模块。

该子系统的具体功能为：

（1）分团管理。按计划团队事先分配地陪，并打印当日有团陪同签到表。
（2）计划维护。根据计划变更通知随时更改团队计划，打印出更改凭据，记录变更过程。
（3）陪同管理。管理陪同的上、下岗情况，接团情况，创收情况和陪同考勤等。
（4）订票管理。对团队订的飞机票、火车票进行统一的管理。
（5）行李管理。根据团队的抵离时间、人数和所住饭店等各种情况打印行李任务表。
（6）成本初审。完成各团队发生成本费用的录入及初审工作。
（7）团队查询。按条件查询团队的各项基本信息。
（8）陪同查询。查询陪同的个人情况、接团情况、上下岗情况和创收情况等各项信息，并可显示、打印。
（9）订票查询。查询各团队的订票情况，并可显示、打印。
（10）订车查询。查询各团队的订车情况，并可显示、打印。
（11）按团队统计。按团队统计接待情况，并可显示、打印。
（12）按部门统计。按部门统计接待情况，并可显示、打印。

（13）按陪同统计。按陪同统计接待情况，并可显示、打印。

（14）按语种、国别统计。按语种、国别统计接待情况，并可显示、打印。

6. 票务管理子系统

票务管理子系统是处理交通部票务室与接待部之间的团队订票问题，以及进行费用核算的管理模块。

该子系统的具体功能为：

（1）订票信息维护。根据各接待部的团队计划预订飞机票、火车票，并可进行修改、增加和删除。

（2）订票信息查询。按条件查询订票信息。

（3）订票信息打印。按条件打印订票信息。

（4）订票信息统计。按航班、团队和人数统计订票信息。

（5）交通费用核算。根据订票情况核算交通费用。

（6）交通费用查询。按条件查询交通费用。

（7）交通费用打印。按条件打印交通费用。

7. 账务和成本核算子系统

账务和成本核算子系统由账务管理和成本核算两部分构成。

账务管理部分主要对凭证档案、明细账、日记账、余额表及银行对账单进行管理。凭证最后完成余额表、总账、明细账及日记账的输出，并打印出各种报表。可对银行对账单进行对账。

具体功能为：

（1）凭证管理：包括凭证输入、凭证修改和凭证审核工作。

（2）科目管理：对科目进行管理。

（3）年初数管理：包括年初数的输入、修改工作。

（4）记账管理：将凭证分条目记入有关日记账、明细账和余额表中。

（5）日记账输出、明细账输出：查询浏览日记账及明细账。

（6）余额表：查询打印总账余额表及明细科目余额表。

（7）银行对账：根据银行对账单进行手工和计算机对账。

成本核算部分包括各种费用单据的管理、往来账的管理、各种成本的管理和各种间接费用在成本项目中的分摊，以做到"单团核算"。

具体功能为：

（1）单据输入：对各种实际发生的费用单据，如餐单、车单、票单进行输入管理。

（2）单团核算：根据每个团队的实际收入及成本，产生单团的盈亏表及毛利润率。

（3）向下结算：根据实际的餐费、车费、门票费和房费等数据，产生对各饭店、汽车公司和景点等旅游企业单位的应付款清单及汇总单。

（4）记账管理：将各种费用单据分部门汇总并制作成本凭证，记往来账。

（5）费用分摊：将各种非直接费用在各个成本单位进行分摊，并制作凭证。

（6）查询打印：查询成本情况及往来账情况。

8. 采购管理子系统

旅行社销售的旅游产品是由旅游者旅游过程中所需的吃、住、行、娱、购、游等旅游服务所组成，旅游服务采购是旅行社实现旅游产品销售的必要保障，它与旅游产品的性质和形态有着直接的联系。一个运转正常的旅行社，应该有相对固定的旅游服务供应商，旅行社与旅游服务供应商签订旅游服务供销合同，并使这些旅游服务在旅游者旅游时得以实现，从而完成对旅游产品的消费。

该子系统的具体功能为：

（1）旅游服务产品的管理。

（2）旅游用品的采购管理。

（3）旅游用品的查询。

（4）采购报表的管理。

（5）采购计划管理。

9. 固定资产管理子系统

固定资产管理子系统对旅行社现有的固定资产台账进行登记管理，按月自动计提折旧并根据使用部门制作凭证，进行各种分类查询统计，对固定资产的减少进行核算并制作相应凭证。该子系统的功能结构如图 6-14 所示。

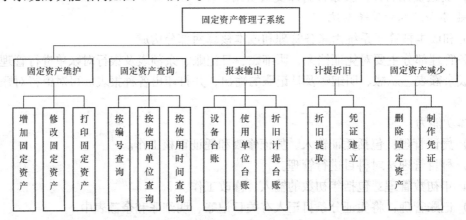

图 6-14 固定资产管理子系统的功能结构

该子系统的具体功能为：

（1）固定资产维护：包括增加和修改固定资产台账。

（2）计提折旧：根据设备状况计提设备折旧，并建立凭证。

（3）报表输出：根据设备状况及使用单位打印固定资产报表。

10. 人力资源管理子系统

人力资源管理子系统可分为工资管理和人事管理两部分，主要围绕人力资源开发开展管理工作。该子系统的功能结构如图 6-15 所示。

工资管理部分主要处理员工的工资事务。工资核算是根据工资的固定项目和变动项目，分别计算、输入应发数、应扣数和实发数。

具体功能为：

（1）人员变动：包括增加人员、人员内部调动和人员调出的管理。

（2）工资输入：包括固定项目和变动项目的工资输入。

（3）汇总统计：根据输入的工资汇总应发数、应扣合计和实发工资。

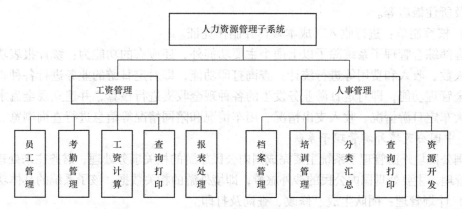

图 6-15　人力资源管理子系统的功能结构

（4）报表打印：将汇总后的工资按部门和单位打印工资表和工资条。

（5）清零汇总：将工资按项目汇总。

人事管理部分要完成对旅行社各种人事档案信息的删除、修改、汇总和查询等的管理，并且可以根据需要打印出各种人事统计报表。

具体功能为：

（1）档案管理：人事档案资料的输入、删除、修改、查询和打印。

（2）汇总资料：人事档案资料的整理、汇总。

（3）培训记录：处理员工的培训等事务。

（4）查询浏览：查询当前人事档案的有关信息。

（5）报表打印：分别按企业员工的工种、文化程度及年龄、性别、民族、学历、政治面貌、专业和特长等打印对内、对外人事报表。另外，也打印养老保险费年报表、缴费年限表和缴费工资登记确认表等。

11．散客部综合管理子系统

散客部综合管理子系统有两个主要的功能：对散客部定日游的管理和对零星委托业务的管理。

定日游管理的功能主要包括以下几项：

（1）定日游报价：为各旅游项目、路线的定日游进行报价。

（2）饭店预订管理：对各饭店预订的大车定日游的旅游项目内容、时间以及其他特殊要求进行管理，并可随时进行维护。

（3）大车调度管理：对服务于各饭店团队的大车使用辆数、上车地点和上车时间等进行管理。

（4）定日游付费类型管理：对参加大车定日游的付费形式（现付、转账、计划内）进行管理。

零星委托业务管理的功能主要包括以下几项：

（1）计调、接待：对零星委托的接送机时间、航班、车次、来地、去向、人数和所住饭店等进行管理。

（2）票务管理：对零星委托的订票进行管理，包括乘机（车）时间、去向、数量、取票方式及所住饭店等。

(3) 核算制单：进行收入、成本核算并制作凭证。

散客部综合管理子系统除了以上两个主要功能外，还应有的功能为：统计报表功能，即对接待人数、收入和费用等进行统计；查询打印功能，即对定日游的业务进行各种查询和打印；现金管理功能，即对定日游业务发生的各种现金收支进行核算，并建立现金流水账；可随时对大车定日游情况、收入支出情况、用车情况和陪同情况等信息进行查询浏览。

12. 中国公民境外游管理子系统

中国公民境外游管理子系统主要完成国内公民旅游的相关事务处理、财务往来处理以及日常事务管理，主要处理国内公民的涉外旅游，即境外游的相关数据。该子系统的具体功能为：

(1) 计划管理：团队生成、修改、查询及打印。

(2) 报价管理：报价输入、修改、查询及打印。

(3) 往来账管理：对海外部的往来账务进行管理。

(4) 应收款管理：国内旅行社、客户的收款管理。

(5) 应付款管理：国外旅行社的付款管理。

(6) 账单管理：所有账单的汇总、打印。

(7) 汇总打印：所有收入、成本以及利润等表格的打印。

13. 办公自动化子系统

所谓办公自动化就是利用先进的计算机网络技术和信息技术，处理和控制日常的办公事务，使办公室事务和文件管理电子化，以提高事务处理效率。一个旅行社的办公自动化子系统应具有如图 6-16 所示的功能结构。

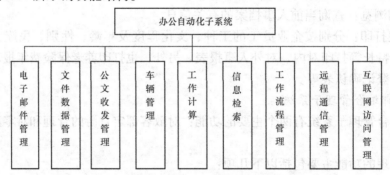

图 6-16　旅行社的办公自动化子系统的功能结构

14. 经理查询子系统

经理查询子系统是对旅行社整个管理信息系统所产生的经营情况报表进行查询的子系统，包括旅行社当前和历史的经营信息，并集成日常办公所需各类综合信息清单，如记事簿、名片夹、电话号码簿、航班车次表、经理信箱、天气预报和每日新闻等。

该子系统的主要目的是对旅行社管理信息系统中所保存的各种信息加以充分利用，为领导掌握经营情况提供方便，并为其管理决策提供可靠的依据。该子系统的功能结构如图 6-17 所示。

该子系统的具体功能为：

(1) 报价组团：查询组团情况。

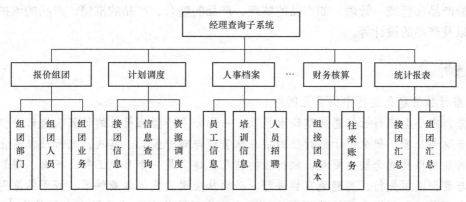

图 6-17　经理查询子系统的功能结构

（2）计划调度：查询计划接团情况和流量情况。
（3）人事档案：查询人事档案有关信息。
（4）财务核算：查询企业利润情况和资金运用情况。
（5）统计报表：查询组团、接团和散客的当月数据和历史数据。
（6）价格查询：查询对内、外结算价格。
（7）报表处理：查询各种财务会计报表。
（8）陪同接团查询：查询陪同的上岗情况、接团情况，并可做出相应的统计。
（9）综合统计：自动产生提供客源人数大于设定值的组团社名单；自动产生提供客源人数、批数大于设定值的境外旅行社名单；根据系统内的各种数据，综合分析各客源国市场份额；根据历年的组团量及接团量，自动预测来年的组团、接待情况；根据历年的财务数据自动预测来年的财务收支情况；根据人事部提供的有关学历、年龄和岗位技能等数据，重新对各岗位进行优化组合等。
（10）经理信箱：定期通过计算机审阅各部门上报的有关情况，并将处理意见反馈给各部门。

15. 综合统计子系统

综合统计子系统可根据各接待部门送达的统计月报表和财务部门的财务报表进行汇总统计，输出各种对内部及外部的综合统计报表，并对各种业务的资料进行累计统计。

该子系统的具体功能为：

（1）资料输入：对接待部送达的各种资料和财务数据进行输入。
（2）汇总资料：对各种资料进行整理、汇总。
（3）查询处理：查询当月资料和累计资料。
（4）报表打印：打印对内及对外报表，包括"旅游外汇收入月报""旅行社经营情况基层报表""旅游企业经营情况季报""外汇统计月报表""外联实到人数统计月报表""外联实到人数国籍组团地月报表""接待人数月报表""接待人数国籍统计月报表""旅游情况基层报表"等。

16. 旅游产品管理子系统

旅游产品管理包括旅游产品的设计和组合、旅游产品的营销和销售等环节。旅行社是旅游产品销售的中介，为了招揽自己的客户，必须收集和整理旅游产品和资源，对适合自己销售的旅游产品实行统一管理，如产品的整理、产品的整合、产品的推销、产品的维护、产品的查询以及产品的设计等。

本章小结

1. 旅行社信息化运行中的常见问题。

首先，中小型旅行社信息化建设水平低，一部分中小型旅行社的计算机大部分仅用来进行文字与财务处理，很少用于旅行社的信息化管理与对外经营。其次，旅行社信息化建设缺少宏观的规划以及观念缺少更新，旅行社的信息化建设是一个系统工程，标准、规划与法规的制定与贯彻必须先行，要避免盲目进行。必须从应用出发，本着够用、好用的原则，根据当前的主要矛盾和问题来选择管理系统。再次，旅行社信息化建设缺少专门的人才。最后，旅行社信息化建设投资比例不协调，很多旅行社的硬件、软件投资比例严重失调。

2. 信息系统在旅行社的应用。

信息系统在旅行社业务管理中的应用、信息系统在旅行社内部管理中的应用、信息系统在旅行社咨询服务中的应用。

3. 旅行社管理信息系统未来发展趋势。

集团化趋势：集团化的趋势既适应中国旅行社行业的发展需要，也符合国际上旅行社行业的发展潮流。中国的旅行社行业集团化，有利于旅行社发挥其在采购、预订、营销、资金和人才等方面的优势，实现规模经营和获得规模经济效益。

专业化趋势：旅行社行业的专业化，是指旅行社为了最大限度地满足特定细分市场旅游者的需求，适当调整其经营方向，针对某些细分市场，对某些产品进行深度开发，形成特色产品或特色服务。

品牌化趋势：随着旅游者旅游消费需求水平的提高，旅行社所奉行的低价格战略已经不再像过去那样奏效了，必须采用新的竞争战略，名牌旅行社瓜分市场必将成为我国旅游市场走势的一个必然趋势。

本章习题

1. 简述旅行社管理信息系统的基本概念。
2. 试根据旅行社对旅游产品开发的功能需求，画出旅游产品管理子系统的信息流程图。
3. 试根据旅游服务采购的功能需求，画出旅游服务采购的信息流程图。
4. 什么是旅行社管理信息系统的设计标准？试列出具体的设计标准内容。
5. 什么是旅行社管理信息系统的视图结构？旅行社管理信息系统具有哪几种视图结构？
6. 根据旅行社管理信息系统的信息特点，叙述旅行社管理信息系统总体设计的原则。
7. 旅行社管理信息系统子系统划分的依据是什么？
8. 根据第二节内容，设计一个旅行社财务部账务系统的信息流程图。
9. 试设计一个旅行社管理信息系统的网络结构，并简要叙述各组成部分的作用。
10. 什么是旅行社管理信息系统的功能设计？试叙述功能设计的过程和特点。
11. 试从互联网的角度，设计一个基于 Web 的办公室管理子系统的功能结构图。

第七章

旅游地管理信息系统

★学习目标

1. 掌握旅游地信息化管理的相关概念。
2. 熟悉地理信息系统的功能与应用。
3. 了解旅游地管理信息系统的功能及技术。

★教学要求

本章主要介绍旅游地信息化管理内涵、发展特点及发展方向，地理信息系统的构成及应用，旅游地理信息系统的功能及技术等。通过旅游企业旅游地信息化管理实例讲解旅游企业的信息化发展状况与趋势。

★引导案例

城市旅游信息化建设

根据《拉萨市创建国际旅游城市规划》的内容及目标，拉萨市于2014年后加快了旅游公共信息平台建设，健全了假日旅游预报、警示信息发布和旅游价格等制度，重点利用网络媒体、手机智能终端技术等，加强重大节日、接待能力、旅游安全、主要旅游项目及价格信息的发布，推动旅游企业信息与旅游公共信息联动发布，逐步建立面向主要客源市场和旅游服务商机构的常年旅游预报制度，带动全区建立旅游预报发布体系。

除此之外，拉萨市还加快开通拉萨市旅游政务网、旅游资讯网等多种语言官方网站，建立旅游资源数据库、旅游产品信息库、旅游开发项目库和旅游就业信息库，健全办公自动化网络和旅游综合数据库，构建基于电信网、广播电视网、互联网三网融合的旅游公共信息发布平台，通过多种语言的官网、电子杂志、广播电视旅游栏目、APP、微博和微信等方式，及时发布相关信息。

【问题与思考】
旅游地信息化管理可以从哪些方面体现？
【分析启示】
了解旅游地信息化管理的主要途径与内容。
【知识点】
信息技术发展为旅游地快速发展提供助推力，加强旅游地信息化建设与管理也成为旅游目的地发展的方向之一。应用信息系统相关技术方法可以提升旅游地信息化管理效率，推动旅游地信息化建设与发展。

第一节　旅游地信息化管理概述

自 20 世纪 80 年代以来，信息技术的快速发展和广泛运用，引发了一场新的全球性产业革命。信息化是现今世界科技、经济与社会发展的重要趋势，已成为生产力发展的重要核心和国家战略资源。现代旅游的活动频度和广度都较传统旅游有了相当大的进步，旅游地作为旅游信息最基本的综合体，必须具有功能强大的信息系统，以便为各行业及游客提供及时、正确的旅游信息服务。自 20 世纪 80 年代以来，世界各国的旅游地治理机构陆续开始尝试利用信息技术手段，统筹和规范旅游地旅游信息的搜集、汇总处理和有序发布，把建立、完善旅游信息服务体系作为旅游地基础设施建设的重要内容。

一、旅游地信息化建设的内涵

随着我国旅游业信息化的发展，旅游地信息服务方面的探索也日渐活跃。在 2009 年的中国优秀旅游城市的评选中，在第八项"城市的现代旅游功能"中的 8.1.4 项目条款中将"建立旅游网站，推动网上旅游信息发布，健全旅游公众信息服务渠道"作为优秀旅游城市的评选标准之一。

通过旅游地综合信息运用系统，一方面可以更好地了解旅游者的个性特点及需求偏好，更好地对客源市场进行统计分析和细分；另一方面能非常便捷、高效地获取与旅游相关的全方位信息。其功能逐渐集查询、检索和预订于一身，为旅游者提供了极大的便利和保障。

从总体来看，旅游地信息化建设是指通过面向游客提供"吃、住、行、游、购、娱"旅游全要素和"预订、成行、返程、结算、投诉"旅游全流程服务，面向中小旅游企业的电子商务交易平台和整体营销平台，从而构成旅游资源和信息集约、开发和利用中心及吸引旅游企业和游客自主参与的平台。

二、旅游地信息化建设的发展特点

目前，大多数发达国家和地区都已建成了集食、住、行、游、购、娱六要素于一体的旅游地综合信息运用系统。我国旅游地信息化建设发展较晚，比较成功的地区主要集中在旅游经济比较发达的东部地区，在信息化发展中主要表现出以下几方面特征：

1. 旅游地信息化建设以政府为主导

自2002年起,国家旅游信息化工程——"金旅工程"将建设"旅游地营销系统"作为其电子商务部分的发展重点,计划将"旅游地营销系统"建设成为信息时代中国旅游地进行国内外宣传、促销和服务的重要手段。旅游地机构的信息化水平已被国家旅游局列入"中国最佳旅游城市"的评选标准中。

我国旅游地营销系统按国家—省—市—旅游景区/企业的多层结构设计,各个层次的旅游地信息有序组织,并逐级向上汇总。在完善建设国家级主站的同时,以省、市层次为建设重点,主要建设内容包括旅游地网络形象设计、旅游地旅游网建设、旅游地信息系统、旅游电子舆图系统、旅游企业黄页系统、旅游行程规划系统、旅游营销通系统、电子邮件营销系统和三维实景等。通过这些功能的有效组合构成旅游地网上宣传平台。

除此之外,一个旅游地营销系统还可以支持其他的旅游地治理功能,如项目活动治理、调研、设计和分析、业绩监视和评估、企业新闻、公关、新闻发布和年度报告等。自2002年以来,佛山市南海区、粤港澳地区、大连市和三亚市等试点地区的"旅游地营销系统"已陆续整合开通。在此基础上,遵循全国统筹、突出重点、多方扶持和以点带面的原则,国家旅游局逐渐推进138个优秀旅游城市的系统建设,并逐渐辐射到其他城市。

在旅游地信息化建设中,政府的主导地位是比较突出的。在现今我国地方政府良性竞争大制度背景下,政府行动在相当程度上能够弥补旅游业产业属性的不足,即旅游业具有产业属性和事业属性的复合经济属性,这也从根本上要求政府必须像主导其他社会事业那样主导旅游地的信息化发展。

2. 行业地区差异明显,整体运用水平不高

由于我国各地经济发展差距较大,旅游信息化发展与建设水平也不均衡,部分地区和单位所有的信息网络资源长时间处于闲置或半闲置状态,而且还有很多地区和旅游单位购置不起信息网络软、硬件资源,同时,越是经济欠发达地区,信息网络资源的运用成本越高。从地域来看,我国旅游地信息化的分布不均衡,功能较全、代表性较强的旅游网站基本集中在北京、上海和广东这几个地区,多数省份只有零星的旅游电子商务网站,且市场覆盖面和影响都很小;从旅游地各分行业来看,企业经营种别不同,经营范围不同,信息化基础建设和运用差异也很大。例如,旅行社企业中,几大旅行社团体和一些大型国际旅行社采取了管理信息系统和业务管理系统,与国外同行有网络连接,且运用范围和发展深度较大;而大多数旅游地,特别是经济欠发达地区的中小旅行社仍处在信息化的起步阶段,发展较为缓慢。

3. 信息服务供不应求,信息交换不够便利

目前,旅游地信息服务不能满足消费者的需要主要表现在两个方面。首先,基础设施运用差,网上信息更新较慢,很多旅游景点没有自己独立的域名,只是在各类网站上链接了几个网页,旅游者没法及时获得景点的新节目、新动向,没法与景区在网上进行信息沟通。其次,个性化定制服务能力较弱。旅游信息内容一般都只涉及旅游地、景点、饭店、交通旅游线路和旅游常识等,普通旅游网站一般都有,但在根据旅游者的特点和需求组合定制旅游产品,提供个性化旅游线路建议等方面做得好的旅游网站却非常少。此外,旅游网站与传统旅游企业之间的整合与战略同盟依然是制约旅游地信息化发展的瓶颈。

三、旅游地信息化建设的未来方向

1. 健全信息化建设与管理的规范标准

旅游地信息化建设是旅游业发展的一个新兴领域，标准与规范是指导旅游地信息化建设的重要条件和保障。目前，我国在部分地区进行了旅游地信息化建设的积极尝试，也取得了一些经验，但是这些经验还没有上升为指导我国旅游地信息化建设的标准与规范，因此，尽快建立健全旅游地信息化建设标准与规范，是旅游地信息化建设的第一步。

首先是规范化。建立健全旅游地信息化建设规范体系，为旅游地信息化建设的实行和监管、企业和消费者的市场行动、信息内容和流程、技术产品和服务等提供指导与约束，预先防范对旅游地信息化建设可能产生不利影响的潜在因素，是推动旅游地信息化建设持续、稳定、健康和高效发展的关键。

其次是标准化。旅游地信息化建设的本质在于互联。食、住、行、游、购、娱等各类旅游企业之间、旅游企业内部信息系统与旅游电子商务平台之间、旅游业与银行、海关、公安的信息系统之间应能实现互联互通，以自动处理频繁的信息数据交换。我国旅游地的数据交换应尽快实行标准化，并与国际接轨。

2. 改变服务观念，企业全员参与

目前，我国旅游地网上旅游服务项目较少，旅游网站多为面向散客提供订票、订房服务，"以交易为中心"的色彩较浓，而旅游者线路自助设计等"个性化旅游"需求尚难以得到满足。在未来的旅游地信息化建设中，不是只在某个单项信息技术上改进，而是对旅游地信息技术运用模块进行系统整合，构成提供覆盖范围广、成本低廉的旅游地信息平台，使旅游地的旅游企业之间增强交换与合作，为游客创造一体化的旅游服务。

作为旅游产品提供者的旅游地企业是旅游地最重要的信息源，假如广大中小型旅游企业游离在信息化的边缘，全部"旅游地信息系统"将缺少丰富、动态的旅游产品信息的底层支持，这将大大限制信息质量、旅游者功效及旅游地信息化体系的壮大。调动旅游地广大中小型旅游企业参与信息化建设的热情，应充分发挥政府主导的作用，实行企业上网工程，并增强专业电子商务服务商与旅游业的协作。

3. 发展智能技术，搭建综合平台

从信息技术发展的情况来看，旅游地信息化发展大体要经历三个阶段：第一个阶段是信息化，主要是作为基础，增强信息沟通和交换；第二个阶段是数字化，它是一个手段，主要功能是整合、提高效率；第三个阶段是智能化，它通过解决有效配置和运行的题目为旅游地提供全面的解决方案。这类有效配置和运行实际上首先是旅游地资源的整合题目，其次是在资源的整合进程当中如何有效配置。例如，在传统旅游中，旅游地以景区为核心供给资源，与其周边的餐饮、住宿和交通等共同构成旅游产品，通过景区自建的"旅游地营销系统"与旅游消费者沟通。景区处于供给链的终端，消费与供给不能直接连通。在智能化信息技术支持下，景区有条件把握消费结构和消费水平，不再只处于供给链的终端，不但可直接面对消费者，还可以通过整合周边的餐饮、住宿等产品供给商而取得利润。

4. 加强技术更新，推动服务升级

新一代信息技术主要是以信息网格、云计算和4G技术为代表的信息处理技术。新一代信息技术都具有"处理大量个性化业务"这一共同点，与目前的旅游在线预订、城市一卡通等技术服务相比，优势十分明显，是推动旅游地服务能力和水平升级的根本基础和重要工作。

信息网络技术的普及和运用，将改变目前旅游地各个环节成为信息孤岛和信息互不兼容的现状，可以充分整合分散的旅游地相关资源，全面提高各个网络节点的性能，解决资源融通、整合、同享和协同等问题。通过建设全区域、大产业、跨部门的公共旅游信息服务平台，实现更大范围的资源同享、优势互补和产品互动。

云计算技术的普及和运用，将改变目前旅游地信息处理能力不足、数据运转相对独立和参考价值不足的现状。通过设置功能强大的虚拟服务器集群，大大提高建设效率，缩短时间耗费，高效、集成、快速、便宜地运营旅游信息，一体化、开放式地使普通旅游相关用户灵活便宜地租用，乃至免费使用各种大型、专业化、价格昂贵的硬件、软件，以及信息治理、处理与组织系统，旅游相关用户可以利用云计算作为其部分IT基础设施，实现业务的托管和外包。

★小资料

云计算

云计算（Cloud Computing）是基于互联网的相关服务的增加、使用和交付模式，通常涉及通过互联网来提供动态易扩展且经常是虚拟化的资源。云是网络、互联网的一种比喻说法。过去在图中往往用云来表示电信网，后来也用来表示互联网和底层基础设施的抽象。因此，云计算甚至可以让你体验每秒10万亿次的运算能力，可以模拟核爆炸、预测气候变化和市场发展趋势。用户通过台式计算机、笔记本电脑和手机等方式接入数据中心，按自己的需求进行运算。

对云计算的定义有多种说法。对于到底什么是云计算，至少可以找到100种解释。现阶段广为接受的是来自美国国家标准与技术研究院（NIST）的定义：云计算是一种按使用量付费的模式，这种模式提供可用的、便捷的、按需的网络访问，进入可配置的计算资源（包括网络、服务器、存储、应用软件、服务）共享池，这些资源能够被快速提供，只需投入很少的管理工作，或与服务供应商进行很少的交互。

通过4G技术，本来依靠计算机、数字机和电子导游机等设施的旅游信息化功能，大部分都能在手机上实现。基于4G服务的在线预订、旅游营销、景区治理、旅游企业经营、旅游公共信息查询、现场动态视频、游客互动交换、优惠积分活动、电子导游系统、旅游购物及综合消费等移动、便捷、现场的服务逐渐成为主流。

第二节 地理信息系统的构成与应用

地理信息系统是20世纪60年代开始迅速发展起来的一门新技术，它结合了计算机、系统工程和经济管理等多学科的知识，属跨学科的技术系统。

一、地理信息系统的含义

地理信息系统（Global Information System，GIS）是以采集、存储、管理、描述、分析地球表面及空间和地理分布有关的数据管理信息系统。它是以空间数据库和属性数据库为基础，在计算机硬件、软件环境的支持下，对空间数据和相关的属性数据进行采集、管理、操作、分析、模拟和显示，并采用模型分析方法，适时提供多种空间、动态的地理信息，为研究、综合评价、管理、定量分析和决策服务而建立起来的人机系统。概括地说，地理信息系统是在计算机硬件、软件的支持下，采集、存储、管理、检索、分析和处理地理数据，以多种形式输出供决策用的地理信息的人机系统。其含义包括以下三个层面：

1. 技术支持

技术支持主要包括计算机硬件、软件、数据库技术、多媒体技术和网络通信技术等。

2. 数据管理

数据管理是地理信息系统的核心和关键。从严格意义上讲，地理信息系统应是一种管理系统，而它管理的对象是空间数据和相关联的属性数据，包含管理的一般职能，可以产生新的信息，支持决策。它不仅可以存储、管理、检索数据，还可以分析、处理数据，并可建立模型，对数据做出解释，理解其各种含义，得到数据中所包含的信息。

3. 组织支持

组织支持包括通过对空间数据的管理，完成对人员、组织信息的管理和交换。

二、地理信息系统的内容

地理信息系统按其内容可分为三大类：

1. 专题信息系统（Thematic Information System）

专题信息系统是具有有限目标和专业特点的地理信息系统，为特定的专门的目的服务，如土地资源管理信息系统、农作物估产信息系统、灾害监测信息系统和旅游资源管理信息系统等。

2. 区域信息系统（Regional Information System）

区域信息系统主要以区域综合研究和全面的信息服务为目标，可以是不同的规模，如国家级，地区或省、市级和县级等为各不同级别行政区服务的区域信息系统，也可以是按自然分区或以流域为单位的区域信息系统，如加拿大国家信息系统、黄河流域信息系统、山东省旅游信息系统和佛山市旅游信息系统等。事实上，许多实际的地理信息系统是介于上述两者之间的区域性专题信息系统，如北京市旅游管理信息系统、海南岛土地评价信息系统等。

3. 地理信息系统工具（GIS-Tool）

地理信息系统工具也称地理信息系统开发平台或外壳，它是具有地理信息系统基本功能的工具或开发平台，供其他系统调用或进行二次开发。国内外已在不同档次的计算机设备上研制了一批地理信息系统工具，如美国耶鲁大学森林与环境学院的 Map 软件包（Map Analysis Package）、MapInfo 公司的 MapInfo 系统、北京大学研制的微机地理信息系统工具 Spaceman、北京超图地理信息技术有限公司的 SUPERMAP 系统和 ARC/INFO 公司的 ARC/INFO 系统等。将地理信息系统外壳与数据库系统结合，完成图形图像数字化、地理数据的存储管理、查询检索和结果输出等任务，就可以开发出相应的决策支持系统、专家系统等。

三、地理信息系统的构成

一般来说，一个完整的地理信息系统通常由四部分组成，它们是计算机硬件环境、软件环境，地理空间数据和使用人员。

地理空间数据是地理信息系统的操作对象与管理内容。它是指以空间位置为参照，描述自然、社会和人文经济景观的数据，这些数据可以是数字、文字、表格、图像和图形等。它们由系统建造者通过数字化仪、扫描仪、键盘、磁带机或其他输入设备输入地理信息系统中，是地理信息系统所表达的现实世界经过模型抽象的实质性内容。其相应的区域信息包括位置信息、属性信息和空间关系等。

地理信息系统是一个动态模型，也是一个复杂的人机系统。仅仅有系统硬件、软件和数据还构不成一个完整的地理信息系统，它必须处于相应的机构或组织环境内，需要人进行系统组织、管理、维护、数据更新和系统扩充等工作。因此，系统的管理、维护和使用人员是地理信息系统中的重要构成因素。

四、地理信息系统的应用

地理信息系统有着广泛的应用潜力，但目前它仅在部分领域比较成熟，如地图制图与数据发行、自然资源管理评价、城市与区域规划、人口普查等。而在其他领域的应用才刚刚起步，包括商务应用、市政基础设施管理、公共卫生及安全、油气及其他矿产资源的勘测、交通管理、房地产开发与销售、旅游管理等。

（一）**Internet 地图**

1. 多媒体电子地图

多媒体电子地图是运用地理信息系统和多媒体技术，集地图、影像、文字、声音和视频等多种信息于一体，具有地图的符号化数据特征，能实现计算机屏幕快速显示，供人们阅读、查询、检索与分析的有序数据集合。

20 世纪 80 年代中期，随着计算机技术和计算机制图技术的发展，结合地理信息系统技术，地图与地理学界提出了电子地图（Electronic Map）的概念。90 年代初光盘出现，存储容量大幅度增加，为电子地图的发展创造了更好的条件；90 年代中期开始，多媒体技术被应用到电子地图中，人们纷纷开发音频、视频信息，扩大了电子地图的功能，使其进一步发展成为多媒体电子地图。1997 年美国出版的 3D 世界地图集和 1998 年美国微软公司制作的《虚拟地球》，都是当今世界多媒体电子地图的代表性作品。目前，类型各异的电子地图正应用于社会经济发展的各个方面，成为新型的大众化信息产品。

同常规地图相比，多媒体电子地图具有明显的特点和优越性：

（1）表现手段多样化。多媒体电子地图集地图、影像、文字、数字、声音和视频等多种信息于一体，大大丰富了地图的内容，有利于调动读者的感官，最大限度地发挥地图的阅读功效。

（2）用户界面灵活方便。电子地图提供开窗放大、地图漫游和地图检索等功能，实现大范围（包括全球范围）地图与影像的无缝拼接，没有地图分幅限制，加上可以任意放大（比例尺）漫游浏览，地图内容可由粗到细，更有利于地图的使用与分析。同时，通过交互可激发读者兴趣，使读者由被动读图到主动操作。

（3）多维与动态可视化显示。多媒体电子地图具有闪烁、动画、三维显示、飞行和虚拟现实等多种表现手段，可突出表现某个要素和现象，或显示各现象主要的多维形态与时空动态变化，丰富了对自然和社会现象的动态仿真表达，增强了直观视觉感受效果。

（4）适时信息检索和地图分析。电子地图具有信息快速查询检索、地图量测、统计分析与空间分析功能。其拥有大量、丰富信息的数据库，可提供各类信息的快速查询检索。还能在屏幕地图上快速自动量算坐标、长度（距离）和面积，进行多种统计分析与空间分析，包括相关地图的叠加比较等。

同时多媒体地图也具备光盘存储量大，携带使用方便，资料更新速度快，便于更新再版，制作成本较低，复制生产简便等特点。

2. 互联网地图

随着 Internet 的发展和普及，Internet 地图发展异常迅速，它经历了从简单地图到复杂地图，从静态地图到动态地图，从二维平面地图到三维立体地图的发展过程；而且随着互联网技术、WebGIS 技术的迅速发展，互联网地图的传输与浏览速度逐步提高。目前，部分国家和地区出现了一批专门、通用的地图网站或专题地图网站，如城市地图网站、旅游地图网站和公路交通地图网站等。其中，旅游地图网站的地图类型主要有区域旅游图、旅游点导游图、城市街道图、不同季节的旅游图、夜间旅游图、自行车旅游图、徒步旅游图和汽车旅游交通图等。

互联网地图是一种多媒体电子地图，它通过计算机屏幕显示和阅读，也可以打印、复制或下载备用，具有一般电子地图的特点，如开窗放大、漫游浏览、任意交互与动态显示以及一定的查询检索与分析功能。但互联网地图又具有不同于一般电子地图的地方，主要表现为以下几个方面：

（1）远程地图信息传输。以光盘存储的多媒体电子地图是把经过编辑加工生成的地图集成组装为地图集，用户可以根据目录打开阅读其中任意一幅地图。其载体是光盘，通过光盘直接传输和阅读。而互联网地图是在异地通过 Internet 传输数据（数据存储于服务器），然后通过浏览器生成地图，供用户浏览阅读。由于中间有一个数据传输与地图生成的过程，所以比一般电子地图显示与漫游的速度要慢一些，尤其是数据量很大的复杂地图。随着宽带网与互联网络技术的不断提高，地图数据传输显示的速度会有所提高。

（2）广泛便捷传播。互联网地图同纸质地图和普通电子地图相比，具有更广泛的用户群体，其使用效益和社会效益可以得到最大限度的发挥；而且它还具有远程快速传递的优越性，正如电子邮件优越于普通邮政信件一样。

（3）实时动态更新。光盘电子地图具有比纸质地图易于更新再版的优点，互联网地图比光盘电子地图更具适时动态更新的特点。互联网地图的数据可以根据需要随时更新，类似于电视中的天气形势与天气预报地图，每天都会有新编绘的地图出现。

（4）人机交互性更强。与纸质地图相比，光盘电子地图具有交互性的特点，而互联网地图比电子地图具有更多交互性。用户可以根据自己的需要选择不同地图网站中不同内容与不同形式的地图，而且可以选择任意地区放大，增加、减少某些图层或添加某些线画与符号，下载打印或用 E-mail 发给他人。互联网地图还可以查询、检索更多的相关信息。例如，从旅游地图上可查询旅游景点信息或饭店的更详细信息。

（5）充分利用超媒体结构。互联网地图比光盘电子地图更多地使用超媒体结构。互联网地图同光盘电子地图不同，它不是整个屏幕显示图幅，而是将屏幕分割成若干功能区，地图显示是其中的一个较大的功能区。它采用超链接方式组织各个部分及其他相关网页的标记。通过单击链接，可直接进入其他网页浏览。

（二）空间数据管理

1. 空间数据的基本特征及空间位置表示方法

空间数据是单个或群体以空间位置为参照的数据。地理空间数据是指人们通过观测所得到的某些地物景观的空间数据。空间数据描述的是现实世界各种现象的空间、属性和时间三个基本特征。

(1) 空间特征。空间特征表示对象实体空间位置、形状和大小等几何特征，以及与相邻物体对象的拓扑关系。位置和拓扑特征是空间信息系统所独有的，空间位置可以由不同的坐标系统来描述，如经纬度坐标、任意假设的直角坐标或三维坐标等。

人类对空间目标的定位一般不是通过记忆其空间坐标，而是确定某一目标与其他更熟悉的目标间的空间位置关系，这种关系往往就是拓扑关系。例如，一个景点是在哪两条路之间，或是靠近哪个道路交叉口，一个饭店距离哪条路较近等。通过这类空间描述，可以在很大程度上确定某一目标的位置，而一大串纯粹的地理坐标对一般人的认识来说几乎没有意义，没有人记得自己家或办公室的确切坐标，也没有几个导游是按照坐标系统寻找旅游区的大门、饭店或游乐场所的。但是，利用计算机管理空间数据，最直接、最简单的空间定位方法就是使用坐标系统，而相互间的拓扑关系则在空间坐标的基础上通过计算来建立。

(2) 属性特征。属性特征表示现象的特征，如景点名称、饭店规模、饭店客房出租率和员工人数等。这类特征是一般管理信息系统存储、处理和分析的重点，也是空间数据管理的重要组成部分。

(3) 时间特征。时间特征指对象实体随时间而变化。其变化的周期有超短期的、短期的、中期的、长期的和超长期的等。严格地说，空间数据总是在某一特定时间或时间段内采集得到或计算产生的。有些数据随时间变化相对较慢，因而有时被忽略。对于复杂的旅游系统来说，各种数据的变化千差万别，如地质景观数据的变化可以不计，生态景观数据、旅行社线路产品可以以年、月来计，而饭店经营数据却必须以天、小时甚至秒来计算。

位置数据和属性数据相对于时间来说，常常呈相互独立的变化，即在不同的时间，空间位置不变，但是属性类型可能已经发生变化，或者相反。因此，空间数据的管理是十分复杂的。有效的空间数据管理要求位置数据和非位置数据相互作为单独的变量存放，并分别采用不同的软件来处理这两类数据。这种数据组织方法更利于管理随时间而变化的数据，具有更大的灵活性。

(4) 空间位置表示方法。一般来说，空间位置可以通过两种方法表示：

①专门位置表示法。专门位置表示法是通过空间实体与某些数据要素之间空间位置的联系来表示，即表示为绝对坐标或相对坐标。专门位置表示法可以表示：小尺度空间现象的点或大尺度空间现象的抽象点，如城镇、景点、高程点、交通节点、汽车站、火车站、飞机场和饭店等；具有线性特征的线段，如水系、交通线和旅游线路等；用于面状描述的多边形，如旅游区范围、空间影响范围等。

②列名位置表示法。列名位置表示法是用名称或编码等可标识的数码表示，如邮政编码、地址和门牌号等。它们只表示空间实体的组合和偶然的联系，本身并不能完整地表达空间位置，而需参照其他空间要素，如地图上地名与编码结合起来才能确定实体的空间位置。

2. 空间数据管理常用的数据结构

数据结构是指数据记录编码格式及数据间关系的描述。不同类型的数据，只有按照一定的数据结构进行组织，并将它映射到计算机存储器中去，才能进行存储、检索、处理和分析。在空间信息系统（地理信息系统）中，地理空间数据常用的数据结构有两种：栅格（Raster）数据结构和矢量（Vector）数据结构。例如，一幅具有森林、河流和房屋的地图可以分别用这两种不同的数据结构来描述。在栅格结构中，空间被有规则地分成了一个个小块（通常是正方形的），地理实体用它们所占据的栅格的行、列号来定义，栅格同时可以附有属性值。在矢量结构中，地理实体用点、线、面来表达，其位置由二维平面直角坐标系中的坐标来定义。

（1）栅格数据结构。栅格数据结构由像元阵列构成，每个像元用网格单元的行和列来确定它的位置，常用于表示面状要素。

栅格数据的获取方法较简单，即在地图上均匀地划分网格，相当于将一透明方格纸盖在地图上，格网的尺寸大小依要求设定。根据单位格网交点归属法（中心点法）、单位格网面积占优法、长度占优法和重要性法等方法，直接获取相应的栅格数据。这类方法被称为手工栅格数据编码法，它适用于区域范围不大或栅格单元的尺寸较大的情况。但是当区域范围较大或者栅格单元的分辨率较高时，需要采用数据类型转换方法，即由矢量数据向栅格数据做自动转换。

为了逼近原图或原始数据精度，除了采用上述手工方法外，还可以采用缩小单个栅格单元的方法（即增加精度），使得每个单位的栅格可以代表更为精细的地面单元。这样，在大大提高精度、更接近真实形态的同时，行、列数也将大大增加，即数据量也大幅度地增加，这样会使得数据冗余严重。为了解决这一矛盾，人们已研究出了一系列栅格数据压缩编码方法，以尽可能少的数据量记录尽可能多的信息。

（2）矢量数据结构。矢量数据结构是另一种最常见的图形数据结构。它通过记录坐标的方式，尽可能地将点、线、面等空间实体表现得精确无误。该数据结构常用于描述线状、点状分布的地理要素，如河流、道路、旅游线路和景点位置等。

任何的点、线、面实体都可以用直角坐标点（X, Y）来表示，这里X和Y可以对应于地面坐标经度和纬度，也可以对应于数字化时所建立的平面坐标X和Y（也可自行定义坐标系统）。点可以被表示成一组坐标（X, Y），对于线和面，则均被表示为多组坐标。由于表示面的多边形由首尾相连的线组成，因此其起始点、终止点的坐标相同。这些由直角坐标表示的点都是由光滑的曲线间隔采样得到的。栅格数据表达与矢量数据表达，如图7-1所示。

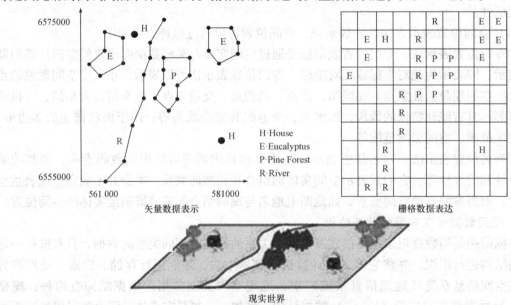

图7-1 栅格数据表达与矢量数据表达

同样的一条曲线，取的点越多，则以后恢复时就越接近原来的曲线，且失真也越少，但数据量将增加；反之，取的点越少，恢复时就可能成为折线，出现失真的情况。

这种用直角坐标表示的矢量编码方法文件结构简单，易于实现以多边形为单位的运算和显示。

第三节 旅游地理信息系统的功能及技术

旅游地理信息系统（TGIS）是以旅游地理信息数据库为基础，在计算机硬件、软件的支持下，运用系统工程和信息科学的理论和方法，综合地、动态地获取、存储、管理、分析和应用旅游地理信息的多媒体信息系统。一切与旅游地理信息和数据关联的信息和数据，如景点、交通、住宿、娱乐、购物、文化特征、特色及提示等都是 TGIS 的研究对象。和一般的旅游地图或电子地图相比，TGIS 可为旅游者提供更系统、更详细、更精确和更有现实性的旅游信息。

一、TGIS 的总目标和主要功能

旅游地理信息系统集输入、管理和应用于一体，包括采集、更新、管理、显示、查询、分析和制图输出等功能。为用户提供及时、正确和便捷的服务，满足各种用户的不同需求，是 TGIS 的最终目的。TGIS 能实现以下七个方面的功能：

（1）能以多种方式快速采集与输入旅游地理数据（旅游地图、旅游专题数据、照片、视频图像和声音等）。

（2）能对旅游地理数据库（空间数据库、旅游专题多媒体数据库等）进行统一的管理和维护，它是 TGIS 的核心。

（3）能把最新获得的旅游信息快速更新补充到旅游地理数据库中，与其他信息系统具有数据兼容性，能实现与其他信息系统的数据交换。

（4）不仅可通过可视化软件对旅游地理数据库中的数据进行处理，以类似一般旅游地图的效果显示到屏幕上，还可通过开窗放大、漫游，进行不同比例尺和地图投影的快速切换；而且还可以把图像、声音等各种多媒体信息叠加到电子地图上，增加旅游信息的获取量。

（5）TGIS 不同于一般旅游地图和电子旅游地图的最大特点是，它为用户提供了多媒体查询和分析功能。TGIS 不仅能查询单一旅游信息，而且可以查询较复杂的旅游信息。TGIS 的分析功能甚至可以根据旅游者的人数、时间和经济能力等实际情况，为用户设计不同的旅游景点和不同的旅游线路供参考选择。

（6）能对查询和分析的结果及生成的各种专题图、表格等进行屏幕显示、打印或绘图输出。

（7）提供一般旅游地图和多媒体电子地图制作手段。能根据用户需求，通过对旅游地理数据库中数据的编辑，快速用绘图机绘出一般旅游地图，或从扫描机中输出胶片，印刷出版，大大缩短一般旅游地图的制作周期，提高了地图现时性。另外，还可以把软件和旅游地理数据库中的数据刻录到光盘上，制作成多媒体光盘。

二、TGIS 的技术方案和关键技术

TGIS 一般由旅游主管部门和软件开发单位共同研制。TGIS 的数据库管理系统采用工作站平台，以利于对大容量数据的管理。硬件和操作系统直接从市场购买，数据库管理系统采用引进开发，应用软件自行研制（含对现有成果的优化改进），整个系统的设计和建立采用面向对象的方法和技术。建立 TGIS 的关键技术如下：

1. 多信息源数据的获取与快速输入

据国外统计，在 TGIS 的费用中，数据采集费用占总成本的 60%～70%。数据是 TGIS 的血液，如何获取系统、翔实的多信息源数据并进行快速采集，是建立系统的关键之一。

2. 旅游地理信息数据库的设计与建立

旅游地理信息数据库的设计与建立涉及两个问题，一是数据结构与数据模型，二是旅游地理信息数据库系统。目前采用的矢量和栅格数据结构，它们各有优点和缺点，而混合数据也只以两种数据分别存储，未解决兼顾两种结构特性的问题。传统的层次、网络和关系模型，特别是最常见的关系模型，尽管有许多优点，但也存在一些严重问题，尤其是在处理复杂目标方面显得无能为力。因此，研究面向对象的数据结构、数据模型和数据库管理系统是一项紧迫的工作。

3. 集图形、图像、声音、文本与其他形式数据于一体的多媒体技术

目前所研制的一些地图数据库产品，多数是地图图形数据的集合。随着时代的发展，人们已不满足于用单一的地图图形来负载信息，同时希望有多种与该地图图形相配合的诸如图像、声音、文本等其他负载信息的形式。例如，计算机屏幕上显示从数据库中检索出的某一目标时，应同时能检索出该目标的图像、解说的声音和解释文本，做到同屏和同步。

4. 基于旅游空间分析和模型库的建立

旅游空间分析是利用旅游地理信息数据库中的数据，根据模型库中的模型，使用常规的空间分析方法进行旅游信息分析，以得出相应结果的一种手段。旅游应用模型库的建立，将使 TGIS 的功能大大增强。

三、TGIS 应用对象及方式

TGIS 主要服务于广大游客、出差人员以及需要了解与旅游有关信息的人员。它的应用方式主要有以下两种：

1. 通过网络

在网络终端有一台摄像机和彩色喷墨打印机或与之功能相似的同类设备，通过网络直接从旅游地理信息数据库中获取数据。它既可以向用户提供信息咨询，进行最佳分析，又可以由用户选择输出合适比例尺的旅游地图。在火车站、飞机场、旅行社和宾馆等游客较多的地方可优先考虑设立网络终端。另外，从长远来看，可以在城市和旅游景点建立若干"旅游信息站"，在形式上它类似于现在大街上的公用电话亭，也通过网络与 TGIS 相连。

2. 通过分质

制作成多媒体光盘和一般旅游地图，供本地区或其他地区的用户使用，也可研制通用的手持式信息机，其形状大小类似于手持式游戏机，信息内容与芯片内存储的信息相关，芯片更换非常方便，TGIS 可制作成旅游信息芯片为用户服务。

第四节 旅游地管理信息系统应用实例

一、杭州市旅游地信息化管理

浙江省杭州市的旅游地信息化建设走在了全国的前列，先后完成了基于城市信息化和以旅游电子商务为主要内容的城市流通领域试点工程，其中包括西湖展览会网站（中英文版）的开通和使用、"点点通"智能多媒体网络终端的设计和运用、安全支付体系的研究及"一卡通"的实践、杭州旅游服务中心的建设、电子商务法规治理办法的研究和城市电子商务基本模式研究等内容。建立的面向食品饮料行业的B2B电子商务与现代物流运用示范工程通过了国家验收。

杭州市已开通多个电子旅游网，其中包括订房业务的电子商务网站很多，如"杭州导游网""杭州旅游网"等，一些全国性同盟网站如"携程旅行网""同盟订房"等也对杭州住宿订房电子商务化起到了促进作用。杭州旅游电子商务公司已构成"三网一中心"的格局，即中国酒店预订热线网、杭州旅游网、相约江南网和旅游服务呼唤中心（96123），能提供吃、住、行、游、购、娱"一条龙"服务。"西湖展览会""杭州旅游网"等旅游公共平台也已初步建成。杭州国家电子商务试点和示范工程的建设，为其旅游地信息化建设创造了条件，在取得明显的经济效益与社会效益的同时，也具有良好的示范作用。

二、南海区旅游地营销网络化管理

广东目的地营销系统平台以"活力广东"为标志，非常重视网络信息的及时更新，对旅游局的活动信息、新闻等实行网络发布，并对基于旅游地营销系统承建的"活力广东"2004旅游网上展览会进行了实时直播报道。"活力广东"旅游信息化的另外一大特点是区域互动，与粤港澳、珠三角和9+2地区进行了多方合作，在旅游安全、诚信和旅游电子商务等几个层面上重点研发，对消除信息孤岛、达成信息共享进行了积极的尝试。

同时，广东省佛山市南海区（原为南海市）作为中国的第一个目的地营销系统建设城市，所建立的目的地营销系统将信息化技术的"运用性"作为重点斟酌的题目，可充分支持南海旅游局的目的地营销任务。首先，它可强有力地支持网络营销。例如，作为南海目的地营销系统组成部分的南海旅游网，可自我治理网站、搜集、编辑发布信息，生成南海电子舆图，接受和处理网上投诉等，该网同时可将南海旅游企业纳入网络化营销中，企业可在该网上建立自己的企业级旅游营销系统，发布、编辑、更新企业信息，进行网上交易。其次，可支持传统的营销手段，如电子触摸屏、游客信息中心、电话中心和出版物制作等，提高了营销效率。同时，网络传播没有地域限制，南海作为一个非主要的旅游城市，在不明显增加营销费用的条件下，第一次有机会将其营销范围从珠三角地区扩大到全国。

三、海南省信息网络平台的建设

海南省作为全国旅游大省，在打造"国际旅游岛"的背景下，以"深化区域旅游电子商务运用服务平台运用，全面推动旅游业电子商务运用，用信息技术打造海南旅游精品"为指导思想，旅游地信息化建设步伐在不断加快。自2006年5月16日推出"144"百事通业务，实现了"足不出户，一个电话就办完一件事"的梦想以来，同年11月又开通了海南省旅游局进行旅游服务质量监视的旅游百事通专席，为净化海南旅游环境和提供旅游优质服务创造了条件。2008年，海南省启动"海南旅游景点电子门票系统"项目，推出"天涯印象"和"三亚印象"两个产品，游客在套票包括的景区和项目中可以直接刷卡消费。2009年6月8日，海南自助旅游网1 000家强势旅游网站正式结为同盟，并发布同盟宣言。同盟的诞生，标志着海南省为建设国际旅游岛的雄图大业，担当起了独特的角色和肩负起了更重要的使命。

目前，海南省的地图由纸质化向电子化、信息化转变，第一批电子化地图已做出，人们只要通过网络就能够具体了解地图信息。在三亚，"全球眼"已广泛用在城市交通、治安监控上，给中外游客增加了安全感。下一步，"全球眼"将走进三亚的重点景区，以便于旅游管理部门进行网上宣传、治理、监视、取证和救济等工作，同时也使游客享受到虚拟旅游和其他信息服务。

四、都江堰市旅游信息化规划

四川省都江堰市在2004年初步建立起旅游管理部门—重点旅游景区—旅游企业三级计算机网络，重点建立起面向全市旅游相关部门的，包含旅游业的业务处理、信息管理和执法管理的现代化信息系统，初步形成旅游电子政务的基本骨架；同时，该系统逐步建立起一个旅游电子商务的标准平台，建立了行业标准，增强了对旅游电子商务应用环境与网上安全、支付手段的支撑力度，支持旅游企业向电子旅游企业转型。

（一）旅游电子政务提供的信息

旅游政务网站能综合查询网站内的各种信息，提供管理入口登记等功能，并在后台提供功能强大的来源分析系统和网站访问统计系统，有利于分析网站宣传效果。

目的地指南系统介绍都江堰市旅游情况，包括景区内的线路、地图、风土人情、美食、地方特产、历史文化和民族风俗等。

旅游信息发布系统按标题、内容、类型刊登旅游新闻、行业新闻和地方新闻等，提供都江堰市天气情况、空气质量、各类交通信息、航班时刻表、火车时刻表、公共交通、出租车、旅游汽车、汽车租赁和交通地图等查询。

旅游投诉系统网上或电话受理各类旅游投诉，有效提升了景区的管理质量，对突发事件及时做出有效的答复，让游客满意而归。

旅游企业服务系统，各类旅游企业均可注册为会员企业，可修改本企业资料，及时发布企业最新消息，进行电子商务活动，同时享受专业的网络信息服务。

网上旅游互动论坛（BBS）主要接受各类游客对都江堰市旅游的建议和意见，和游客进行沟通，以便于根据游客建议调整本市的旅游相关政策。

旅游线路发布栏目主要刊登地方旅游线路、四川省内和国内黄金旅游线路，可按线路景点、标题和内容等相关信息进行查询。

假日预报系统对旅游"黄金周"预报及数据进行处理。

旅游招商引资系统具有都江堰市旅游项目列表、对外招商项目列表、旅游投资优惠政策和旅游项目报批等旅游项目备案管理和对外招商引资功能。

旅游网络游戏系统通过动画的形式，有效运用都江堰市的旅游景点、民族宗教特点来制作虚拟空间游戏，具有一定的互动效果。

（二）旅游电子政务的基本构架

旅游管理部门—重点旅游景区—旅游企业三级计算机网络建设，全市旅游信息网络系统，这是都江堰市信息智能建设在旅游部门的具体体现，也是国家旅游信息网络系统"金旅工程"的重要组成部分。

1. 数据中心

数据中心是都江堰市信息化建设的数据核心，是所有数据的汇合点。数据中心能收集、处理和存储数据。它的建立便于对都江堰市的信息数据进行统一管理。

2. 通信平台

通信平台负责都江堰市的数据传输工作，包括语音通信系统、数据通信系统和移动通信系统。

3. 信息安全系统

信息安全系统是网站正常运行的保障，包括系统安全、网络安全、数据安全和应用安全等方面。

4. 内部办公系统

内部办公系统使各旅游管理部门、各重点旅游景区和各旅游企业实现了内部信息化自动办公，提高了工作人员的办事效率，提升了管理部门的整体管理水平，为相关部门及游客提供了更优质的服务。

5. 远程办公系统

通过远程办公系统，建立与上级管理部门的远程办公系统接口，将都江堰市旅游业管理系统融入四川省旅游局整体旅游业管理系统框架，成为四川旅游信息港的组成部分，为各管理部门工作人员提供远程办公条件。

（三）电子地图

电子地图即数字地图，是利用计算机技术，以数字方式存储和查阅的地图。电子地图储存资讯的方法，一般使用矢量式图像储存，地图比例可放大、缩小或旋转而不影响显示效果，早期使用位图式图像储存，地图比例不能放大或缩小。现代电子地图软件一般利用地理信息系统来储存和传送地图数据，也有使用其他信息系统的。地理信息系统是一个人—地（地理环境）关系系统，它体现了人与人、地与地、人与地的相互作用和相互关系，系统由政府、企业、市民和地理环境等既相互独立又密切相关的子系统构成。电子地图能为互联网用户提供各类交通信息及景区地理、区域位置、市区街道、单位和景点分布情况等信息。

（四）景区门票管理

景区采用先进的电子门票系统，其管理更加方便快捷，使整个景区实现了售票计算机化、验票自动化、数据网络化和管理信息化的高科技管理体制。还可以扩充和完善到公众信息查询、全景区电视实时监控和电子导游系统等，从而实现计算机售票、验票、查询、汇总、统计和报表等各种门票通道控制管理功能和全方位的实时监控、管理功能。这对于提高景区的现代化管理水平具有显著作用，同时又将各景区的服务器与都江堰市旅游信息中心联网，能及时为市委市政府提供准确的旅游情况。

（五）旅游电子商务预订系统

旅游电子商务预订系统旨在整合都江堰市景区、宾馆及其他旅游企事业单位的查询预订服务，增强旅游主管部门的宏观控制能力，实现该市景区门票、机票、车票、饭店分布、价格、位置等情况在网上的便捷查询，并通过方便快捷的在线支付方式，做到网上预订、支付一条龙的服务，为该市旅游网络营销平台的有序健康发展提供条件。

（六）旅游"一指通"

为更好地推动都江堰市旅游信息化的全面发展，在市区、景区布点"一指通"公众信息亭，市民和游客只要触摸屏幕，随时都可以免费、清晰地获取都江堰市的市情风貌、政务动态、经济发展、旅游线路、电子地图、休闲娱乐、风土人情、餐饮美食、地方特产、历史文化和民族风俗等信息。

本章小结

1. 旅游地具有功能强大的信息系统，有利于为各行业、企业及游客提供及时、正确的旅游信息服务。

我国旅游地信息化发展表现出以政府为主导、行业地区间差异明显、信息交换不够便利等特点，未来将进一步向健全相关规范、提升信息服务水平、提高技术应用水平的方向发展。

2. 地理信息系统结合了计算机、系统工程、经济管理等多学科的知识，属跨学科的技术系统。

地理信息系统包括专题信息系统、区域信息系统和地理信息系统工具三个部分，由计算机硬件环境、软件环境、地理空间数据和使用人员组成。

3. 建立旅游地理信息系统可为旅游者提供更系统、更详细、更精确和更有现实性的旅游信息。

旅游地理信息系统集输入、管理和应用于一体，包括采集、更新、管理、显示、查询、分析和制图输出等功能，能为用户提供及时、正确和便捷的服务，满足各种用户的不同需求。

本章习题

1. 旅游地信息化建设的内涵是什么？它包括哪些内容？
2. 我国旅游地信息化建设有哪些特点？未来发展重点应是什么？
3. 什么是地理信息系统？它包括哪几方面内容？
4. 简述地理信息系统在旅游地管理中可以应用在哪些方面。
5. 旅游地理信息系统的功能有哪些？
6. 简述建立旅游地理信息系统的关键技术。

第八章

旅游电子商务的应用

★学习目标

1. 掌握电子商务和旅游电子商务的相关概念。
2. 熟悉旅游电子商务的内容构成、特点及发展。
3. 掌握旅游电子商务的功能和交易类型。
4. 了解旅游电子商务在我国的发展与趋势。

★教学要求

本章主要介绍电子商务与旅游电子商务的构成、特点、在旅游业中的应用及影像等。通过电子商务在旅游企业中的应用实例,介绍旅游电子商务发展状况与趋势。

★引导案例

电子商务的应用对传统旅游业的影响

近几年,各大旅行社网站纷纷改版,添加了旅行搜索、比较线路、在线购买和大额支付等自助功能,以适应越来越明显的网购旅游趋势。

据中国互联网络信息中心发布的《第 25 次中国互联网络发展状况统计报告》显示,2009 年网上旅游预订用户规模已达到 3 024 万人,比 2008 年增幅达到 77.9%。

据凯撒旅游电子商务部主管李先生介绍,为了适应市场需求,2009 年刚刚改版的凯撒旅游网特别开通了搜索引擎和关键字直通车,游客可以搜索适合自己的旅游方式,比较挑选出性价比更高的旅游线路,并实现在线预订和购买。为方便大家网购出境游产品,凯撒旅游网特别开通了大额支付功能,并采用更加可靠的电话支付手段,客人可在电话中直接与银行对话;还开通了签证在线服务等周边服务,并设置在线答疑、800 免费电话和高端产品的 VIP 专线,客人可以随时发问,一小时内即可得到满意的回复。

【问题与思考】
旅游企业应如何结合信息技术的发展开展网上电子交易活动？
【分析启示】
了解旅游电子商务的发展及特点。
【知识点】
电子商务的发展给旅游业带来多方面影响，掌握电子商务的特点及内容构成有助于更好地开展旅游电子商务活动，选择适合的电子交易模式，促进旅游业信息化的发展。

第一节 旅游电子商务概述

20世纪末，人类进入了信息社会，互联网创造了一个全新的信息空间，给人们的生活带来了巨大的变化，影响了人们的生活、交往及商业活动，电子商务也应运而生。电子商务是一门集商务技术、信息技术和管理技术于一体的新兴的交叉学科，它是人类经济、科技和文化发展的必然产物，是信息化社会的商务模式，是21世纪全球经济的重要组成部分，是商务发展的未来。

电子商务并非远离生活，在人们的生活中有许多电子商务应用的例子，如网上订票、网上订餐和远程学习等，都是借助于网络，通过电子方式进行的交易活动，这些交易活动不受时间和空间的限制，可以随时随地进行，给参加交易活动的双方都带来了方便。

一、电子商务的概念

电子商务（Electronic Commerce）一词虽然已被许多人熟悉，但到目前还没有一个较为全面、权威性的定义。政府、公司、学术团体及专家都是依据自己的理解和需要来为电子商务进行定义的。以下是一些机构对电子商务所下的定义：

全球信息基础设施委员会（GIIC）电子商务工作委员会报告草案中对电子商务的定义是：电子商务是以电子通信为手段的经济活动，通过这种方式人们可以对带有经济价值的产品和服务进行宣传、购买和结算。这种交易的方式不受地理位置、资金多少或零售渠道的所有权影响，公有私有企业、政府组织、各种社会团体、一般公民和企业家都能自由地参加广泛的经济活动，其中包括农业、林业、渔业、工业、私营和政府的服务业。电子商务能使产品在世界范围内交易并向消费者提供多种多样的选择。

联合国经济合作和发展组织（OECD）在有关电子商务的报告中对电子商务的定义是：电子商务是发生在开放网络上的包含企业之间（Business to Business）、企业和消费者之间（Business to Consumer）的商业交易。

加拿大电子商业协会给出的电子商务的定义是：电子商务是通过数字通信进行商品和服务的买卖以及资金的转账，它还包括公司间和公司内利用E-mail、电子数据交换（EDI）、文件传输、传真、电视会议和远程计算机联网所能实现的全部功能（如市场营销、金融结算、销售以及商务谈判）。

美国政府在其《全球电子商务纲要》中，比较笼统地指出：电子商务是通过Internet进行的各项商务活动,包括广告、交易、支付和服务等活动,全球电子商务将会涉及全球各国。

IBM 公司的电子商务(E-Commerce)概念包括三个部分:企业内部网(Intranet)、企业外部网(Extranet)和电子商务(E-Commerce),它所强调的是在网络计算环境下的商业化应用,不仅仅是硬件和软件的结合,也不仅仅是通常意义下强调交易的狭义的电子商务(E-Commerce),而是把买方、卖方、厂商及其合作伙伴通过互联网(Internet)、企业内部网(Intranet)和企业外部网(Extranet)结合起来的应用。它同时强调这三个部分是有层次的:只有先建立良好的 Intranet,建立比较完善的标准和各种信息基础设施,才能顺利扩展到 Extranet,最后扩展到 E-Commerce。

HP 公司提出了电子商务(E-Commerce)、电子业务(E-Business)、电子消费(E-Consumer)和电子化世界的概念。它对电子商务(E-Commerce)的定义是:电子业务是通过电子化手段来完成商业贸易活动的一种方式,使人们能够以电子交易为手段完成物品和服务等的交换,是商家和客户之间的联系纽带。

对电子业务(E-Business)的定义是:电子业务是一种新型的业务开展手段,通过基于 Internet 的信息结构,使公司、供应商、合作伙伴和客户之间,利用电子业务共享信息,不仅能够有效地增强现有业务进程的实施,而且能够对市场等动态因素做出快速响应并及时调整当前业务进程。

对电子消费(E-Consumer)的定义是:电子消费是人们使用信息技术进行娱乐、学习、工作和购物等一系列活动,使家庭的娱乐方式越来越多地从传统电视向 Internet 转变。

通用电气公司(GE)对电子商务的定义是:电子商务是通过电子方式进行商业交易,分为企业与企业之间的电子商务和企业与消费者之间的电子商务。企业与企业之间的电子商务(B2B)是以 EDI 为核心技术,以 VAN(增值网)和 Internet 为主要手段,实现企业间业务流程的电子化,配合企业内部的电子化生产管理系统,提高企业从生产、库存到流通(包括物资和资金)各个环节的效率。企业与消费者之间的电子商务(B2C)是以 Internet 为主要服务提供手段,实现公众消费和服务提供方式以及相关的付款方式的电子化。

中国企业家王新华从应用的角度认为:电子商务从本质上讲是一组电子工具在商务过程中的应用,这些工具包括电子数据交换(EDI)、电子邮件(E-mail)、电子公告系统(BBS)、条形码(Barcode)、图像处理和智能卡等。而应用的前提和基础是完善的现代通信网络和人们的思想意识的提高以及管理体制的转变。

上述定义是人们基于不同角度,从广义上和狭义上所给出的解释。其中,GIIC 和 HP 给出的概念最广,它们强调电子商务包括一切使用电子手段进行的商业活动。从这个意义上来讲,现在已经流行的电话购物、电视购物,以及超级市场中使用的 POS 机都可以归入电子商务的范围。但大多数定义还是将电子商务限制在使用计算机网络进行的商业活动。因为只有在计算机网络,特别是 Internet 普及的今天,才使得电子商务得到如此广泛的应用,也使得商业模式发生了根本性的转变。

综上所述,电子商务是在计算机软件、硬件和网络通信的基础上,各参与方(企业、政府、个人等)通过互联网或电子数据交换实现的商务及运作管理的整个过程,是通过电子方式而不是直接物理交换或直接物理接触方式来完成的任何业务交易。

电子商务以 Internet、Intranet 和 Extranet 作为载体,帮助企业有效地完成自身的各项经营管理活动，完善企业之间的商业贸易和合作关系，并发展和密切个体消费者与企业之间的联系，最终降低产、供、销的成本，增加企业利润，开辟新的市场。

> ★小资料
>
> ### 中国电子商务领军型企业代表
>
> 阿里巴巴是由马云在1999年一手创立的企业对企业的网上贸易市场平台。2003年5月，阿里巴巴投资1亿元人民币建立了淘宝网。2004年10月，阿里巴巴投资成立了支付宝公司，面向中国电子商务市场推出基于中介的安全交易服务。2012年2月，阿里巴巴宣布，向旗下子公司上市公司提出私有化要约，回购价格为每股13.5港元。2012年5月21日，阿里巴巴与雅虎就股权回购一事签署最终协议，阿里巴巴用71亿美元回购20%的股权。2012年7月23日，阿里巴巴宣布调整淘宝、一淘、天猫、聚划算、阿里国际业务、阿里小企业业务和阿里云为七大事业群，组成集团CBBS大市场。2014年9月19日，阿里巴巴登陆纽交所，成为中国最大的网络公司和世界第二大网络公司。

二、电子商务的发展

电子商务是在与计算机技术、网络通信技术的互动发展中产生和不断完善的。基于网络的电子商务应用始于20世纪70年代，它是随着电子资金转账（FFT）的出现而开始的。

最初电子商务的应用仅仅局限于大公司、金融机构和少数勇于创新的小企业。随后，电子数据交换平台出现，这使电子商务的交易范围从金融交易扩展到了制造业、零售业和服务机构等，很快电子商务的战略价值被人们广泛认识，因此又出现了其他方面的应用，其范围很广，包括股票交易、旅游预订等。

> ★小资料
>
> ### 电子商务的诞生
>
> 1983年3月4日，住在波士顿的Randall和Hall夫妇接到了一个从南美洲智利打过来的电话，打电话的人从他们手中购买了一台价值7 000美元的IBM个人计算机。而这个客户是从他们发布到BBS上的产品目录中得到的信息。这笔交易标志着B2C电子商务的诞生。

随着20世纪90年代初Internet的商业化及成千上万潜在用户的快速增长，"电子商务"一词出现了，其应用也得到快速发展。从1995年至今，已经出现了许多新的电子商务的应用领域，包括广告、拍卖、虚拟现实和旅游等。在美国，几乎每一个大中型组织都拥有一个自己的网站，许多网站的内容是非常庞大的。全球电子商务的出现和发展，为我国电子商务的发展也提供了历史机遇，电子商务在许多领域得到了广泛的应用和发展，并取得了一些成果。

三、旅游电子商务的构成

1. 旅游电子商务的定义

旅游业被公认为是发展电子商务得天独厚的行业，电子商务加速了旅游业的发展，旅游业也为电子商务释放了巨大的能量。同时,旅游电子商务与旅游管理信息系统关系密切,旅游管理信息系统为旅游电子商务的发展提供了方向和指导,反过来,旅游电子商务也为旅游管理信息系统提供了技术支持,旅游电子商务的发展促进了旅游管理信息系统的发展和完善,两者互为条件和基础。

旅游电子商务是电子商务在旅游业这一具体产业领域的应用。关于旅游电子商务的定义有许多,比较有代表性的主要有以下几种:

世界旅游组织在其出版物 *E-Business for Tourism* 中指出:"旅游电子商务就是通过先进的信息技术手段改进旅游机构内部和对外的联通性,即改进旅游企业之间、旅游企业与上游供应商之间、旅游企业与旅游者之间的交流与交易,改进旅游企业内部业务流程,增进知识共享。"

杨春宇教授的定义为:旅游电子商务是旅游企业基于 Internet 提供的互联网络技术,使用计算机技术、电子通信技术与企业购销网络系统联通而形成的一种新型的商业活动。

信息化专家陈禹的定义为:旅游电子商务是一个以信息技术服务为支撑的全球商务活动的动态发展过程。旅游电子商务不应该仅仅被看作一种互联网的在线销售模式,更重要的是它标志着企业与企业之间、企业与消费者之间、企业与政府行政管理部门之间的信息交流实现了数字化的处理过程,而且它们会相互影响、相互促进。这种变革甚至会最终影响政府管理旅游的职能、旅游教育和社会等各个方面的变革。

综合上述观点,旅游电子商务可以定义为:旅游电子商务通过现代网络信息技术手段实现旅游商务活动各环节的电子化,包括通过网络发布、交流旅游基本信息和旅游商务信息,以电子手段进行旅游宣传促销、开展旅游售前售后服务,进行电子旅游交易,也包括旅游企业内部流程的电子化及管理信息系统的应用等。

2. 旅游电子商务的内容构成

旅游电子商务包含的内容有以下三个方面:

首先,从技术基础角度来看,旅游电子商务是采用数字化电子方式进行旅游信息数据交换和开展旅游商务活动。旅游电子商务开始于互联网诞生之前的 EDI 时代,并随着互联网的普及而飞速发展。近年来,移动网络、多媒体终端和语音电子商务等新技术的发展不断丰富和扩展着旅游电子商务的形式和应用领域。

其次,从应用层次来看,旅游电子商务可分为两个层次:一是面向市场,以市场活动为中心,包括促成旅游交易实现的各种商业行为——网上发布旅游信息、网上公关促销、旅游市场调研;实现旅游交易的电子贸易活动——网上旅游企业洽谈、售前咨询、网上旅游交易、网上支付和售后服务等。二是利用网络重组和整合旅游企业/机构内部的经营管理活动,实现旅游企业内部的电子商务,包括旅游企业建设内部网,利用计算机管理系统实现旅游企业内部管理信息化。发展到成熟阶段的旅游电子商务,是旅游企业/机构外部电子商务和内部电子商务的无缝对接,将极大地提高旅游业的运作效率。

最后,旅游电子商务不仅是旅游电子交易,还包括应用现代网络信息技术手段进行的、有商业目的的发布、传递、交流旅游信息的活动。旅游信息服务是旅游电子商务的重要内容。如今许多旅游者在网上查询旅游信息,据此规划行程,做出旅游决策,但又在网下预订旅游产品。如果仅把旅游电子商务理解为旅游电子交易,就无法全面反映现代信息技术服务旅游商务活动的丰富内涵和巨大影响。同时,旅游电子商务集合了旅游学、市场营销学和计算机网络等多门学科和技术，展现和提升了"网络"和"旅游"的价值，具有营运成本低、用户范围广、无时空限制以及能同用户直接交流等特点，提供了更加个性化、人性化的服务。简单地说，旅游电子商务的内涵就是指以网络为载体，以旅游信息库、网络银行为基础，利用先进的电子手段运作旅游业及其分销系统的商务体系。

四、旅游电子商务对旅游业发展的影响

当前，旅游电子商务发展迅速，电子商务与旅游业的结合从本质上改变了中国旅游业的管理模式和行为模式，对旅游产业产生了巨大的影响，主要表现在以下几个方面：

1. 旅游电子商务促进旅游企业组织机构的调整

随着电子商务的普及，广泛的业务网络以及网上即时、实时结算所带来的实际收益，促使旅游企业逐步转变经营观念，接受并充分利用电子商务来经营。

旅游企业属于服务业，与制造业企业相比较，企业规模小，结构简单，产出为无形服务。从信息技术的发展现状来看，旅游企业在经营管理过程中不可避免地要采用信息技术工具，但是在制造业中经过多年磨合已经发展成熟的工具，如在生产操作方面的信息技术工具和决策支持系统与专家系统等管理层面的信息技术工具等，并不适合旅游企业使用。

信息技术在旅游企业中的应用主要体现在企业管理和市场营销两个方面，而这两个方面恰好是电子商务的主要构成部分。在当代社会，企业的管理理念和营销理念已经从生产导向和产品导向转变到了需求导向和客户导向，在服务业中的管理与营销过程中尤其重视客户价值的创造和客户满意度的提高。开展客户关系管理是服务业参与竞争的有效手段，而客户关系管理的开展要借助于基于数据库技术的客户关系管理软件。客户数据库及数据仓库的建设与数据挖掘技术的运用是当前及未来一段时间内旅游企业信息技术应用的重点所在，而旅游电子商务的发展正好可以满足企业的这一需求。

2. 旅游电子商务改变了旅游产业的发展环境

对于国内旅游业来说，应该在信息化建设上做更多有实效的投入。但实际情况却并非如此，其中一个重要因素是，国内旅游业以大量的中小企业为主，这些企业规模小、实力弱，在信息化建设上缺少资金和人才。和西方发达国家在电子商务发展过程中涌现出大量的网络公司一样，我国旅游业发展电子商务也离不开网络公司的积极参与。在电子商务中，网络公司将起到主要的作用。由于网络公司大都具有现成的专门服务器，所提供的信息丰富，在网络上影响力大，信息更容易被人们获取。

从这一点看，旅游企业单独上网无论在成本和效果上都不如加入网络公司进行销售合算；同时，网络公司对诸多企业的吸引，又可以使网络公司的信息"滚雪球式"增长，更加提高对消费者的影响力，旅游企业通过网络公司销售的可能性也越大，网络公司的服务费用也会迅速增加。

3. 旅游电子商务带来了传统旅游市场结构的转型

旅游电子商务可以为我国旅游业增加市场营销手段，为其长期发展积蓄后劲。目前，我国入境旅游依靠市场自发增长的空间已经不大，市场正开始由自发性增长向促销性增长转变。注重市场研究，加大促销力度，提高促销效果，将是我国旅游业能否继续保持长期高速增长的关键。电子商务的应用，为人们提供了新的市场营销手段，成为发展的利器。首先是电子商务可以适应国际上的散客潮。现阶段，散客旅游已经成为世界旅游发展的新潮流。在

我国入境旅游市场中，散客一直占60%左右的比重，而且散客在人均花费、停留天数、来华次数和行程长短等指标上都要远远高出团队。以往的市场促销手段主要是面对旅行商，直接对散客的作用小。而电子商务通过网络不但可以实现国家旅游形象促销，还可以同时实现对多家国外旅行商的促销，更可以将产品直接深入客源国的家庭，即时购买的实现也为游客提供了极大的便利。其次是旅游电子商务可以做到低价高效，主要费用局限于网络硬件、传输费用和网络公司佣金等几项，但却有信息传递快、促销效果易于评估等好处。基于这些优势，实现旅游电子商务将使促销效果大大增强，有力地促进旅游市场的增长幅度。旅游电子商务对我国旅游市场的国内旅游、出境旅游和入境旅游的市场结构分配比例将产生重大的影响，并对我国的团队旅游和散客旅游也将产生深远的影响。

4. 旅游电子商务有助于旅游业集合竞争力的提高

旅游企业、网络公司和银行等几方面将构成旅游电子商务市场的总体构架，并建立起以旅游企业为基础和主体，以网络公司为条件和构架，以银行为保障和手段的运作模式。旅游企业通过自己上网或加入网络公司系统，对国外的旅游商（包括网络商）进行销售，而银行在整个交易过程中发挥信用担保和中介结算等重要作用，这样旅游企业、网络公司和银行都会得到利益，形成了"双赢"的局面，有助于旅游业集合竞争力的提高。

现在，在我国旅游业中，一些企业已经在这方面进行了大胆尝试，并取得了初步成绩。由于这是新兴市场，长远展望，将可能出现几家规模较大的网络公司在电子商务市场上相互竞争的局面。只有动态和不断创新的经营才能使企业获得竞争优势，并长期保持竞争优势。旅游业可以利用互联网和电子邮件这种即时的互动方式满足客户的要求，对资源做出重新配置，推出新线路和新活动，提高整体竞争力。

五、旅游电子商务的特点与优势

（一）旅游电子商务的特点

在研究旅游电子商务时，有必要对旅游业务的基本特性做一个基本的分析，以便能更好地认识到旅游业发展电子商务的必要性和可行性。从发展电子商务的角度来看，旅游业的特性主要表现在以下几方面：

1. 生产与消费的同一性

与其他有形产品明显不同的是，旅游服务是一种很典型的无形产品，它的交易和消费方式与有形产品存在着很大的区别。有形商品一般是从生产地运往消费者所在的市场，在那里销售并被消费，而且购买和消费也基本不在同一个时间。而旅游服务则是游客直接到旅游地进行消费，生产和消费过程同时进行，所以，旅游业避开了一般实物产品开展电子商务时必须解决的物流问题，这一点对发展电子商务颇为有利。虽然旅游服务不属于在网上可以直接交付的数字化产品，但因为其具有生产与消费的同一性，因此，轻松地避免了电子商务发展中的物流瓶颈。

2. 信息交互的重要性

旅游消费包括吃、住、行、游、购、娱等诸多要素，这些活动都包含着大量的信息。所以，旅游信息的传递与交互无论对游客，还是对旅游接待、交通运输等相关部门来说，都具有十分重要的意义。对游客来说，他们对旅游信息的需求是十分广泛的，既包括旅游地的基本信息，如景点分布、历史文化、气候特点等，又包括食宿、交通、购物等相关的信息，这些信息都必须准确及时,而且要具有比较强的交互性;对旅游服务机构来说,它们对游客的数量、到访时间、消费水平以及其他相关要求的信息同样希望能提前获得,以便早做准备,保证游客的需要。因此,旅游活动中丰富而又频繁的信息交互活动是十分适合通过互联网来实现的。互联网无论在信息传递的容量、效率,还是在信息表现的形式上,都有不可比拟的优势,可以为旅游业务的运作带来极大的便利。

3. 促销过程的抽象性

促销已成为旅游项目推广宣传的重要方式,世界各国在旅游促销方面的投入都比过去有较大的增加,我国各地旅游管理部门也逐步开始重视旅游促销在开发旅游资源方面的积极作用。

旅游促销与一般有形产品的促销有很大的差别,有形产品的促销因为有实物为证,相对来说,难度要小得多,效果也更为明显;而旅游促销往往在异地进行,无法向促销对象提供完整的有形产品。在传统的条件下,只能通过图片、模型、声像资料、人工解说等方式向潜在游客提供局部的信息,因此促销只能局限在某一个时间和某一个地方进行,相对来说,受众数量很有限,促销的效果也不会太理想。如果利用互联网进行旅游产品的促销,不但可提供生动活泼、形式多样的旅游信息,而且由于不受时间、空间限制,使得促销范围大大扩展,也更有促销效果,而更为重要的是,利用互联网进行旅游产品的促销使得促销费用大大下降。

4. 交易过程的复杂性

由于旅游活动的组织牵涉面很广,而且往往是跨地域运作,这就决定了旅游交易过程的复杂性。一方面,游客资源和旅游地都是极为分散的,必须通过有效的旅游服务中介(如旅行社)把两者整合起来,促成交易;另一方面,旅游业务牵涉众多的交易环节,如交通、餐饮、景点、购物中心以及保险等,交易过程颇为复杂。在传统的情况下,旅游交易不但交易成本高、交易效率低,而且交易过程的透明度不高,往往会引起游客的不满。

利用电子商务的手段实现旅游交易的网络化、电子化,对旅游企业来说,既可以有效降低旅游业务的成本,提高经营效率,又可以更直接地了解游客的旅游需求,以更好地提高旅游服务质量;对游客来说,电子化交易既可以降低开支,提高交易的效率,又可以省去携带现金的麻烦,可以有更多的时间和精力来轻松地享受旅游过程中的乐趣。

5. 市场在不断扩大

21世纪科技高度发达,生产效率空前提高,发达国家已经进入休闲社会,旅游业自身的发展必然会带动其电子商务的发展。美国CNN(Cable News Network,美国有线新闻网络)公布的数据表明:截至20世纪末,全球已有超过17万家旅游企业在网上开展综合、专业和特色的旅游服务;旅游电子商务连续5年以350%以上的速度发展,全球有8 500万人次以上享受过旅游网站的服务,销售额突破630亿美元,占全球电子商务销售总额的24%以上;全球有超过30万家旅游网络企业在网上开展旅游服务。

(二)旅游电子商务的优势

电子商务在旅游业中的应用具有十分明显的优势,主要表现在以下几个方面:

1. 业务模式适合于电子商务

旅游业销售的是服务,其销售对象在购买前无须客户先看、先触摸、先品尝和先试穿等,许多项目只需要凭其核心景点,如自然风光、历史名胜、人文和特产等资源就能包装成一项独特的旅游产品,因而特别适合网络营销,也适合开展电子商务。

2. 可简化旅游交易手续,减少中间环节

旅游电子商务不存在以实物为对象的电子商务过程所必须面临的物流、储运和配送等问题,因此,许多与旅游相关的各种票据、单证都可以通过电子方式解决,如在线订房在国内数千家酒店已经普及,电子机票也已在国内外不少航空公司应用,无票旅行将是旅游电子商务发展的必然趋势。在资金转移方面,通过互联网实现电子结算,无论是技术性、安全性,还是普及程度等都已今非昔比,能为游客和旅游服务企业带来极大的便利。

3. 提高旅游信息服务水平

通过旅游网站,游客能迅速得到各种旅游信息和旅游服务,旅游电子商务能将众多的旅游产品和服务供应商、旅游中介、游客整合在一起,便于参与各方能充分地交流各种信息,寻找理想的合作伙伴和客户,为消费者提供全程全网的服务。对旅游产品和服务提供商来说,旅游电子商务使得企业与游客的交流和沟通变得更加直接,相关业务部门之间的合作也变得更为容易;对游客来说,旅游电子商务提供了全面丰富的旅游信息,既可以有效减少其旅游活动的盲目性,又可以通过互联网使其获得更多、更丰富的旅游体验。

4. 促进旅游业的健康快速发展

通过旅游电子商务平台,可以将无形的旅游产品有形化,如通过多媒体的方式,把旅游景点在网上展示得栩栩如生;又如通过网上交易的方式,让游客开展虚拟旅游;再如通过互联网把天南海北的游客整合起来,共同交流旅游心得,介绍旅游经验,等等。将网上旅游市场做得有声有色,必然会带动网下有形旅游市场的蓬勃发展,为旅游业的兴旺发达带来无限商机。

总之,相对于其他行业而言,旅游电子商务有其得天独厚的优势:物流的瓶颈对旅游电子商务影响甚微;地域分散的游客资源非常适合通过互联网进行集聚;丰富的旅游信息资源通过互联网可以得到全方位的展现;旅游服务的资金转移可以通过互联网轻松实现等。可以说,发展旅游电子商务,整合旅游资源,对提高我国旅游业的发展水平,增强我国旅游业的整体竞争力有着十分重要的作用。

第二节　旅游电子商务的业务模式

一、旅游电子商务的功能

旅游电子商务信息平台是通过将企业、消费者和政府三者整合的方式来提供服务和管理的。旅游电子商务信息平台的功能如下:

1. 政府对企业行使管理职能

政府通过将旅游电子商务信息平台作为信息发布与管理渠道,管理旅游企业并带动其发展,形成行业凝聚力,提供业界经营者与行业主管的沟通交流途径;同时也能创造就业机会,发展环保型产业等。

2. 企业间信息与资源交换功能

在此层面上，首先可实现国内外旅游资源的交流与对接。各旅行社通过平台与众多的国内外旅游景点资源、宾馆、饭店和交通服务机构等建立动态联系，为自己的旅游新产品开发提供一个广阔空间。其次是可利用互联网动态采集各地旅游资源信息，并能通过互联网将包装后的旅游项目发布出去等。

3. 企业对旅游者发售产品功能

通过旅游电子商务信息平台能管理并配销所有来自各个网站的旅游资源，及时上线并开展客户接待，提供在线推介与预订服务。

4. 旅游者间信息共享功能

在网络发展条件下，许多异地、互不认识但却有相同爱好、相同志趣的人经常在网上发起各种形式的旅游。特别是随着网上团购消费的兴起，一些客户通过彼此之间的联系，在网上发帖子，甚至组织论坛，当人数达到一定规模时，就可通过组团在食宿、包车和门票等方面享受优惠。

二、旅游电子商务的交易类型

根据旅游电子商务信息平台的功能及构成，可将旅游电子商务按交易形式划分为以下六种类型：

1. 企业－企业模式（Business to Business，B2B 交易模式）

旅游企业与旅游企业之间的电子商务将是旅游电子商务中的主体，就目前来看，旅游电子商务最热心的推动者也是旅游企业。因为相对来说，企业和企业之间的交易才是大宗的，能够通过引入旅游电子商务产生大量收益。

就一个生产企业来说，它的商务过程大致可以描述为：需求调查—材料采购—生产—商品销售—收款—货币结算—商品交割。当引入旅游电子商务时，这个过程可以描述为：以电子调查的形式来进行需求调查—以电子的形式调查原材料信息确定采购方案—生产—通过电子广告促进商品销售—以电子货币的形式进行资金接收—同电子银行进行货币结算—商品交割。

在企业－企业层面上，首先可实现国内外旅游资源的交流与对接。各旅行社通过平台与众多的国内外旅游景点资源、宾馆、饭店和交通服务机构等建立动态联系，为自己的旅游新产品开发提供一个广阔空间。

2. 企业－消费者模式（Business to Consumer，B2C 交易模式）

从长远来看，旅游企业与旅游消费者之间的电子商务具有良好的发展前景，并将最终在旅游电子商务领域占据重要地位。这种电子商务可以这样来描述：以 Internet 为手段，实现公众消费和提供服务，并保证与其相关的付款方式的电子化。

B2C 模式是随着互联网的出现而迅速发展的，属于一种电子化的零售。目前，在 Internet 上遍布各种类型的商业中心，提供从鲜花、书籍到计算机、汽车等各种消费商品和服务。为了获得旅游消费者的认同，网上销售商在布置上往往煞费苦心。网上旅游产品不是摆在货架上，而是做成电子目录，里面有漂亮的旅游图片、线路详细介绍和价格信息等。

这一交易模式的主要功能如下：

（1）能管理并配销所有来自各路网站的旅游资源，及时上线并开展客户接待，提供每周 7×24 小时的全天候在线推荐与预订服务。

（2）能让消费者随时查询到各地旅游经营商和服务机构的"库存"信息，包括旅馆、航班、客船、导游、餐馆、会展公司、联合服务商、出租车公司、观光景点客流、休闲娱乐、公园、博览会、工艺品公司、小纪念品公司等方面的信息。

（3）动态发布各地旅游项目、消费动态情况，拥有各地旅游的"库存资源"，能实时盘存并通报消费者，对一些短期过热并可能超过接待能力的旅游线路发布预警信息，并通过全国或全球旅游项目配销体系及时推荐一些质优价廉的旅游产品。

（4）能让旅行社灵活便捷地将旅游主题创意、旅游资源整合、服务项目包装后上线。

（5）允许旅行社以公开或以个案的方式向消费者报价，能按客户的特殊要求提供个性化服务。

（6）提供灵活易用的搜索引擎。

（7）能在充分保证隐私的前提下建立客户服务管理系统。

（8）能对消费者的旅游消费行为进行评级评分，以便按事先公告的规则进行奖励，如对酒店常客进行优惠、航班旅程累积返点以及对会员客户进行抽奖等活动。

3. 消费者－消费者模式（Consumer to Consumer，C2C 交易模式）

C2C 交易模式虽然在旅游业中尚不是主导形式，但其发展迅速。这一交易模式的主要功能如下：

（1）能提供旅游社区，如自助式自行车旅游、组团驾车旅游和长途步行（驴友）团等。

（2）能提供专题虚拟俱乐部，如旅行摄影、旅游文字作品交流区等。

★小资料

TagAlong 的运营模式

千韧科技自主搭建的 TagAlong 网站，是一个为来自世界各地的游客购买当地导游服务进行在线交易的平台，致力于创建安全、便捷、公开的导游服务交易环境。它旨在改变人们出游的传统形式，打造一种旅游 P2P（Peer to Peer）新概念。TagAlong 是一个第三方交易平台，在 TagAlong 平台上，用户可以自主注册成为"城市达人"，游客可以购买"城市达人"为其服务。

通过"城市达人"在旅游前、旅游中和旅游后的一系列个性化服务，化解游客面对陌生环境而产生的不安感，满足游客发现未知的美、探索陌生的世界、进行文化交流以实现心灵涤荡的深层次体验的旅游需求，协助游客将旅游的美好过程用各种方式记录下来便于回忆和分享。

在 TagAlong 做"城市达人"是有偿的，每个"城市达人"的报价高低以及收入多少，取决于其服务质量和数量。TagAlong 的规则体现了多劳多得、质优价高的公平竞争原则，让愿意做"城市达人"的人以提供导游服务的方式获取经济收入。与此同时，"城市达人"在个人能力、人脉视野等各方面均会获得提升，其实质是为网站用户提供了一个全新的、开放式的、低成本的自我创业的机会。

4. 政府-企业模式（Government to Business，G2B 交易模式）

旅游行业的 G2B 交易模式是政府或行业机构行使的管理职能，可将这一平台作为发布信息与管理渠道。这一交易模式的主要功能如下：

（1）管理旅游业并带动其发展，建立行业凝聚力，提供业界经营者与行业主管的沟通交流。

（2）行使可信的第三方职能，进行旅游业研究、分析与市场预测。

（3）发挥各相关单位协调者的作用，发布行业规范，监督管理各地市场。

（4）对旅游产品和服务开展质量认证，促进公平竞争，进行行业评比；实施监控，承接投诉等。

（5）将国内旅游资源推向世界，推介我国旅游业的网络形象与品牌，以加快融入国际旅游市场。

5. 企业-政府模式（Business to Government，B2G 交易模式）

政府在这里扮演双重角色：既是旅游电子商务的使用者，进行购买活动，属商业行为；又是旅游电子商务的宏观管理者，对电子商务起着扶持和规范的作用。

在发达国家，发展旅游电子商务往往是依靠旅游企业的参与和投资，政府只起引导作用；在发展中国家，则更需要政府的直接参与和帮助。与发达国家相比，发展中国家旅游企业规模偏小，信息技术落后，政府的参与有助于引进技术、扩大企业规模和提高企业交流信息的能力。在发展中国家，没有政府的积极参与和帮助，将很难快速地发展旅游电子商务。这一交易模式类似于第四种交易模式，只是与其相比，企业的主导作用更大些。

6. 消费者-企业模式（Consumer to Business，C2B 交易模式）

C2B 交易模式类似于前面的第二种交易模式，只是与其相比较，消费者处于主动地位。

三、旅游电子商务的实践模式

电子商务在实际发展和运作中有多种表现形式，从目前发展来看，主要有以下几种模式：

1. 网站电子商务

对于进行在线销售的互联网，选择适合在网上销售的商品尤为重要。据研究发现，适合网上销售的商品一般都是低参与度的商品，不需要太多的解释和说明，不需要太多的感觉和经验。据资料显示有 10 种商品（行业）在网上最有影响潜力：旅游、车票、书籍、保险业务、银行业务、音乐、影碟、股票、商标推销、计算机用品和办公用品。

对于采用吸引旅游者方式的旅游网站来说，关键在于给访问者提供一切可能的主动权，让他们成为旅游网站提升商业利益和商业价值的主要推动力。互联网是在不断发展的，它介入旅游消费者生活的程度也越来越深，这是一个动态的过程。在不同的发展阶段，刺激旅游者参与网上交易的商品和服务也应该相应地改变。在旅游电子商务网站发展的初期，新用户占大多数，他们共同的特点是缺乏主动性，是信息的被动接收者。提供免费旅游邮件服务、提供旅游网络导航服务和提供获取信息的便利，就成为这个阶段的任务。当旅游电子商务网站发展到一定程度后，旅游者开始对主动权产生要求。发展虚拟社会关系、发展网上人际交流和有选择地吸收信息成为旅游者的需求，虚拟社区、讨论组和聚集旅游信息等手段也应运而生。

旅游者信息对于网上旅游企业来说是一种无价的资源，是把无形的虚拟市场变为有形的具体市场的重要因素。网站电子商务商业利益的提升就是从积累网上旅游者信息开始的。要达到网站电子商务的经济规模，必须加强旅游企业整体产品规划和网络管理。旅游企业应该根据自己的具体情况进行取舍，可以采用网站电子商务来发展自己。

★小资料

携程网的发展模式

携程网最初的目标是做旅游门户网站，靠广告赢利。随着"网络泡沫"的破灭，携程网及时转向，收购了国内最大的订房中心和北京最大的票务中心，形成了酒店＋机票的主营业务。

2004年年初，携程网又与上海翠明国际旅行社合作，将业务范围拓展到具有较高利润的出境旅游市场，成功实现了业务转型后，携程网成为中国旅游业第一家在美国纳斯达克上市的公司。

2. 移动电子商务

移动电子商务是由电子商务的概念衍生而来的。现在的电子商务以PC为主要界面，是"有线的电子商务"；而移动电子商务，则是通过手机、平板电脑这些可以装在口袋里的终端与人们谋面，无论何时何地都可以进行。有人预言，移动电子商务将决定21世纪新企业的风貌，也将改变人们的生活与传统商业模式，为企业带来了更多的商业机会。

互联网、移动通信技术和计算机技术的完美结合创造了移动电子商务，移动电子商务以其灵活、简单、方便的特点受到旅游消费者的欢迎。移动电子商务的发展将使普通的旅游消费者在预订门票、支付费用等方面受益。

移动电子商务并非虚构，实际上它已经存在，并正在形成一个庞大的市场。在国际上，近些年，在引进各种创新的移动电子商务服务平台以后，移动电子商务业务飞速增长，尤其是在日本和韩国。在国内，随着计算机、互联网及电信技术的发展和不断融合，移动电子商务为手持产品市场创造了巨大的市场空间。通过移动电子商务，旅游者可以随时随地获取所需的服务、应用、信息和娱乐。他们可以在自己方便时，使用智能手机或平板电脑、笔记本电脑等通信终端查找、选择及购买旅游产品和服务。移动电子商务不仅能提供互联网上的直接购物，还是一种全新的销售与促销渠道。它全面支持移动互联网业务，可实现电信、信息、媒体和娱乐服务的电子支付。

在我国，移动电子商务的应用范围包罗万象，如提高工作效率、在线交易、企业应用、获取信息和娱乐消费，这些服务将会在旅游企业、专业人士和旅游消费者中受到广泛的欢迎。这些服务和应用并不是把已有的互联网服务移动化，而是重新创建的，使用起来非常方便。

★小资料

"E游天下"的发展模式

"E游天下"又名"E游天下旅游网""旅游掌中宝"，其手机软件平台于2007年推出，涵盖了旅游中的吃、住、行、娱、购、游等服务，同时与全国各地旅游服务供应商达成了默契的互利合作关系，为其提供旅游服务发布、推广、维护以及管理服务。

3. 多媒体电子商务

多媒体电子商务是用计算机处理多种媒体信息，包括文本、图像、图形、音频、视频等的一种电子商务形式。在多媒体电子商务中，计算机综合处理声音、文本、图形和图像等信息，建立逻辑连接，使它们集成一个系统并具有实时的交互性。

多媒体电子商务把电视的声音图像功能、印刷业的出版能力和计算机的人机交互能力融于一体，使人通过多种媒体得到完整的实体形象，从而使信息变得栩栩如生。多媒体电子商务运用丰富的媒体来呈现、表达信息；提供人机交互，使人们主动接收信息。它是将文字与图片，生动的二、三维动画，优美的音乐，影视视频，计算机编程等技术融于一体的传播媒体。它既具有平面广告的特点，又具有影视广告的动态效果，还能像软件一样让使用者参与，互动操作。它是含有平面、三维、视频和音频的真正意义上的视听多媒体演示产品。多媒体电子商务在电子出版物中有广泛的应用。随着科学技术的进步，多媒体电子商务可以进行静态和动态的演示，又因其形象直观、生动有趣，能充分调动旅游消费者的积极性，使其加深印象、产生兴趣，在旅游景点展示系统中发挥了重要的作用。多媒体电子商务将改变人们使用计算机的方式，进而改变人们的生活和学习方式，并推动社会的发展。

第三节 电子商务网站的设计分析

未来的商务交易的主要运营模式是电子商务，而电子商务的实施与运作又依赖电子商务系统，电子商务网站则是电子商务系统工作与运作的承担者与表现者。一般来说，电子商务网站由一系列网页、后台服务器、网络设备和数据库等软件和硬件组成。电子商务网站是企业开展电子商务活动的基本手段，是企业树立企业形象、与用户交流和沟通的窗口；也是买卖双方信息交流的渠道，是企业展示其产品与服务的平台。

一、电子商务网站的构成

电子商务网站的构成要素依据网站类型的不同和规模的不同而各有差异。一般情况下，企业特别是中小企业在建立电子商务网站时，并不一定要构建网络基础设施，而可以借用公共的网络多媒体平台搭建自己的网站运行平台，因此，构建电子商务网站时，只需重点考虑网站的软件结构与网页的结构设计，以及数据库系统的选择与开发。图8-1展示的是典型的电子商务网站构成。

电子商务网站软件系统的功能应该包括商品目录显示、购物车功能、交易处理、支持商品陈列与店铺展示工具、支持在线支付等。由于电子商务网站对系统安全、运行速度和运行效率等方面有较高的要求，因此，无论是在选择网络接入方式还是在选择数据库时，都必须考虑满足多方面的要求，以保证为企业提供强大的前台与后台管理功能，使用户安全、快捷地实现电子商务。

第八章 旅游电子商务的应用

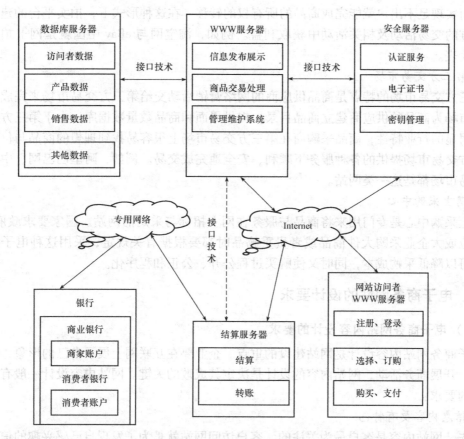

图 8-1 电子商务网站构成

二、电子商务网站模式

电子商务网站根据所采用的技术不同，可以分为基于 ERP 的内联网电子商务网站模式、基于 EDI 的外联网电子商务网站模式和基于 Web 的互联网电子商务网站模式。目前，基于 Web 的互联网电子商务网站模式已成为主流，它主要是通过建设 Web 站点，让互联网访问者在规定的权限内获取与发送信息，实现网站交易双方之间的信息流、资金流和物资流的高效率畅通和自动化进行，完成商业贸易活动。它具体有以下几种形式：

1. 网上商店

企业在互联网上建立网上商店，在网上推销商品与服务并开展网络营销活动。在这种形式下，企业通过网站传达自己的经营理念、发布产品信息和树立企业形象，并提供商品在线订购和在线支付等基本功能。这种形式也就是通常所说的 B2C 网站。

如果将多个网上商店集合起来就形成了网上购物中心，这个中心实际上是一个基于网络环境的中间商。

2. 网上拍卖平台

网上拍卖平台参照传统的拍卖方式，卖方运用网络多媒体技术将需要拍卖的商品在网上展示与拍卖，免除了将实物商品移动到拍卖场所带来的一系列问题；买方也通过网络参与竞拍，从而实现足不出户就能完成商品的所有权的转移。在这种形式下，拍卖平台的建设者从买卖双方的交易活动及相关活动中获取利益。例如，淘宝网与 eBay 中国就是网上拍卖平台的典型代表。

3. 第三方交易市场

第三方交易市场的特点是商品供应商的网络营销活动交给第三方交易市场来完成，第三方交易市场为商品的供应商建立商品目录，提供界面和商品数量数据库。由于第三方交易市场具有明显的行业特性，商品采购商在第三方交易市场上很容易找到理想的商品与价格，并在第三方交易市场提供的各种服务下顺利、安全地完成交易。例如，阿里巴巴网、中国煤焦数字交易市场都是这一类网站。

4. 网上采购中心

网上采购中心是专门用来将商品与服务在网上招标与采购的网站。国家要求政府部门、事业单位或大企业采购大件商品或者贵重物品时都要根据有关规定，采用这种电子采购模式，它可以降低采购成本，同时又使购买过程公开、公正和程序化。

三、电子商务网站的设计要求

（一）电子商务网站内容设计的要求

电子商务网站内容设计是网站建设的重点。企业要在互联网上展示自己的形象，宣传企业文化，开展商务活动，网站内容的设计是决定其成败的关键。网站内容设计一般有以下几个方面的要求：

1. 信息内容要有特色

首先，网站内容是客户最为关注的，客户访问网站就是为了发现自己感兴趣的信息。因此，网站内容的新颖、专业和精练是吸引用户访问、提高网站效益的关键。网站规划者与设计者应把网站内容的特色放在第一位考虑。

其次，内容的及时更新也至关重要。网页的内容应是动态的，应随时可进行修改与更新，以紧紧抓住用户。

2. 使用操作方便易行

电子商务网站主要是实现网上商业贸易，客户并不都是计算机操作能手或者贸易专家。因此，要充分考虑网站使用操作的简便性。要提供方便易行的交互功能，包括留言簿、反馈表单、在线论坛或者社区；要提供强大的搜索工具与帮助功能，方便客户检索与交易；要为客户提供个性化的服务，满足不同客户的需求；设计的贸易流程要清晰流畅，减少客户商业贸易过程中的信息干扰等。只有当客户能方便地在网站上进行信息交流、实现网络贸易时，网站才能吸引客户，才能与客户建立良好的互动关系，从而增加销售与服务的机会。

3. 访问快速安全

在内容确定的基础上提高客户访问速度是很有必要的。目前，虽然大部分网站浏览者都以宽带上网的形式访问网站，但访问速度还或多或少地存在问题。如果网站内容能吸引人，但打开网页的速度让人失去耐心，最终会影响网站的访问量。因此，网站必须具备良好的硬件与软件环境，网页设计也要考虑简洁明快，以提高访问速度。另外，设计网站时，要充分考虑客户获取信息的便捷性。如果客户想了解某种型号的产品的相关信息，一般都要能够在 2~3 次点击中得到，也就是网站首页有指向产品网页的链接，产品网页有指向各型号产品网页的链接，各型号产品网页有指向更为详细介绍产品信息的链接。

在电子商务交易过程中，应该尽可能地保证服务器不发生死机、计算机不感染病毒等，以免引起客户的交易中断、信息丢失等问题。

（二）电子商务网站功能设计的要求

电子商务网站的模式有多种，业务流程也各不相同，在设计时，应从宏观的角度考虑网站需要提供的功能。作为商务网站应该有核心功能和辅助功能，各类网站主要是围绕核心功能开展业务活动。

作为 B2C 的零售型网站，其主要功能的设置是为了满足消费者在购买过程中的各种需要，帮助消费者更好地买到所需要的商品，因此就应该设置消费者注册功能、购物功能和管理功能等。

B2B 交易平台主要是为买方企业与卖方企业、政府相关机构及支撑机构完成商业贸易全过程服务的，这里有商业贸易、政府机构的监管、银行与物流等相关的交易支撑活动，因此应该设置会员服务与管理功能、商品目录与管理功能、交易功能、交易统计分析功能、结算与物流接口功能等。

C2C 交易平台是为消费者提供的拍卖平台，因此应该设置会员注册与管理功能、交易平台管理功能、买卖双方交易工具等。

在电子商务网站进行功能设计时，还应从客户角度出发，设计配套的服务功能，如虚拟社区、信息发布与管理、广告预订、邮件订阅、在线查询、全文检索、在线调查等子系统。虽然有些功能很细小，但却体现了服务的人性化。

（三）电子商务网站链接结构设计的要求

为了实现信息的有效传递，也为了方便网站的访问者，网站开发人员在网站信息结构设计的同时，规划并设计好主次分明、结构清晰的网站链接结构是十分必要的。因为网站访问者总是希望访问某个网站时，既可以方便快速地到达自己需要的页面，以最少的时间浏览网站，获得所需信息，又可以清楚地知道自己的位置，而不至于在众多的网页中迷失方向。

网站的链接结构是指页面之间相互链接的拓扑结构，它建立在网站的目录结构基础之上，但可以跨越目录。可以说每个页面都是一个固定点，链接则是在两个固定点之间的连线。一个点可以和一个点链接，也可以和多个点链接。更重要的是，这些点并不是分布在一个平面上，而是存在于一个立体的空间中。电子商务网站是一个大型复杂的综合网站，在这个网站中有几十个类别的文件，每个类别中都有上百个文件。因此，文件之间的关系极其复杂。网站设计人员在网站链接结构的设计时，要遵循用最少的链接使浏览最有效率的原则，使之化繁为简，事半功倍。

网站的链接结构有两种基本方式：树状链接结构和网状链接结构。

1. 树状链接结构（一对一）

树状链接结构类似计算机文件管理的目录结构方式，其立体结构看起来就像一棵多层二义树。这种链接结构的优点是条理清晰，访问者明确知道自己在什么位置。一般来说，在这种结构中首页的链接指向一级页面，一级页面的链接指向二级页面。因此，在浏览该链接结构的网站时，必须一级级进入，再一级级退出。其缺点是浏览效率低，因为从一个栏目下的子页面进入另一个栏目下的子页面时，必须绕经首页。

2. 网状链接结构（一对多）

网状链接结构类似网络服务器的链接，其立体结构像一张网。这种链接结构的优点是浏览方便。通常，在这种结构中每个页面相互之间都建有链接，访问者随时可以到达自己喜欢的页面。其缺点是链接太多，容易使访问者弄不清自己的位置以及看过的内容。

在实际的网页设计与制作中，链接结构的设计是非常重要的一环。采用的链接结构形式直接影响到版面的布局。例如，主菜单放在什么位置，是否每页都需要放置，是否需要加入返回首页的链接。在链接结构确定后，再开始考虑链接的效果和形式，是采用下拉菜单，还是用动态菜单等。

（四）电子商务网站整体风格设计的要求

网站的整体风格是指网站整体形象给访问者的综合感受。网站风格在网站内容设计中是个难点，也是所有网站开发者最希望掌握却难以学习的内容。网站的整体风格设计并没有固定的程式可以参照或者模仿，整体风格体现在作品的内容与形式等各种元素中。对体裁的驾驭、题材的处理、手法的表现、语言的运用等各方面形成特色，就形成了网站的整体风格。

风格独特是一个网站区别于其他网站并吸引访问者的重要因素。网站设计者应根据企业的要求与具体情况找出特色，突出特点。例如，网易网站是定位个人互联网应用的门户网站，它面向年轻时尚的人群，这使得网易搜索引擎成为 B2C 企业、消费品供应商、生活资料供应商向最终消费者推广的首选。淘宝网作为 C2C 平台，其亲切活泼、方便安全的特点吸引了众多访问者将其网站作为创业平台。

作为电子商务网站，风格的一致性也是极其重要的。网站结构的一致性、色彩的一致性、导航的一致性、背景的一致性以及特别元素的一致性都是形成网站整体风格的重要因素。

四、电子商务网站信息结构设计

从经营的实质来说，电子商务网站主要有三种形式：信息发布型、产品销售型和综合型。以信息发布型的电子商务网站为例，设计电子商务网站的信息结构，主要从公司、产品和服务等几个方面来进行，即将网站的信息结构分为四个部分：企业信息、产品信息、服务信息与其他信息。

1. 拟定企业信息

企业信息通常也就是企业概况、员工信息与企业的动态新闻等。其中，介绍企业概况是在网络中推广企业的第一步，应该予以重视。它包括企业背景与历史、主要业绩与社会贡献、经营理念与经营目标及组织结构等，主要是让访问者对企业的情况有一个概括的了解。

员工信息主要是介绍企业相关部门的员工，特别是与用户有直接或间接联系的部门与员工的一些信息。这些部门或员工都应有自己专门的页面，应向访问者介绍这些员工的姓名、工作岗位、兴趣和联系方式等，这是网站人性化设计的一个重要组成部分，以此建立服务与消费者的一对一关系。

企业之间的竞争说到底是人才的竞争，通过这种方式既能介绍企业的人力资源状况，又能展示企业的实力。企业动态是让访问者了解企业的最新发展动向的板块。通过它让访问者加深对企业的了解，从而达到展示企业实力和形象的目的。不断搜集与提供各类媒体对企业的有利报道，并把它们及时上传到网站上会带来很好的宣传效果。

2. 设计产品信息

产品信息主要是向访问者提供本企业的产品与服务的目录、产品价格等信息，设计时应该充分考虑访问者的访问效率，因此应该设计产品检索功能与产品订购功能。对于产品与服务的目录，企业可根据实际需要决定资料的详细程度，最简单的应包括产品和服务的名称、品种、规格和功能描述。在可能的情况下，应尽量为产品配以图片、视频和音频资料。同时，在公布有关技术资料时，应注意对重要数据资料要保密，还要注意涉及知识产权的法律法规等问题。产品的价格信息对于访问者来说是很重要的内容，有些访问者浏览网站的目的是希望了解与对比企业产品价格。对于一些通用产品及可以定价的产品，网站应该标明价格；对于一些不方便报价或价格波动较大的产品，也应尽可能地为访问者了解相关信息提供方便的途径，如设计一个标准格式的询问表单以便咨询。

一个大型的企业或者大型电子商务网站，其产品类型较多而且经常发生价格变动，那么在简单的目录中就无法全部列出。这时，就应考虑除了设计详细的分级目录之外，还应当采取增加关键词搜索功能等措施，使访问者能够方便地找到所需要的产品。对于一般的电子商务网站来说，网上订购只是指用户通过网络提交给网站管理员的在线表单，最后的确认、付款、发货等仍然需要通过网下来完成。而对于有条件的实力强大的电子商务网站来说，网上订购也就是指直接购买。

3. 确定服务信息

服务信息的主要内容通常是售后服务、技术支持、联系资讯与企业的销售网络等。访问者访问企业网站并查看商品信息时，同样比较关心的是在购买商品后，与产品有关的质量保证、售后服务措施、是否可以在本地获得售后服务以及各地售后服务的联系方式等。这些信息都是影响访问者做出购买决策的重要因素。

因而，网站应该尽可能详细地提供这些信息。技术支持是相对于高科技产品而言的。生产或销售高科技产品的企业的网站，除了产品说明书之外，还应该将访问者关心的技术问题及答案公布在网上，如一些常见故障处理、产品的驱动程序和软件工具的版本等信息资料；也可以用在线提问和常见问题回答的方式让访问者可以随时提出任何有关公司、产品或技术方面的信息需求。联系资讯是电子商务网站必须提供的信息之一，网站上应该提供详尽的联系信息，除了企业的地址、电话、传真、邮政编码和网络管理员的 E-mail 地址等基本信息之外，同时还应当有各地分支机构的联系方式，以方便消费者得到售后服务与技术支持。

4. 选择其他信息

其他信息包括一些辅助信息、增值服务等内容，如企业人才招聘信息、娱乐信息、论坛、专题讨论区、网页版权信息以及其他相关站点的链接等。

五、电子商务网站功能模块的选择

企业的电子商务网站可以根据企业的业务类型及网站的类型，选择一些功能模块。电子商务网站常用的功能模块及其说明见表8-1。功能模块越多，网站的开发费用越高。这些功能模块可以请专业的公司代为开发，也可由企业自行完成。

表 8-1 电子商务网站常用的功能模块及其说明

功能模块	说明
新闻更新系统	实现在网站后台自由发布和管理各类企业内外新闻信息,并保存历史新闻供访问者查询
网上调查系统	可设置调查内容,自动统计调查结果,并自动生成分析表
会员管理系统	自动完成会员资格审核、会员名称的分配确认工作,管理注册会员
滚动文字公告系统	实现在网站后台自动发布和管理企业的最新公告信息
BBS 论坛系统	实现访问者之间以及访问者和企业之间直接的网上交流,管理人员可以设置和管理论坛的话题,并参与讨论和对访问者的疑问进行解答
网站访问统计系统	了解任意时段内网站访问量,并通过分析随时掌握网站的使用效果
聊天室系统	支持文字及语音聊天方式,管理人员对聊天室有管理功能
E-mail 自动回复系统	以 E-mail 形式自动回复访问者提出的问题,可定制和更改回复内容
E-mail 自动通知系统	对于访问者在线提交的信息以 E-mail 的形式即时将信息报告给管理人员
在线反馈单系统	访客在线填写表单内容并提交后,反馈程序立即将信息保存到数据库
文本域更新系统	在网站后台实现网站某处文本信息的自动发布和更改
表格域更新系统	在网站后台实现网站某个表格内信息的自动发布和更改
图片上传更新系统	图片上传,实现在网站后台对网站某处图片信息的自动发布和更改
访问者列表管理系统	发布及管理最新的访问者名录
文件上传下载系统	可将各类文档、程序及文件包上传至网站,供访问者下载使用
在线支付系统	与银联合作,提供各类个人和企业客户的在线电子支付系统

第四节 电子商务在旅游业中的应用

一、旅游业电子商务在我国的发展

从世界范围来看,旅游业是电子商务发展与应用最快的行业之一。在亚洲,韩国、日本和新加坡等国家都把加快旅游业电子商务的发展作为旅游业振兴的重要举措。在我国,发展旅游业电子商务有着特别的意义。

一方面,加快旅游业电子商务的发展将彻底改变我国现在旅行社的运作模式和体制形态,使传统意义上的旅游经营方式发生革命性的变化,进一步提高旅游业的市场适应能力和竞争实力;另一方面,旅游业电子商务的发展必将有利于我国旅游管理体制的改革,有利于打破行政上的条块分割,突破地方保护主义壁垒,理顺整个产业链,整合各地区的旅游资源,实现规模经济效益,促进我国旅游业的健康、持续、快速发展。因此,我国各级政府和相关旅游企业已经比较早地认识到发展旅游业电子商务的重要性,经过多年的发展,也已取得了不错的进展,但存在的问题和困难还很多,需要在新的发展阶段有更大的突破。

我国旅游业电子商务的发展最早可以追溯到 1996 年。在 1996 年年初,我国就已经成功开发了相应的旅游业的商务软件,并在我国旅游胜地海南开始应用,这在当时从世界范围来看,都是比较先进的。经过多年的积累与探索,我国旅游业电子商务可以说已经迈出了坚实的步伐。

"金旅工程"即"中国旅游业信息化系统工程"。按照国家信息化的总体部署,"金旅工程"的目标是建成中国旅游业的"三网一库",即全国旅游行政办公网、旅游行业管理业务网、公众商务网和旅游综合数据库,其中公众商务网包括旅游业电子商务网和政府网。也就是说,旅游业电子商务是"金旅工程"的重要组成部分。

"金旅工程"自2000年年初召开的全国旅游工作会议上被宣布正式启动以来,按照"统一规划、分开建设、分步实施"的原则,分为以下五个阶段实施:

第一阶段:在2000年年底前,完成内部办公网的设备更新与扩充;建立新的国家旅游局信息中心,解决信息中心基础建设;解决公共商务网北京、广州两个起点的网络基础建设,开通公共商务网部分功能。

第二阶段:在2001年6月底前,建立全国四个大区的管理业务网络镜像节点的网络基础建设,完成管理业务网系统中的软件开发工作并进入试运行阶段;完成公共商务网系统中的软件开发工作,开通公共商务网两个起点网站(北京、广州),对公共商务网进行运营宣传。

第三阶段:在2001年10月底前,完成全国48个副省级城市的管理业务网节点基础建设,全国业务管理网全面展开运作;总结公共商务网运作模式,建立旅游业电子商务规范,建立公共商务网在各大互联网热点城市的镜像节点,在国内全面推广公共商务网。

第四阶段:在2002年3月底前,业务管理网进入地市一级的建设过程;公共商务网年访问人次超过千万,供应商数量超过8 000家,并着手在主要旅游客源国建立镜像。

第五阶段:在2003年12月底前,业务管理网建设完成;公共商务网年访问人次达到5 000万。

经过这五个阶段的建设,"金旅工程"取得了很大的成绩,国家旅游部门、各省(自治区、直辖市)旅游部门、重点旅游城市和旅游企业四级计算机网络已经建立,"三网一库"初步建成。各级旅游行政管理部门和旅游企业以极大的热情支持并参与了"金旅工程"的建设,旅游业界的信息化应用能力逐步提高,形成了多方重视、上下关注的新局面。

二、我国旅游业电子商务的发展趋势及发展思路

从目前国内旅游业电子商务发展的环境和条件来看,我国旅游业电子商务的发展前途是十分光明的。当前,应采取的具体发展策略有以下几点:

1. 政府必须为旅游业电子商务的发展创造良好的环境

旅游业要尽快实现产业化、现代化和国际化,那么信息化就必须先行。旅游业电子商务是旅游信息化的基本组成部分,各级政府部门应高度重视旅游业电子商务的发展,明确政府有关管理部门的职责,加强协调,共同研究制定我国发展旅游业电子商务的战略、目标、规划和实施措施,保持有关政策、法规及标准的一致性和连续性。

在"金旅工程"取得阶段性成果的基础上,要进一步总结经验教训,结合我国旅游业电子商务的现实和未来发展趋势,积极研究制定与旅游业电子商务有关的政策、法律、法规以及相应的标准规范,尽力营造有利于旅游业电子商务发展的环境,促进旅游业电子商务健

康有序发展。

2. 鼓励旅游企业之间的联合与兼并

旅游业是一个富国富民的综合性产业，必须按照"大旅游、大产业、大发展"的战略，以资源为依托，以集团化、产业化为切入点，培育我国旅游业新的经济增长点。据世界旅游组织测算，旅游业每增加直接收入1元，就会给国民经济相关行业带来4.3元的增值效益。因此，旅游业的发展会直接或间接地带动众多产业的发展，而且还可以就此衍生出一些新的产业，开拓出新的需求领域，形成一些新的产业热点。

目前，我国旅游企业与国外一些大的旅游企业相比，规模普遍偏小，竞争力也很弱。近几年，我国旅游企业之间虽然进行了一些联合，但仍然没有形成一定的规模。在旅游企业规模普遍较小的情况下，电子商务在降低成本、提高效率和提升竞争力等方面的优势难以尽显。所以，鼓励旅游企业之间的联合与兼并，一方面有利于旅游企业的迅速发展壮大，另一方面也有利于旅游业电子商务的更好开展。

3. 旅游企业应切实提高电子商务发展与应用的能力和水平

由于缺乏旅游业电子商务的发展经验，加上认识不到位等原因，我国旅游业电子商务发展的整体水平还比较低，与人民群众的服务需求以及旅游业自身发展的需要还存在不小的差距。

我国的旅游企业一方面要积极地将产品和服务更多更好地推向互联网，提高发展和应用电子商务的水平；另一方面要大胆地探索和总结旅游业电子商务发展的有效途径，特别是在增加网络服务项目、完善电子商务功能方面要多下功夫，如为顾客提供旅游咨询服务、网上信息搜寻服务和建立三维网络虚拟景点等，使旅游业电子商务的形式更为生动活泼，内容更为丰富多彩，功能更为实用。在增强网络旅游的服务功能时，应注意将服务项目进一步深化和细化，依据用户个性定制旅游线路、推荐旅游景点等；或者根据用户的时间安排，特别是根据商务旅游时间较紧等特点，向用户推荐最佳旅游线路；此外，还应充分使用现代网络技术、数据库技术等进行客户关系管理，开发客户资源，逐步实现"一对一"的个性化和专业化的服务，提高游客的满意度和忠诚度。

4. 把加快发展旅游业电子商务作为推进西部大开发的战略举措

我国西部地区是中国旅游资源最丰富的地区，其自然景观和人文景观占了全国的"半壁江山"，如长江三峡、秦始皇兵马俑、西双版纳、"丝绸之路"黄金旅游线、布达拉宫、九寨沟、黄龙洞、桂林漓江和大足石刻等世界级风景名胜享誉全球，都是国内外游客十分向往的旅游目的地。旅游产业如果能充分依托西部地区独具特色的旅游资源优势，就完全有条件成为西部地区的优势产业，从而在实施西部大开发战略中承担起重要的历史使命。各级政府应把加快发展旅游业电子商务作为推进西部大开发的战略举措，在政策、资金、人员等方面予以必要的倾斜，并力争取得成效。

目前，已有不少西部地区的旅行社、旅游公司及宾馆饭店开始了旅游业电子商务的实践，但总的来说，效果还不太理想，还需要政府主管部门和旅游企业共同探索，勇于创新，让电子商务在西部旅游资源开发和旅游企业的发展中发挥出更加重要的作用，为西部大开发做出更大的贡献。

5. 加强旅游业电子商务的专门研究，加快旅游业电子商务专业人才的培养

我国近年来旅游电子商务快速发展，但也有不少旅游企业因为缺乏必要的理论指导和经验借鉴抑制了企业发展，或者因为没有正确的市场定位，造成盲目投资，结果不但贻误了发展的有利时机，而且造成了不应有的损失。所以，政府旅游主管部门和旅游企业必须加强旅游业电子商务的理论研究，尽可能总结和提炼一些适合旅游业电子商务发展的一般规律，鼓励旅游企业之间的合作和结盟，使其尽量少走弯路，以避免不必要的浪费。

还应看到，我国在旅游业电子商务人才培养方面，目前基本还是空白。尽管国内已有不少学校开设了电子商务专业，但在与旅游业务的结合方面还存在不少问题，旅游企业有必要加强与高等院校的合作和交流，为培养更多更适用的旅游业电子商务人才进行深入探索。

三、电子商务在旅游业中的应用

（一）旅行社电子商务应用

旅行社在分销渠道中最突出的作用就是组合包价旅游，即把各种产品整合进"旅游包价"或"全包旅游"中。包价过程包括选择相关的旅游产品作为一种产品或以一种品牌进行营销，一次性收取所包括的所有旅游费用。因此，可以说旅行社是旅游的组织者，组织旅游产品直接向消费者销售或通过零售商销售。包价是事先安排好的，其中包括交通、住宿和其他旅游服务，并以一个全包的价格出售。信息技术显著地改变了旅行社的经营以及旅行社与其相关企业间的互动和交流方式。

1. 旅行社早期信息化管理——视频文传的应用

20世纪80年代早期，旅行社意识到其必须通过更有效的分销方式提高生产率，改进包价容量的管理，减少电话经营的劳动力成本，同时为代理商和消费者提供更好的服务。英国旅游业利用视频文传系统将预订方式从电话向电子化转型，这个系统最早是1980年奥林匹克假日旅行社率先采用的。但早在1976年汤姆森旅行社就开发了汤姆森开放线路计划（TOP），这是旅行社行业最早的基于计算机的实时中央预订办公室，1982年该系统直接与旅行代理商相连，到1986年，汤姆森宣布只接受通过TOP的预订。

渐渐地，所有主要旅行社都开发或采用了数据库并与旅游代理商建立了电子连接，以期减少信息处理成本，提高信息传递速度。另外，旅行社还可以根据其他市场情报数据判断需求并调整供给，同时可以监测预订进展情况及旅游代理商的销售效果。

旅行社开发了视频文传与旅行代理商直接连接，这使旅游代理商能互动地接入旅行社的预订系统，并使其能在旅行社的数据库内进行搜索，了解包价情况并进行预订。视频文传网络同时也给旅游代理商带来了利益，因为通过这个系统，旅游代理商可以降低预订成本，提高预订速度，更好地与旅行社沟通和有机会预订到低价的包价产品，从而更好地为客户服务。建立视频文传终端并让旅游代理商熟悉这套系统，也带动了其他旅游供应商与这套系统连接并从中获益，这些供应商包括轮渡公司、铁路公司和旅行保险公司。此外，旅游零售商和批发商之间力量的平衡被打破了，后者有了更大控制权，因为旅游批发商能更有效地操控整个系统，调节系统上的产品量和价格。

2. 信息通信技术对于旅行社的战略和策略作用

旅行社行业在市场中的作用，使其必须不断地与所有合作伙伴互动，包括住宿和交通主体供应商、旅游代理商和消费者。同时，对于大量旅游消费者在世界各国的活动的协调也给旅行社管理带来了极大的挑战，在这种管理过程中信息技术能发挥重要的作用。

信息技术对于旅行社包价产品的分销也能起到重要作用。传统上，旅行社的产品分销方式是将介绍包价旅游产品的小册子放在旅游代理商的货架上，旅行社一般还会事先印好一些预订表放在旅游代理商处由代理商根据销售情况填写,并反馈给旅行社完成预订。通过视频文传系统,旅游代理商可以搜索旅行社数据库并直接进行预订。互联网、内部网和外部网的引进成为旅行社的一种重要的战略决策。

互联网、内部网和外部网的出现给旅行社带来了很多机会,但也有可能是威胁。新的网络工具使旅行社能在网上分发电子小册子和电子预订表给旅游代理商和消费者,而且可以通过多媒体展示目的地和旅游包价情况。

(1) 内部系统和内部网。内部网给旅行社提供了战略和经营工具以协调旅行社的各个部门的职能,并提高内部效率。与主体旅游供应商一样,旅行社也要管理自己的接待容量,对于那些已经预购产品的旅行社(如包机和已经确认的住宿设施)来说这一点尤其重要,尽可能多地售出这些已经预购的产品是保证旅行社利润的关键。产品的购买量配额协议的一部分也需要得到很好的控制,以使旅行社的利润最大化。旅行社要提高效率,就要尽早地、系统地处理各方面的问题;要提高经营业绩,就必须不断监测每个旅游代理商的业绩,了解目标市场的情况,以及机场、度假区、主体供应商和员工等各个方面的行动。这些信息是旅行社长期战略决策和决定经营侧重点的基础。

另外,旅行社需要管理各个度假区的度假旅游团的运行,因为真正的产品发送地是在目的地,一些旅行社甚至派人员长期驻守当地。因此,及时地进行信息交换有利于协调各方的行动,确保客户的要求能及时反映给各主体供应商并解决各种可能出现的问题是非常重要的。旅行社员工与其总部和企业的其他部门的沟通能力往往是旅行社业绩水平、客户满意度和合作伙伴关系的决定因素。旅行社也同样需要管理自己的一切企业职能,如财务、人力资源、市场营销和销售等。

(2) 合作伙伴联系系统和外部网。旅行社和旅游代理商、饭店及其他供应商之间的外部网开发,对于各方面合作经营是至关重要的,而一个无缝衔接的系统对于旅行社有效地与各合作伙伴进行沟通,对保证整个价值链运行的效率和效益都起着非常重要的作用。预订、发票、住房名单、货单及其他文件的电子交换有助于实现旅行社的需求,同时供应商也在通过技术的发展寻求给客户更多的价值增值服务。例如,英国的伊米努斯(Imminus)公司推出的电子商务平台结合了旅行社的前台应用和后台流程,同时使旅行社及其合作伙伴能在同一平台上进行交易。

(二) 酒店电子商务应用

电子商务作为新经济的代表,它的问世使全球的商业模式发生了巨大的转变,信息化、数字化和网络化为企业带来了强大的发展动力和巨大的市场机遇,影响着人们的生活方式和工作方式。旅游业是最适合做电子商务的行业之一。在饭店业市场竞争日趋激烈的形势下,很多饭店已逐步开发了网页,使自己能更有效地把企业信息向全世界传递。电子通信技术的战略应用将推动饭店业向两极发展,或成为独特的小饭店,或成为全球性的大型连锁饭店,对于这两类来说,企业电子通信技术和互联网都能对其竞争力起到关键的决定作用。饭店业的经营者已普遍认识到网络化经营的重要性,网络化经营在饭店市场中具有巨大的发展潜力和空间,网上订房、网上订票使旅游者体会到旅游出行的便捷。这些工具还能有效地协调饭店内的各部门功能的发挥,提高饭店企业的运行效率。

1. 饭店互联网站的应用

饭店互联网站是饭店面对全世界的窗口,客人可以通过这里了解饭店,饭店同样可以通过这里实现和客人的互动，实现网上销售、客户关系管理、会员管理、市场调研、公司信息发布、饭店企业识别形象展示、网上采购、网络学习和培训等。因此，许多饭店正通过各种方式推出自己的站点，包括优化搜索引擎、提高关键词查询的速度、在线广告（标签和按钮）和建立会员社区等。

电子商务平台，帮助饭店管理者实现真正意义上的饭店客房预订，并可与内部的饭店管理系统进行对接，实现由管理中心确认后直接在网上向客房部和其他相关部门下订单。预订系统实行管理端和客户端独立管理，具有系统安全性、保密性好，信息分类清晰，操作简便和预订信息实时性强的优点。管理员通过管理入口可及时、准确地获取预订信息并在第一时间进行确认，还可以独立管理各个后台数据信息；客户则可方便地通过内联网门户网的用户入口进行客房信息的查询和客房的预订，也可进行预订接机或接站及接待车辆的类型预订。其还可将客户的商务用户信息及接待单位发给饭店预订中心，通过饭店帮助客户进行统筹安排。

当客户通过饭店的网址登录饭店的门户网站时，可以通过预订平台进行相关服务内容的预订，如客房预订、会务预订、餐饮预订、用车预订、健身服务预订、公共社区预订、休闲服务预订、超市购物、公寓、租赁票务服务和旅游服务预订等。

进入某饭店的首页后是否能得到服务取决于该饭店网页提供的信息量。首先要设计好饭店网页，积极利用互联网这个新兴媒体宣传该企业，并能实现诸如网上预订等业务，同时可通过论坛等形式实现企业间的交流与相互促进，也可收集各种意见或建议等有关信息，使企业及时改进，更好地发展各项业务。其次是及时更新有关信息，使网络媒体提供的信息具有时效性。格林豪泰饭店网站的首页上有在线预订、饭店一览、VIP区和连锁与特许等链接，通过企业发布的有关介绍信息可以很好地宣传企业，预订模块可实现网上预订。

2. 电子商务对饭店传统销售形式带来的冲击

由于多年来饭店流行着不同客源不同价格的销售方式，各种各样的价格都是饭店的商业机密，旅游团的房价绝不能让客人知晓，即便都是旅游团队也可能享受的优惠不同，在订房时讨价还价是普遍现象。

网上订购客房的价格问题是饭店电子商务的突出问题。网上销售适合公开价格、公开优惠，即所谓"超市交易"（或称为"开架销售"方式），而饭店业的公开价格总是比实际价格高出许多，网上订房自然价格不菲。1999年德国学者在一份"分析50家大型国际饭店集团网上预订设施"的调查报告中指出，网上价格比饭店电话预订中心的报价平均高出12%。他们对1998年《饭店》杂志公布的排名前50位的饭店集团进行调查，其中12家网络不成熟。通过对另外的38家进行网上预订和电话预订的对比，不仅价格明显不同，而且网上预订没有任何讨价还价的余地，而在电话预订中即便不能得到更优惠的价格，也能得到位置更理想或服务设施较好的房间。

在传统的议价售房方式下，饭店的实际房价是饭店的商业机密。饭店的客房率、平均房价等在饭店内部极被重视，并且成为对外不可泄露的信息。在人们利用互联网之前，早已经有一些很知名的国际预订网络在经营饭店销售，它们都可以提供饭店客房的远程预订。进入系统的客房价格自然不低，而更多饭店并不进入此类预订系统，其顾虑就是饭店的商业机密得不到保护。如今使用互联网开展电子商务就涉及怎么解除饭店的这种顾虑，如果在网上只提供所谓的公开价格，与实际价格水平脱离，就难以取得网上销售的优势。例如，饭店经营商的公开价格是130元,实际售出的最低价格是70元,而网上可能是100元的标价,饭店是不大可能将实际的销售底价放到网上去的,这必然会影响饭店客人网络订房的积极性。即便在以往的CRS(Competerized Reservation System,计算机预订系统)销售过程中,人们可以设计相关的价格转移,如在CRS上标价100元,对旅行商的批量购买可以再打八折,以80元售出,CRS经营商从销售额中取得10元的服务费,这样饭店经营商的实际售出房价最终恰好是70元,但是有心人仍然可以推算出饭店的销售底数,并无机密可言。

旅游商购买价实际也略高,不过考虑稳定的购买渠道、可靠的服务质量和大批量的优惠,大旅游商还是乐于使用CRS。类似的安排在饭店电子商务中问题更突出,在广大的游客直接购买饭店住宿的过程中,价格是敏感因素,即使没有很大的价格差距也会影响饭店客人的网络预订购买决策。

3. 互联网给饭店发展带来的机会

(1) 国际化。在互联网技术发展的背景下,饭店能针对更广阔的国际市场,以极低的边际成本使世界各地的潜在客人都能了解本企业;时差不再是一个问题,因为互联网是全天候运行的;网络资料可以翻译成多国语言;网上的自动翻译软件可以翻译网页和电子邮件。

(2) 差异化。饭店可以通过互联网更有效地针对超细分市场和专业化特殊兴趣市场;通过图片、文字、图形、证书和奖励使产品"有形化",从而证实产品的差异性;可以在网上对特殊活动进行广告宣传,并有针对性地发送电子邮件;发展与专业协会、出版商和特殊兴趣组织之间的协作,从而有效地使产品差异化,并针对这些特殊兴趣市场建立专门的网页。

(3) 价值增值。对网站访问者提供特别的折扣和优惠;对常旅客建立在线俱乐部与客人进行互动,以提高常旅客的忠诚度;实现完整的在线价值链体系;通过与当地供应商合作提供附加服务,如出租车运送和餐厅订餐等;定期向访客发送电子邮件,建立固定的沟通渠道;提供关于当地情况、活动和景点的其他信息介绍。

(4) 互联和分销。通过相互的超链接在网上发展数字联盟;通过饭店代表公司(如worldres.com)在不增加固定成本投资昂贵的技术的情况下扩展网络;发展与世界各地的小型旅游企业的联系,实现小企业互联。

(三) 旅游目的地电子商务应用

了解目的地的类型将有助于市场营销人员根据主要细分市场的信息和预订要求开发适用的信息技术解决方案。

目的地的分类是非常复杂的,不同的旅游者会出于不同的目的而选择不同的目的地。但大部分目的地是根据其吸引力强度来进行分类的。

1. 目的地管理系统的战略和策略作用

DMS(目的地管理系统)是目的地营销和促销的新工具,它利用信息技术传播信息,支持产品和设施的预订。总体来说,它是一个关于目的地的、可以互动接入的计算机信息系统。DMS中一般包括关于景点和设施的信息,并带有一定的预订功能。DMS一般由目的地管理机构(DMO)来管理。DMO可能是公共部门,也可能是私营部门,或是两者的合作体。DMS和DMO成为目的地企业(包括主体供应商、景点、交通和中介)与外部世界(包括旅行社、旅游代理商和终端消费者)沟通的界面。

DMS在实施和操作过程中会遇到很多困难和问题,因此只有少数系统在试运行后能存在下去而进入正式的运行阶段并实现预期的收益。DMS 失败的例子很多,有些系统得不到私营和公共部门的支持,有些没能开发出适应个人和团体旅游者需要的可行的产品,大部分公共旅游部门支持的项目都只开发了信息功能,而没有开发最重要的在线交易和销售功能。

在互联网出现之前,信息的传播主要是通过电话或人与人的直接沟通。互联网的出现给这种信息传播方式带来了革命,它帮助目的地与世界各地的人直接沟通。互联网的发展将这些内部系统发展成为成本不高的广域网和综合性内部网。DMO 整个动作流程的关联互动是机构运行高效率的基础。

(1) 内部系统和内部网。内部网用于协调 DMO 的内部运作,使其信息、文件、图片和录像资料能全球共享。开发知识管理系统支持员工紧跟市场发展形势,同时共享经验和专业知识。芬兰旅游局在内部网开发方面是先驱者。沃伯指出,了解市场营销信息能有效地提高旅游企业的运行效率。

(2) 合作伙伴联系系统和外部网。外部网可以支持 DMO 发展与所有可以信任的合作伙伴之间的联系,建立密切的协作关系。外部网可以支持一系列机构行动,当地设施预订的基础是外部连接,一方面 DMS 要在线了解接待容量,另一方面供应商需要定期更新其产品、价格、折扣比例和其他方面的介绍。

外部网的最大好处是比其他任何方法都能更好地发展和结合当地价值链,整合当地的分销市场信息,能有力地提高目的地的整体竞争力,包括影响旅游业的政府部门在内的所有利益集团的合作,也能有效地帮助目的地采取协调统一的行动,更好地制定法规和进行规划。

(3) 通过互联网与所有利益集团联系:互联网提高了 DMO 与全球各地的利益团体之间进行有效沟通的能力,这对偏远地区尤为有利。互联网的发展使 DMO 能在目的地的促销、管理和营销方面起到更重要的作用,它们第一次能如此接近终端消费者和其他合作伙伴发展互惠互利的合作关系。DMO 越来越多地利用互联网与客户在游前和游中进行沟通。DMO 可以利用互联网在全球范围内发展专项市场和支持特殊兴趣团体。一些 DMO 已经从互联网上获得了相当大的利益。

2. 目的地管理系统面临的挑战与问题

目的地管理系统面临着一系列的挑战:树立和保持系统可信度是一个很严峻的挑战;选择在线域名和品牌也是一个主要挑战。随着互联网的流行,出现了很多类似的域名吸引游客从官方网站转向商业网站,DMS 应尽量以目的地名称加 .com 为自己的注册域名,而目的地所面临的一大问题是网络圈地(域名抢注)。

互联网作为旅游业一个覆盖全球的多媒体分销平台,消费者和旅游业还可以通过各种通信媒介进入该系统,包括计算机通信设施、视频文传、传真、电传和电话。所有技术平台上的潜在旅游者、商业合作伙伴和旅行中介都能进入旅游电子商务系统,在目的地地区、局域网和广域网应能实现所有旅游网络间的互联。

因此,目的地管理系统的成功将取决于其开发互动信息系统的能力,以及利用这种系统组合其产品、与消费者互动、支持中小旅游企业、整合当地资源、开发线上和线下品牌的能力。很可能只有少数目的地能全面地开发利用目的地管理系统的功能,并使其成为目的地经营和战略管理的战略工具。因此,在旅游目的地未来发展及旅游目的地管理系统应用中,长远眼光和创新性将成为未来目的地竞争力的决定因素。

本章小结

1. 旅游电子商务是在电子商务发展基础上旅游商务环节的电子化。

我国旅游电子商务发展迅速，在旅游业应用广泛，给旅游企业组织结构、产业发展环境、市场结构类型和旅游企业竞争力等多个方面带来影响。

2. 旅游电子商务成为旅游相关主体互动交往的纽带。

旅游电子商务为政府、旅游企业和旅游者之间商务往来提供技术基础与实践平台。根据旅游电子商务交易类型，可将其分为 B2B、B2C、B2G 和 C2C 等多种模式，在旅游交易实践中，以这几种交易类型为基础，还有更多电子运营模式出现。

3. 旅游电子商务在我国的发展得到政府、企业各方的关注与重视。

我国早在 20 世纪 90 年代即开始建设"金旅工程"，以期实现以网络技术为支撑，政府、企业电子化运营、管理的目标。随着信息技术的发展，旅游电子商务在我国旅游业多个行业和领域得到广泛应用，运营模式逐渐成熟，对旅游业发展的推动也日益明显。

本章习题

1. 电子商务的内涵是什么？它包括哪些发展阶段？
2. 旅游电子商务如何界定？它有哪些特点和发展优势？
3. 旅游电子商务对旅游业的影响体现在哪些方面？
4. 旅游电子商务可以实现哪些功能？
5. 简述旅游电子商务的交易类型。
6. 电子商务网站设计有哪些要求？
7. 结合旅游企业实践，简述旅游电子商务在我国的发展现状。

第九章

旅游管理信息系统的运行与安全管理

★学习目标

1. 熟悉旅游管理信息系统的运行目标与管理内容。
2. 了解旅游管理信息系统组织结构和人员的配置。
3. 掌握信息系统安全的基本概念与影响因素。
4. 熟悉计算机安全保护措施与病毒防范措施。

★教学要求

本章主要介绍旅游管理信息系统的运行目标、管理内容、组织结构的配置,以及信息系统安全的基本概念与影响因素等。通过实例介绍使学生熟悉旅游管理信息系统在企业运行管理中的相关方法与策略。

★引导案例

信息安全的重要性

2012年,随着云计算、物联网、移动互联网等新技术、新应用的不断推广,以及智慧城市的不断建设发展,全球范围内对信息安全更加关注,信息安全形势正在发生更加深刻的变化。一方面,信息技术与现实世界的联系日益紧密,物联网、工控系统等在国家关键基础设施、经济命脉行业的普遍应用,使信息安全问题更加深刻和广泛地影响社会稳定、经济发展和国家安全。另一方面,信息安全风险也不断演化发展:黑客行动日渐组织化、规模化,从原来以单纯追求技术突破或经济利益为出发点逐步向表达诉求、伸张政治观点演化;商业秘密及个人信息遭非法泄露、窃取、倒卖事件频发,网络信息保护问题日益凸显。同时,随着互联网新技术、新商业模式的出现,现有的政策立法、管理模式和技术规范已经愈发难以满足安全监管需求,对于政府部门、企事业单位的信息安全管理提出新的挑战。

【问题与思考】
信息安全风险表现在哪些方面？如何进行防范？
【分析启示】
了解信息安全对企业信息系统、企业发展的重要性。
【知识点】
旅游业的发展离不开对信息的利用与管理，而在信息、信息系统正常运行中，如何保障信息安全，降低或消除信息安全隐患是信息管理者和信息系统使用者需重点关注的问题。

第一节 旅游管理信息系统的运行

一、旅游管理信息系统的运行目标

当系统开发生命周期中的系统实施结束时，就意味着"实验室"中的信息系统产品宣告完成。此时该系统产品需要投入现场进行安装运行，这样系统开发就进入了系统支持阶段。

旅游管理信息系统支持阶段的主要任务是对信息系统运行的管理和维护。它是一项长期性的工作，目标是对信息系统运行进行实时控制，记录其运行状态，并做必要的修改与扩充，以使信息系统能真正满足用户需求，并最终为企业管理者的决策服务。

信息系统的运行管理，不能简单地理解为只是对系统中的软件与硬件正常运行的管理。它的真正目标还包括向企业提供有用的信息，以满足管理人员的需求。即信息系统运行管理的最终目标是要提供高质量信息。

二、旅游管理信息系统运行管理的内容

旅游管理信息系统的运行管理可从系统开发者和系统用户两个角度来考虑，二者的目标是一致的，但其工作的侧重点有所不同。

（一）系统开发者的工作内容

系统实施阶段完成后，此时系统分析员由开发者变成了信息系统运行管理的支持者。

通常，系统实施阶段提交的信息系统被视为"实验室"产品，当它投入运行并确认有效后，才转变为信息系统"产品"，系统支持阶段也就由此开始。此阶段的活动包括对应用程序和文件/数据库的备份和恢复、编写新系统的有关文档（如培训资料、操作手册）等。

像大多数实物产品一样，信息系统也会经历成熟、有效、衰退和消亡的过程。当系统逐步衰亡后，意味着新一轮信息系统开发生命周期开始，此时，应对原系统的问题加以解决。由于系统支持阶段不是一个先后次序连贯得非常紧密的过程，因此其相关活动一般不排先后顺序。下面是系统支持中的几项主要活动。

1. 改正错误

当信息系统投入运行后，由于软件错误或操作不当会引起系统运行失败，而系统支持的一项重要工作就是要纠正这些错误。通常用户会报告他们所遇到的错误，此时，系统分析员

要与用户密切联系，迅速地找出软件出错的原因、位置，及时予以纠正，并最终保证系统稳定运行。

2. 恢复系统

导致系统运行失败的原因有很多，其中有些是人为的，有些可能是硬件平台或软件自身引起的，它们通常会导致系统崩溃或数据丢失。此时系统分析员不仅要恢复崩溃的系统，还要恢复已丢失的数据文件/数据库。

3. 辅助系统用户

在信息系统开发过程中要强调用户参与，同样，在系统支持过程中也应强调用户参与。优秀的系统分析员通常都会保持与系统用户的沟通，这样有助于提高用户对开发人员的信任度。同时，用户积极参与也能使系统开发人员真正理解用户的业务问题。此时系统分析员会根据系统用户意见采取一些措施，如改变系统运行过程、修改文档、增加用户培训、提出改进建议。

4. 适应系统的新需求

导致系统产生新需求的原因有：系统用户提出的新的业务问题，如企业采用一种更为优化的处理流程；用户对信息系统的应用水平提高了，如企业会要求系统提供更深层次的信息等；与系统设计者和系统建造者有关的技术问题，如解决系统"2000年"问题等；系统设计开发提出了新的技术解决方法，如调整信息系统所使用的数据库管理系统等。

总之，为了适应企业的新需求，系统分析员要经过分析，根据不同情况，不断改进系统。但是如果系统变化太大或太复杂，可能就要进入新一轮的系统开发生命周期。

（二）系统用户的工作内容

这里的系统用户是指信息系统的使用者和管理者，对于旅游企业来说，系统用户包括企业内使用该系统的所有相关人员。他们的主要工作包括对信息系统日常运行的管理、运行情况的记录和运行情况的审核与评价。

1. 信息系统日常运行的管理

信息系统投入使用后，系统用户的日常运行管理工作量是比较大的。为保证系统的有效运行，他们必须完成以下工作：

（1）数据收集。系统数据收集实际上包括原始数据的采集、审核和录入等工作。它是整个信息系统的重要基础。信息系统如果输入的是垃圾数据，那输出的就不可能是正确的信息。错误数据的输出，不仅无用，甚至会有害。

（2）信息系统的信息处理。其工作主要包括例行的数据更新、统计分析、报表生成、数据的复制与保存、与外界的定期数据交流等。这些工作都是按照一定规程由系统用户来完成的。例如，财务部门每月做资产负债表、利润表等报表，这些都是事先规定好的例行工作，操作人员应该清楚这些操作的规则和处理方法，完成这些例行信息处理工作和服务。

（3）硬件运行维护。硬件设备是信息系统正常运行的物质基础，因此要做好该项工作。硬件运行维护工作通常包括设备的使用管理、定期检修、备品配件的准备及使用、各种消耗性材料（如软盘、打印纸等）的使用及管理、电源及工作环境的管理等。这些工作必须落实到人，实行专人负责。

（4）系统的安全管理。它是指为了防止系统内部和外部对系统资源不合法的使用和访问，保证系统的硬件、软件和数据不因偶然或人为的因素而遭受破坏、泄露、修改或复制，维护正当的信息活动，保证信息系统安全运行所采取的措施。

2. 信息系统运行情况的记录

信息系统运行情况的记录是系统管理、评价的基础，也是当系统发生故障时，对系统进行修复的线索。因此，从系统运行一开始就应该注意系统运行情况的资料收集。它一般包括以下五个方面的内容：

（1）有关工作数量的信息。包括开机的时间、操作人员、每天或每月提供的报表数量、录入数据的数量、系统中积累的数据量、修改程序的数量、数据使用的频率和所提供的信息服务的规模等基本数据。

（2）工作的效率。即系统为了完成所规定的工作，占用了多少人力、物力及时间。

（3）系统所提供的信息服务的质量。即提供给使用者的信息的精确程度是否符合要求、信息提供是否及时、临时性的信息需求能否得到满足等，这些都是信息服务质量的主要内容。

（4）系统的维护修改情况。这些工作都要有详细且及时的记载，包括维护工作的内容、情况、时间和执行人员等。这不仅是为了保证系统的安全和正常运行，而且有利于系统的评价及进一步扩充。

（5）系统的故障情况。包括故障的发生时间，故障的现象，故障发生时的工作环境，故障处理方法、处理结果、处理人员，善后措施和原因分析。以上这些信息的记录尽量给予定量的描述。对于不易定量化的内容，则可以采取分类分级的方法，让填写者自行选择。通过各种手段，尽量准确地记录系统运行的情况。

3. 信息系统运行情况的审核与评价

在信息系统运行过程中除了不断进行大量的管理和维护工作外，还要在高层领导的直接领导下，由系统分析员或专门的审计人员在各类开发人员和业务部门经理共同参与下，定期对系统的运行状况进行审核和评价，为系统的改进和扩展提供依据。系统评价一般从系统是否达到预定目标、目标是否需做修改，以及系统的适应性、安全性、经济性等多个方面来进行。对信息系统定期进行各方面的审核与评价，目的是观察系统是否处在有效运行的状态中。

如果审核结论是"系统基本适用但需要做一些改进"，那么就要求通过系统开发者来完善系统。一旦审核结果确认"系统已不能满足日常管理和决策需求，不能适应企业的未来发展"，那么该信息系统就完成了它的生命周期，必须根据新的需求，进入新一轮系统开发生命周期。

三、旅游管理信息系统的维护

信息系统维护也可称为信息系统支持，是系统运行阶段的主要任务。其主要工作是对信息系统进行检查、修改和增强等，目的是使系统更好地满足用户和组织机构的需求。

根据国内外的经验，需要进行信息系统维护的原因包括：用户及组织机构的需求发生了变化；系统中存在着错误或故障；组织机构进行了调整和组合；政府颁布了新的政策或法规；技术的更新、软硬件的发展等。

对信息系统的维护可以分为正确性维护、适应性维护和完美性维护等。

1. 正确性维护

正确性维护是对运行系统的错误进行诊断并修正，通常还要解决先前维护所产生的错误。为了避免出现新的问题，所有的维护工作在进行任何修改之前都要做认真的分析，如对信息系统的改进要经历调查、分析、设计和测试等几个阶段。

对于存在的严重问题，如不正确的输出总计、客户记录丢失等，只要证据确凿，就需要立刻对系统进行维护处理。有时会出现非常紧急的情况，如整个系统出现故障等，当此类问题发生时，要跳过各种验证的过程及步骤而立刻修正错误，排除故障。同时，用户或维护人员要准备一份书面的系统需求并加入维护日志。当系统重新运行后，维护小组就需要分析问题出现的原因，设计一个永久的解决方案，并要彻底地测试系统。

2. 适应性维护

适应性维护是对运行系统进行改进，如一个新的性能或功能的完善，也可以是一个提高系统效率的改进。适应性维护规模如果比较小，其步骤与正确性维护相似。用户要先提交一个系统需求，由上层管理部门审查和评估、考虑优先次序和安排进度。接着维护小组开始设计改进方案，再经过测试、记录文档，最后实施。当业务环境发生改变时，如出现新的产品或服务、新的制造技术或需要支持新的站点，通常这类适应性维护如同一个小规模的开发过程。有时适应性维护可能比开发新系统要困难，因为所有的改进都要受到现行系统的限制。

3. 完美性维护

完美性维护是要将系统运行变得更加高效可靠，如计算机系统中增加内存、通信传输介质改用光纤、重新调整操作界面和重新组织程序模块等。随着数据量的不断增加，使用人员会发现系统的响应时间延长了，于是完美性维护项目就应考虑是否能提高系统的处理效率。又如，输入问题可能会导致系统异常结束。通过修改数据输入程序，可以改正错误并且告知用户必须输入正确的数据。

第二节 旅游管理信息系统运行管理的组织

一、组织机构设置

在信息系统投入运行前，首先要解决的是系统运行管理的组织问题，它是信息系统运行的重要保证。在现代企业的组织中，信息系统运行管理都由企业的信息管理职能部门来负责。根据信息系统在企业中的地位，企业的信息系统运行组织机构主要分为以下三种形式：

1. 企业职能部门下设计算机部门

一些企业将信息系统交给业务职能部门管理，因此，企业的有关业务部门分别建有自己的下属计算机部门。这种情况很容易导致企业的"信息孤岛"现象的产生，不利于系统的整体资源的调配和利用，使得信息系统效用下降，因此这是一种较低级的组织方式。

2. 企业设置信息中心

一些企业设置信息中心统一负责企业信息系统的运行管理。信息中心的地位与其他业务部门平行。这种情况下,企业能够共享信息系统的信息资源,但信息中心的决策能力还是比较弱。另外,信息中心也可直接受控于企业领导,这种方式的组织架构有利于集中管理、资源共享,很好地发挥信息中心的参谋作用,强化信息系统对领导的决策支持作用,但这种情况对企业的业务部门的服务力度可能降低。

3. 矩阵式的信息中心

矩阵式的信息中心是根据信息工程原理设置的一种组织方式。目前,由于信息技术渗透企业的各个部门,信息中心不但要在业务职能部门之上,直接受控于企业领导,而且还要在每个业务部门中增设归信息中心领导的信息系统室。这样,信息中心既可以从整体角度管理信息资源,又可以加强对业务部门的技术支持,有利于企业充分利用信息资源来开展生产经营活动。

二、人员配置

(一) 信息系统运行的管理人员

信息系统是信息技术与管理结合的人机系统,其管理工作中必然涉及具有不同知识水平及技术背景的人员。这些人员在系统中各负其责,互相配合,共同实现系统的功能。作为信息系统管理部门,其内部人员一般可分为信息主管(CIO)、系统维护人员、管理人员和系统操作人员。其中,CIO 是信息系统管理部门的最高领导。

1. CIO

由于信息系统在现代企业中的作用增大,越来越多的企业设立了 CIO 一职,其级别相当于企业副总经理,甚至更高。CIO 和他所领导的信息系统部门的主要职责是:负责企业信息化的规划;管理正在开发或实施的项目;负责信息系统的正常运行和维护;建立和实施企业内信息系统使用的指南和制度;向企业各业务部门提供信息技术服务;研究和开发。

2. 系统维护人员或系统管理员

系统维护人员或系统管理员主要包括硬件维护员、软件维护员、数据库维护员和网络维护员等。

3. 管理人员

管理人员包括耗材管理员、资料管理员、机房值班员和培训规划员等,其中培训规划员负责安排系统维护人员和操作员的培训工作。有时培训工作还需要采取请进专家和派出骨干的办法。

4. 系统操作人员

系统操作人员大多数都在各具体业务部门工作,他们负责各业务部门的信息系统操作和日常管理工作。严格地说,信息系统管理部门的主要成员由系统维护人员和管理人员这两类人员组成。一般来说,企业的信息系统管理人员的配置最终还是应该根据企业管理需求和信息系统规模来设定,目的是有利于企业核心竞争力的提高。

(二) 信息系统运行人员管理的内容

信息系统运行人员管理的内容主要包括以下三点:

(1) 应明确地规定各类人员的任务及职权范围和在各项业务活动中应负的责任,即要有明确的授权。

(2) 每个岗位的工作要有定期的检查及评价,每种工作要有一定的评价指标。这些指标应该尽可能有定量的尺度,以便检查与比较。

(3) 对工作人员进行培训,以使他们的工作能力不断提高,工作质量不断改善,从而提高整个系统的效率。

三、信息系统运行管理制度

信息系统运行管理制度是系统工作环境和系统安全的保证。信息系统进入长期的使用、运行和维护期后,为保证系统正常工作,就必须明确规定各类人员的职权范围和责任,建立和健全信息系统管理制度。同时应有效地利用运行日志等对运行的系统实行监督和控制,它既是系统正常运行的重要保证,也是系统安全措施实施的基础。企业领导和信息管理部门的负责人不仅要关心监督系统运行,还要对各类管理人员的工作进行检查和监督,这样才能保证信息系统为企业的各层管理服务,充分发挥信息资源的作用。

1. 机房管理制度

目前企业的信息系统一般是一个网络系统,有一个中心机(服务器)房。该机房控制着业务部门所使用的机器。因此,必须对中心机房建立一套严格的管理制度来保证其设备的正常运行。

2. 系统管理制度

信息系统运行是长期的而非突击性的,且不同的系统也应有不同的运行管理制度。一旦建立好信息系统运行管理制度,每一个操作系统的人员都要养成遵守管理制度的习惯。对运行中的异常情况要做好记录、及时报告,以便得到及时处理,否则可能酿成大问题,甚至出现灾难性故障。系统中的数据是企业极其宝贵的资源,要禁止以非正常方式修改系统中的任何数据。同时数据备份是保证系统安全的一个重要措施,它能够保证在系统发生故障后恢复到最近的时间界面上。在对系统数据进行重要修改前也应有相应的备份,以便保证系统数据的绝对安全。

3. 信息系统运行日志制度

信息系统运行日志主要为系统的运行情况提供历史资料,也可为查找系统故障提供线索。因此运行日志应当认真填写、妥善保存。运行日志的内容应当包括时间、操作人、运行情况、异常情况、发生时间、现象、处理人、处理过程、处理记录文件名、在场人员、值班人签字和负责人签字等。

4. 信息系统运行的档案管理制度

信息系统运行的档案是系统的重要组成部分,因此要做好分类归档工作,进行妥善、长期保存。档案的借阅也必须建立严格的管理制度和必要的控制手段。信息系统运行档案包括系统开发阶段的可行性分析报告、系统说明书、系统设计说明书、程序清单、测试报告、用户手册、操作说明、评价报告、运行日志和维护日志等。

第三节 旅游管理信息系统的安全管理

一、信息系统安全的基本概念

信息系统安全主要涉及信息传输的安全、信息存储的安全、网络传输信息内容的安全和管理的安全等，但人们基于各自的立场与利益，对其做出了不同的解释，导致信息系统安全的概念与范围相对混乱。因此，应对其有一个明确认识。

（一）信息安全

信息安全一般分为狭义信息安全和广义信息安全两种：狭义信息安全是指信息的机密性、完整性和不可否认性，主要包括加密和认证等算法；广义信息安全通常是指信息在采集、加工、传递、存储和应用等过程中的完整性、机密性、可用性、可控性和不可否认性以及相关意识形态的内容安全。

（二）信息安全的基本属性

（1）机密性：就是对抗对手的被动攻击，保证信息不泄露给未经授权的人，或者即便数据被截获，其所表达的信息也不被非授权者理解。

（2）完整性：就是对抗对手主动攻击，防止信息被未经授权者篡改。

（3）可用性：就是确保信息及信息系统能够被授权使用者正常使用。

这三个重要的基本属性称为信息安全金三角（CIA）或信息安全三大要素。其后由于社会管理以及电子商务、电子政务等的网上应用的开展，人们又逐步认识到还要关注可控性和不可否认性。可控性表示数据流一定是可控的，而不可否认性表示所有的安全事件都有据可查。

二、影响信息系统安全的因素

信息系统是企业或组织的"神经网络"，信息系统安全性出现问题将会产生很大影响。信息系统的安全性指的是为了防范意外，或人为的破坏，或非法使用信息资源，而对信息系统运行所采取的保护措施。

一个完整的计算机信息系统由计算机和通信网络设备、应用软件、数据资源和运行环境组成，对信息系统安全构成威胁的因素归纳起来有五种：恶意攻击、安全缺陷、软件漏洞、结构隐患和环境因素。

（一）恶意攻击

恶意攻击是指人为的、有目的性的破坏行为，它可以分为主动攻击和被动攻击。主动攻击是指以各种方式有选择地破坏信息，如修改、删除、伪造、添加、重放、乱序和冒充等。被动攻击是指在不干扰网络系统正常工作的情况下，进行侦收、截获、窃取和破译等。恶意攻击具有智能性、隐蔽性、严重性及多样性等特征，从事恶意攻击的人员大多具有较高水平的专业技术和操作技能，攻击目标多为涉及金融资产的网络信息系统，攻击造成的损失巨大，严重情况下会导致一些受攻击企业破产。

（二）安全缺陷

恶意攻击之所以能得逞，就是因为网络本身具有安全缺陷。网络安全缺陷具体包括：网络硬件的安全缺陷，如可靠性差、电磁辐射、电磁泄漏等；通信链路的安全缺陷，如电磁辐射、电磁泄漏、搭线、串音和无链路加密等。如果计算机系统以及它们控制信息和数据传输的通道在工作过程中，一方面产生电磁波辐射，在一定地理范围内用无线电接收机很容易检测并接收到，这就可能造成信息通过电磁辐射而泄露；另一方面空间的电磁波也有可能对系统产生电磁干扰，影响系统的正常运行。

我国还存在一些特殊的网络安全缺陷：首先，计算机的核心芯片多依赖进口，不少关键网络设备也依赖进口，容易引起网络安全缺陷；其次，人是安全环节的最重要因素，我国计算机技术发展与普及时间相对较晚，人员素质问题容易引起安全缺陷；最后，虽然我国已经有了一些网络安全标准，但还很不完善，容易因缺乏系统的安全标准而引起安全缺陷。

（三）软件漏洞

由于软件程序的复杂性和编程方法的多样性，软件系统中很容易有意或无意地留下一些不易被发现的安全漏洞，这会引起极大的网络安全问题，也是黑客攻击的切入点。

软件漏洞包括如下几个方面：

（1）操作系统的安全漏洞，包括操作系统的后门、I/O 非法访问、访问控制的混乱等。

（2）数据库及应用软件的安全漏洞，如数据库文件格式、文件存放位置、口令加密机制等。软件的非法删除、复制与窃取会使系统的软件受到损失，并可能造成泄密。另外，危害极大的计算机病毒也是以软件为手段侵入系统而进行破坏的。

（3）TCP/IP 协议的安全漏洞，IPv4 并未考虑安全性，这是 IP 网络不安全的主要原因。

（4）网络软件和服务的安全漏洞，包括 Finger 漏洞、匿名 FTP 漏洞、Telnet 漏洞和 E-mail 漏洞等。

（5）口令设置的安全漏洞，如弱口令。通常认为容易被别人猜测或被破解工具破解的口令称为弱口令，如 123456、111111 等。

（四）结构隐患

结构隐患包括网络拓扑结构的安全隐患和网络硬件的安全隐患。网络拓扑结构包括总线型结构、星型结构、环型结构和树型结构等。实际的网络又是以上网络结构组成的混合结构。因为每种结构都有其缺点，所以存在着相应的安全隐患。

网络硬件安全隐患主要存在于相关网络硬件、网桥和路由器中。尤其是路由器大量用于广域网络，受路由器技术及性能方面的限制，其本身的安全性较差。

（五）环境因素

影响信息系统安全的因素，除了技术、环境方面的问题及外来入侵等，还包括系统内部的行政管理、人员素质、职业道德及责任心等方面的问题。

1. 安全意识不够

信息系统在国内应用的普及程度不够，许多企业的管理者仅仅将信息系统看作企业所有经营管理系统的一个附加的系统，并未充分重视，对信息系统的安全意识更是不够，这对整个企业的人员信息安全观念有非常不利的影响。

2. 自然及不可抗力因素

自然环境也可能对系统安全造成影响，如地震、火灾、水灾、风暴以及社会暴力或战争等。

3. 信息系统安全运行的管理制度不健全

目前企业内关于信息系统的管理制度大多集中在保障计算机硬件设备的物理安全方面，但不能满足信息系统整体安全的需要，其管理条文的科学性、完整性和有效性有待于进一步研究。

4. 计算机安全立法

关于计算机安全、计算机犯罪和计算机病毒的立法无疑也是影响信息系统安全的因素，需要用法律的手段来加强对信息系统的安全保护。我国逐步制定了这方面的法规，但还有待进一步完善。

5. 工作人员素质

工作人员素质包括工作人员的专业素质、责任心，以及严密的行政管理制度和法律法规，这对于防范人为的主动因素对系统安全的威胁具有重要作用。每个工作人员都有责任维护信息系统，但并非每个人都能理解信息系统安全的意义和重视其安全，一名不负责任或者无知的工作人员的一个失误就有可能给系统带来灾难性的损失。

6. 信息系统的管理机构设置

信息系统是企业经营管理体系的重要组成部分，必须为该系统设置具有相当权限和责任的管理机构，并配置足够的人员和资金，确保该机构正常发挥作用。

从影响信息系统安全的因素中不难看出，信息系统安全是一个系统性的概念，它包括了信息系统的物理实体的安全，也包括软件、数据，以及技术的和非技术的人为因素引起的安全问题。因此，信息系统运行安全管理不纯粹是一个技术性问题，同时还是一项需要法律、制度和人的素质等因素相互配合的复杂系统工程。

三、信息系统安全保护措施

（一）信息系统安全保护措施的类别

信息系统的安全保护措施可分为技术性和非技术性两大类。技术性安全保护措施是指通过采取与系统直接相关的技术手段防止安全事故的发生；非技术性安全保护措施是指利用行政管理、法律和其他物理措施等防止安全事故的发生，它是施加于信息系统之上的措施。

在信息系统的安全保护措施中，实际上技术性安全保护措施所占的比例很小，更多的是非技术性安全保护措施。这两者是相互补充的关系。安全技术是不可缺少的手段，但严格管理和法律制度才是系统安全的根本保证。同时，信息系统的安全保证还取决于系统的运行管理制度的建立和执行效果的好坏。

（二）信息系统的安全管理措施

1. 信息系统的实体安全管理措施

信息系统的实体安全管理措施是指为保证信息系统的各种设备及环境设施的安全而采取的措施。它主要包括场地环境、设备设施、供电、空气调节与净化、电磁屏蔽和信息存储介质等方面。

2. 信息系统的技术性安全措施

信息系统的技术性安全措施是指在信息系统内部采用技术手段，防止对系统资源非法使用和对信息资源的非法存取操作。信息资源的安全性分为动态和静态两类。动态安全性是指在对数据信息进行存取操作过程中的控制措施；静态安全性是指对信息的传输、存储过程中的加密措施。其中，数据加密措施是为了防止存储介质的非法拷贝、被窃取，以及信息传输线路被窃听而造成机要数据的泄密，在系统中应对机要数据采取加密存储和加密传输等安全保密技术措施。

加密技术的基本方法是利用密码学的原理，把机密而敏感的明码信息和数据加以转换，使得信息窃取者无法认识或理解其原意。整个保密系统由编码和解码两部分组成。编码是把信息数据转换成无法辨识和理解的形式；解码是指把经过编码加密的信息、数据还原成原来的可读形式。进行数据加密要注意密钥的保护，否则任何加密都是无意义的。加密技术的方法和算法很多，并且其发展与解密技术是相辅相成、互相促进的。

3. 存取授权控制措施

存取授权控制措施是指为确保共享资源情况下信息的安全，即使合法用户进入系统，其所使用的资源及使用程度也应受到一定的限制。信息系统要通过对用户授权来进行存取控制，即在什么条件下，允许什么样的用户对相应范围的系统资源进行操作。通过存取控制的授权，一方面可以保证用户共享系统资源，防范人为的非法越权行为，另一方面又不会因误操作而对权限外的数据产生干扰。

4. 网络防火墙技术措施

网络防火墙技术措施是保证计算机网络不受"黑客"攻击的一种控制性质的网络安全措施。防火墙是隔离系统网络内外的一道屏障，它的特点是在不妨碍正常信息流通的情况下，对内保护某一确定范围的网络信息，对外防范来自被保护网络范围以外的威胁与攻击。

防火墙技术措施的原理是在比较明确的网络边界上，最大限度地对外屏蔽，以此来保护信息和结构的安全。但它对来自网络内部的安全威胁不具备防范作用。在实现数据保护的过程中，该技术需要特殊的封闭的网络拓扑结构给予支持，相应的网络开销也比较大。

由于防火墙技术实施相对简单，所以被广泛采用。一般有互联网接口的企业信息系统都采用该项技术，通过数据包过滤、应用级网关和代理服务器等方式来实现防火墙的技术功能。信息系统的安全性主要体现在高保密性、可控制性、易审查性和抗攻击性四个方面。信息系统的安全性问题不仅是社会问题、技术问题，也是经济问题。安全保护措施必然要增加系统的维护费用，安全性越高，系统的投资也就越大。在一些特级保密的信息系统中的安全措施费用甚至可能超过系统正常投资的数额。

（三）信息系统安全的立法保护措施

1994年2月18日国务院首次发布了《中华人民共和国计算机信息系统安全保护条例》，该条例明确指出：信息系统安全是指"保障计算机及其相关的和配套的设备、设施（含网络）的安全以及运行环境的安全，保障信息的安全，保障计算机功能的正常发挥，以维护计算机信息系统的安全运行"。信息系统的安全就是为了防止系统外部对系统资源（特别是信息资源）不合法的使用和访问，保证系统的硬件、软件和数据不因偶然或人为的因素而遭受破坏、泄露、修改或复制，维护正当的信息活动，保证信息系统安全运行而采取的手段。

信息系统安全是十分复杂的技术问题、社会问题和经济问题，必须有一套完整的保护机制。其中，信息系统的自身保护机制问题应放在首要位置来考虑。我国政府已颁布了有关实施细则和法规，如操作系统安全评估标准、网络安全管理规范、数据库系统安全评估标准、计算机病毒以及有害数据防治管理制度等。随着信息系统管理工作的规范化，最终会使信息系统应用进入良好的法制化保护环境。

四、计算机病毒及其防范措施

随着计算机和互联网的日益普及，计算机病毒引起的信息系统崩溃和重要数据丢失等会造成社会财富的巨大浪费，有些甚至会造成全人类的灾难。

（一）计算机病毒的概念

计算机病毒是人为制造的，能够通过某一途径潜伏在计算机的存储介质（或可执行程序、数据文件）中，达到某种条件即被激活，对信息系统资源具有破坏作用的一种程序或指令的集合。

计算机病毒是一种破坏性和感染力很强的程序。当它进入正常工作的程序系统后，会破坏已有的程序或数据，或者通过自我复制消耗系统资源的手段破坏正常程序运转，就像微生物病毒攻击人类机体一样。

计算机病毒的运行是非授权入侵。计算机病毒具有传染性、可潜伏性、可触发性、欺骗性、衍生性和破坏性等基本特征。目前人类已发现的计算机病毒有 8 000 多种，常见的有 200 多种。按其工作机理可以分为引导型病毒、入侵型病毒、操作系统型病毒、文件型病毒和外壳型病毒五种类型。

（二）计算机病毒的防范措施

计算机病毒防范措施包括以下两个方面：

1. 技术手段

技术手段就是研制功能各异的防范计算机病毒的产品，包括软件、硬件和软硬件结合的，为用户提供必要的预防和消除病毒的工具，以抑制计算机病毒的蔓延，达到控制和消灭计算机病毒的目的。目前普遍采用以技术手段为主的预防方式，这是一种重要的防病毒方法。

计算机病毒不断翻新，同时防范计算机病毒的技术手段也在不断增强。技术手段主要包括软件预防和硬件预防。软件预防是指采用病毒预防软件来防御病毒的入侵。例如安装病毒预防软件，并使之常驻内存，当发生病毒入侵时，它会及时报警并终止处理，以防止病毒感染。软件预防是病毒防御系统的第一道防线，其任务是使病毒无法进行传染和破坏。

软件预防有一定局限性，它只能预防已知的病毒，对一些不能诊断或不能消除的病毒则无能为力，但仍不失为一种经济有效的预防方法。硬件预防采用防毒卡等硬件来防御病毒的入侵。防毒卡的技术手段和方法都较先进，能较有效地预防病毒感染，其主要优势如下：

（1）主动防御性。硬件防毒是一种主动防御方式。它一方面能防止外界病毒入侵本系统，另一方面又能抑制本系统插卡前已有病毒向外扩散。它打破了常规杀毒软件在病毒入侵后被动杀毒的局面。

（2）广谱抗病毒性。防毒卡能从病毒的共性出发，即从病毒的内存驻留、寄生对象、传播途径等病毒机理入手进行有效的监测和防范，打破了传统杀毒软件一种方法只能诊治一种病毒的局限性；实现了用一种检测手段能有效地检测出按同种思想编制的一类病毒，这是任何杀毒软件和软件方式的防毒系统所不及的。

（3）自身抗毒免疫性。防毒卡能与整个计算机系统融为一体，这使得在系统加电自检之后，且系统读取磁盘上的引导程序之前，防毒卡的病毒监测程序能获得系统的控制权。防毒卡工作时机不仅优先于病毒，而且优先于纯软件方式的任何防毒系统。

在具备这些优势的同时,防毒卡也存在诸如假报警、降低运行速度、与所有软件完全兼容困难等缺点,需要企业结合自身实际需求情况予以权衡选取。

2. 管理手段

管理手段主要是严格执行本节前文所谈到的信息系统运行管理制度。管理手段是以预防为主的方式。它加强对防范计算机病毒的研究和使用的控制,保护用户的合法权益,防止计算机病毒的传染,是信息系统安全管理的重要组成部分。它具体包括以下几点:

首先,明确责任和义务,发挥信息系统安全管理的作用。计算机信息系统的安全并不仅是计算机本身的安全,而且是信息系统的安全,是一个综合性的概念,是一项系统工程。有人认为是技术部门的事,其实这是一种误区。实现信息系统安全单靠技术部门显然是不够的。因此,准确定位、责任明确、管理到位才能实现对信息系统安全的管理。

其次,采用科学的管理方法,实现信息系统的安全管理。国外信息安全理论认为,信息系统的安全可以利用控制论的方法进行控制。其过程分为三个步骤:第一步是确定标准,用以衡量可控系统过去、现在、将来的运行;第二步是用标准对运行的结果进行测度和评价,发现运行中出现的错误和偏差;第三步是纠正错误和偏差。其中,标准的制定是控制论的核心内容和关键所在。利用科学的管理方法,实现信息系统的安全管理是必然的发展趋势。

最后,提高员工信息安全意识,有效保障信息系统的安全。从对一些计算机犯罪的案件分析可见,绝大部分案件是由于员工的计算机安全意识不强,给犯罪分子留有可乘之机,而这些问题完全可以通过加强员工信息安全知识培训加以解决。此外,信息系统评价也是系统运行管理的一项重要工作。信息系统评价是对系统的工作质量、系统对组织的影响以及当系统运行一段时间后的系统技术性能和经济效益等方面的评价。评价的结果可以作为系统发展和完善的参考意见,也可以作为系统拥有者评估投资收益的依据。

本章小结

1. 旅游管理信息系统的有效运行与维护是发挥信息系统功能的关键。

旅游管理信息系统在运行中应配置相应的组织及人员,系统开发运行中,开发人员与系统用户各司其职,共同负责解决系统运行、维护中出现的相关问题。

2. 旅游信息系统安全是发挥信息系统功能的重要保障。

信息系统安全主要涉及信息传输的安全、信息存储的安全、网络传输信息内容的安全和管理的安全等。影响信息系统安全的因素有很多,旅游企业应针对影响安全因素的来源不同,采取相应防范措施,保障系统运行中信息传递、存储安全。

本章习题

1. 旅游管理信息系统运行的目标是什么?
2. 在系统运行管理中,系统开发者和系统用户的工作内容有何不同?
3. 旅游管理信息系统运行中应如何进行维护?
4. 信息系统安全指的是什么?
5. 影响旅游管理信息系统安全的因素有哪些?
6. 结合旅游企业实践,谈谈应如何保障信息安全。

附 录

附录1　HMIS 应用实例

酒店通标准版是由用友软件股份有限公司开发的一套专为酒店企业定制的信息管理系统，它集预订、接待、收银、VIP 卡及客户管理、电话管理、门锁管理和经营分析等于一体，可广泛适用于各种规模的酒店，同时能和本公司旗下的餐饮通无缝整合使用。此外，还能全面地管理酒店的多种经营部门，非常有效地帮助酒店企业处理日常工作业务，规范管理各项业务工作和操作流程。

一、系统应用模式

针对不同规模的酒店企业，系统支持网络应用模式和单机应用模式这两种模式。二者在系统功能上并无差别，只是网络应用模式适用于规模较大，需要多个接待、收银点的酒店企业。

1. 网络应用模式

网络应用模式需配备独立的数据库服务器、应用服务器，二者可以使用一台配置较高的兼容机或品牌服务器，客户端根据规模选择台数。需要组建局域网，适合大中型酒店企业使用。

客户端均需要连接服务器才能使用，在使用过程中，一个客户端的开启不会影响到系统中其他客户端的使用，需保证网络畅通、服务器正常开启。

2. 单机应用模式

单机应用模式只需一台计算机，既做数据库服务器、应用服务器，又做客户端。不需要组网，适合小型酒店企业使用。

二、系统运行环境

（一）建议硬件环境

1. 网络应用的硬件配置

服务器配置（不区分数据服务器与应用服务器）：CPU：奔腾 2.4 GHz 主频以上；HD：

40 GHz 以上；RAM：512 MB 以上；至少应有一个光驱；网卡。

客户端计算机配置：CPU：赛扬 2.0 GHz 主频以上；HD：40 GHz 以上；RAM：256 MB 以上；网卡。

网络配置：100 MB 局域网、100 MB 交换机。

2. 单机应用的硬件配置

计算机配置：CPU：奔腾 2.4 GHz 主频以上；HD：80 GHz 以上；RAM：512 MB 以上；至少应有一个光驱。

（二）运行系统的软件环境

1. 数据库

支持 MSDE 2000 + MSDE Critical Update（关键更新）或 SQL Server 2000 + Sp4 数据库。

2. 操作系统

（1）单用户配置。

Windows XP + Sp2

Windows 2000 Server + Sp4

Windows 2000 Professional + Sp4

Windows 2003 Server

Windows 2000 Advanced Server + Sp4

（2）网络用户配置。

①服务器：

Windows 2000 Server + Sp4

Windows 2003 Server

Windows 2000 Advanced Server + Sp4

②客户端：

Windows XP + Sp2

Windows 2000 Server + Sp4

Windows 2000 Professional + Sp4

Windows 2003 Server

Windows 2000 Advanced Server + Sp4

三、酒店通系统软件的主要功能

（一）客户化子系统

用户使用酒店通系统前需进行客户化处理，包括设置公司信息、用户权限、打印及账单号格式等数据。

1. 公司信息与建公司账初始化

单击"客户化"｜"公司属性"按钮，界面显示如附图 1 所示。

在左边目录中选择要修改的公司，单击"修改"按钮，在右侧编辑区输入详细信息，再单击"保存"按钮，完成操作。

2. "建公司账"功能

单击"客户化"｜"公司"｜"建公司账"按钮，界面显示如附图 2 所示。

设置账套建账和增补操作。新建了公司后，如附图2中，选择需要建账的公司，单击"建账"按钮，选择需要启用的功能模块如附图3所示。

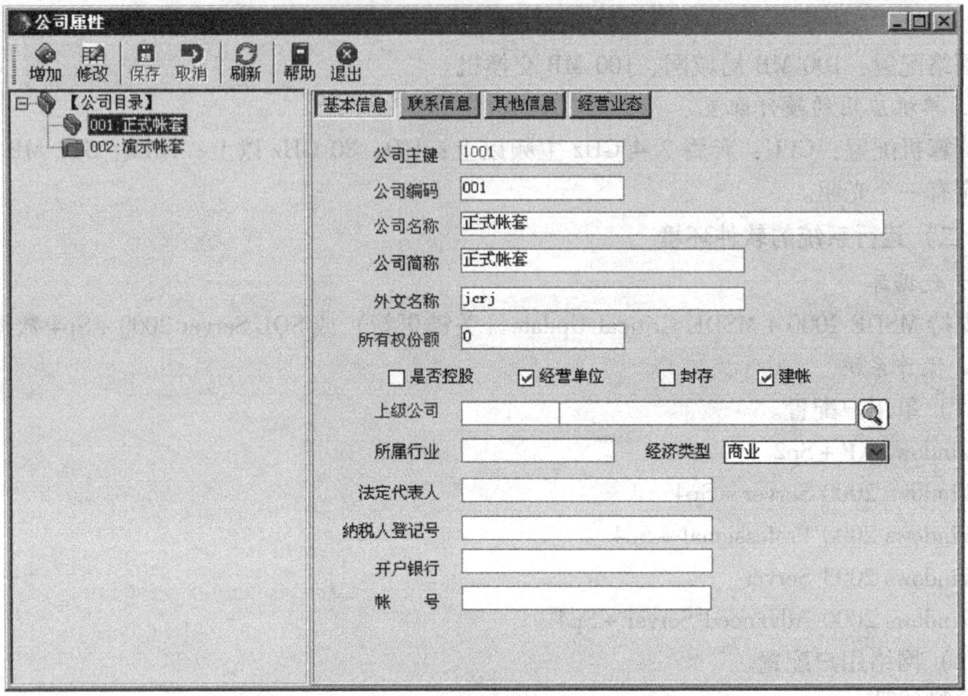

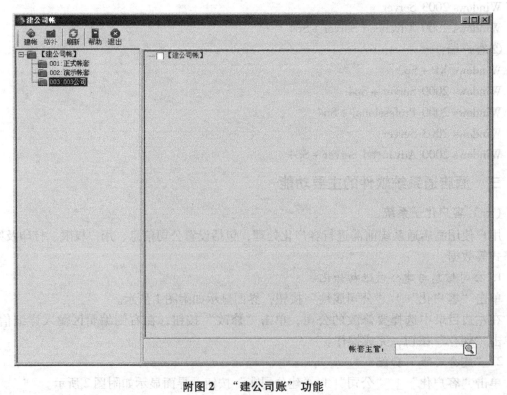

附图1　公司信息与建公司账初始化

附图2　"建公司账"功能

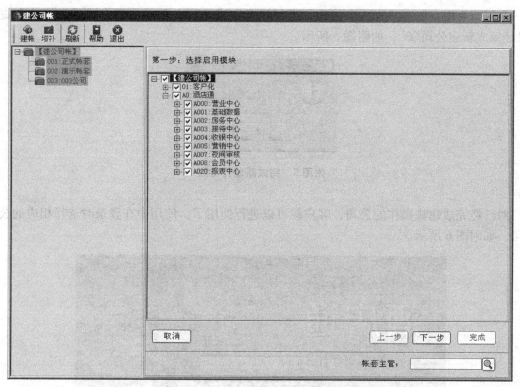

附图3 选择启用模块

单击"下一步"按钮,显示建账信息,如附图4所示。

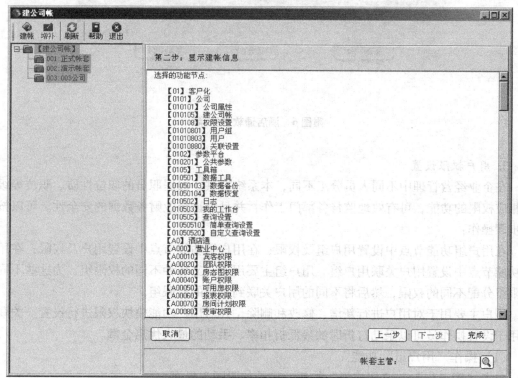

附图4 显示建账信息

在附图 4 中，单击"完成"按钮，进行建账完成过程；稍等建账完成后，系统会提示"已经完成新建公司账"，如附图 5 所示。

附图 5　完成新建公司账

对已经完成建账操作的公司，客户就可以进行使用了。使用中在登录时选择相应的公司即可，如附图 6 所示。

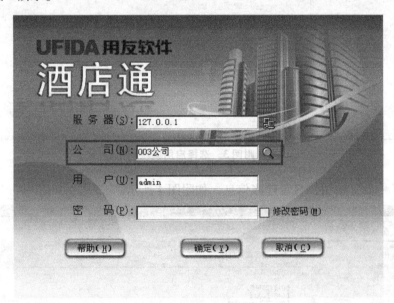

附图 6　酒店通软件登录

3. 用户权限设置

在企业经营管理中不同人员分工不同，本系统提供了根据职员的职位性质、职位等级授予相应权限的功能，可有效地监督各部门工作，并且保证企业财务数据的安全性。可以按如下步骤操作：

在用户组功能节点中设置用户组及权限；在用户组功能节点中设置用户及权限；在用户组功能节点中设置用户关联用户组。用户组主要用于定义各种不同的权限组，为这些不同的权限组分配不同的权限，然后将不同的用户关联到相应的权限组。

用户主要用于对用户进行新增、修改和删除，并对用户功能模块权限进行设置。关联设置用于设置操作员可以手动打折时的最低折扣率、手动的最大优惠金额。

（1）操作"用户组"功能。

单击"客户化"｜"用户组"按钮，显示如附图 7 界面。

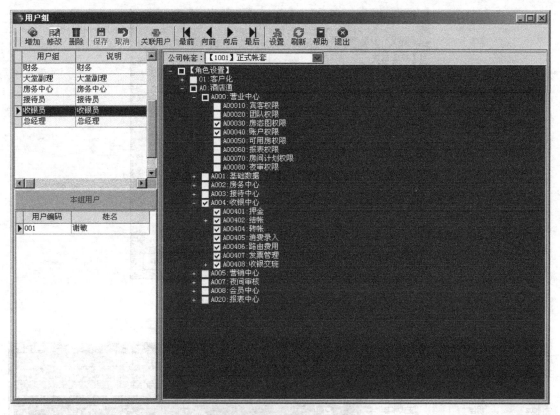

附图7 "用户组"功能

增加用户组：

单击"增加"按钮，建立一个权限组，为该权限组填好用户组名称，在右侧目录中勾选相应的权限节点。单击"保存"按钮，完成操作。

修改用户组：在左侧用户组列表中选择要修改的权限组，单击"修改"按钮，可修改用户组名称和重新勾选其权限节点。单击"保存"按钮，完成操作。

删除用户组：在左侧用户组列表中选择要修改的权限组，单击"删除"按钮，可删除选择的用户组（关联了用户的用户组不允许删除）。

用户组关联用户：

将相关用户组关联对应的权限组：先在左侧用户组列表中选择要关联用户的用户组，然后单击"关联用户"按钮，系统弹出用户组关联用户窗口，如附图8所示。

再从用户组列表中选择需关联的用户：单击 按钮，将选择的用户移到已选用户列表中。如需从已关联的用户中解除关联关系，在已选用户中选择已关联用户，单击 按钮，将选择的用户移到可选用户列表中。单击"确认"按钮，完成操作；如单击"取消"按钮，则取消操作。

（2）操作"用户"功能。

单击"客户化"｜"用户"按钮，界面显示如附图9所示。

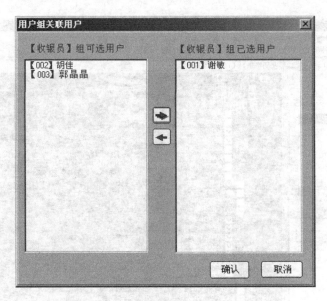

附图8 从用户组列表中选择需关联的用户

附图9 "用户"功能

增加用户：单击"增加"按钮，建立一个用户，录入用户编码、名称和口令等内容，勾选用户权限。单击"保存"按钮，完成操作。

修改用户：在左侧用户组列表中选择要修改的用户，单击"修改"按钮，可修改用户基本信息和权限。单击"保存"按钮，完成操作。

删除用户：在左侧用户组列表中选择要修改的用户，单击"删除"按钮，可删除选择的用户（已发生业务的用户不允许删除）。

用户关联组用户：

将相关用户关联对应的权限组：先在左侧用户列表选择要关联组的用户，然后单击"关联组用户"按钮，系统弹出用户关联组用户窗口，如附图10所示。具体操作参考用户组关联用户。

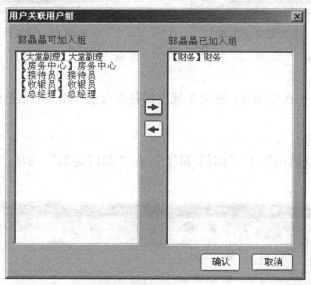

附图10　用户关联用户组

（3）操作"关联设置"功能。设置操作员可以手动打折时的最低折扣率、手动的最大优惠金额。"关联设置"功能，如附图11所示。

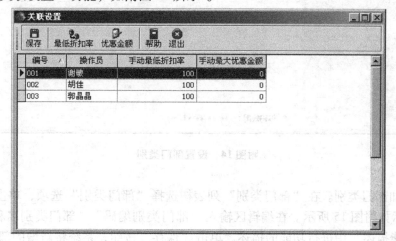

附图11　"关联设置"功能

设置最低折扣率：为可以打折的百分比，100 表示不能打折，80 表示最低能打 8 折，0 表示可以打任意折扣率；选择需要设置的操作员，单击"最低折扣率"按钮，在弹出的设置界面输入最低折扣率，单击"确定"按钮即可，如附图 12 所示。

设置优惠金额：为手动优惠的最大金额，等于 0 为不能优惠，大于 0 为手动优惠的最大金额。选择需要设置的操作员，单击"优惠金额"按钮，在弹出的设置界面输入最大优惠金额，单击"确定"按钮即可，如附图 13 所示。

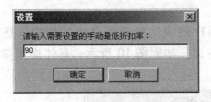
附图 12　设置最低折扣率

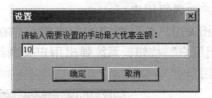
附图 13　设置优惠金额

（二）基础设置

基础数据建立指初次使用时，建立系统内的各类与业务相关的信息档案。其主要包括以下内容：

1. 部门/员工设置

（1）选择"基础数据"｜"部门/员工"｜"部门类别"选项，界面显示如附图 14 所示。

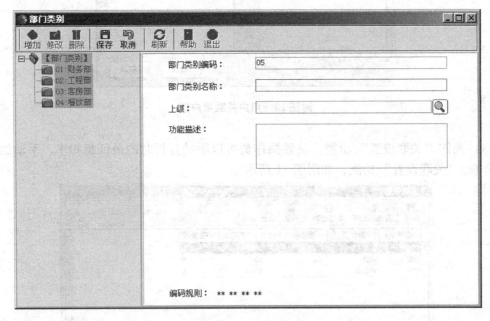
附图 14　设置部门类别

（2）增加部门类别。在"部门类别"列表树选择"部门类别"选项，单击"增加"按钮，界面显示如附图 15 所示。在编辑区输入"部门类别编码""部门类别名称""上级"，以及在"功能描述"中进行功能的描述。单击"保存"按钮，系统将新增的部门类别保存。

其中"部门类别编码""部门类别名称"为必须输入,且"部门类别编码"必须唯一。在"部门类别"列表树为空的情况下,直接单击"增加"按钮,"上级"为空。

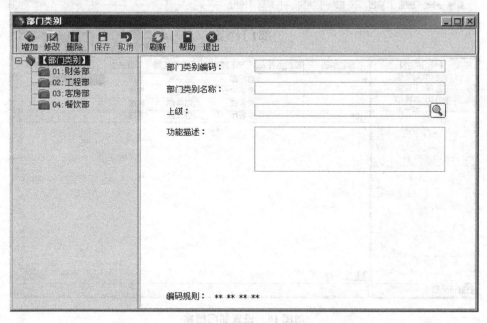

附图 15　增加部门类别

(3) 修改部门类别。在"部门类别"列表树中单击需修改的"部门类别"。单击"修改"按钮,即可对部门类别进行修改。单击"保存"按钮,系统将修改后的内容保存,如需放弃此次修改,单击"取消"按钮即可。

(4) 删除部门类别。在"部门类别"列表树中单击需删除的"部门类别"。单击"删除"按钮,即可删除此部门类别的内容。如果该部门类别正在使用,则不可删除。

2. 部门档案功能

(1) 选择"基础数据"|"部门/员工"|"部门档案"选项,界面显示如附图 16 所示。

(2) 新增部门档案。在"部门档案"列表树中,单击"新增"按钮,系统出现部门档案新增界面如附图 17 所示。录入"部门编码""部门名称",选择对应的"经营业态"。单击"保存"按钮,系统将新增的部门档案保存,如需撤销新增,单击"退出"按钮即可。

(3) 修改部门档案。在"部门档案"列表树中,单击需要修改的部门档案,在对应的部门档案列表中,选择需修改的部门档案记录。单击"修改"按钮,修改指定部门档案内容。单击"保存"按钮,系统将修改内容保存,如需撤销修改,单击"退出"按钮即可。

(4) 删除部门档案。在"部门档案"列表树中,单击需删除的部门档案,在对应的部门档案列表中,选择需删除的部门档案记录。单击"删除"按钮,系统将指定记录删除。

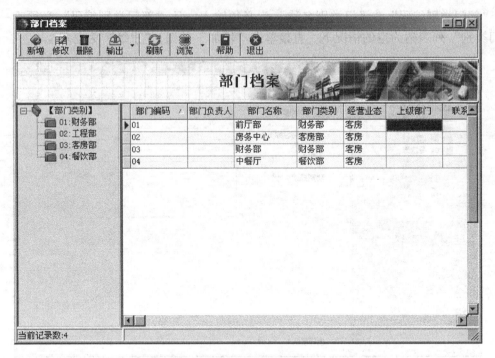

附图16　设置部门档案

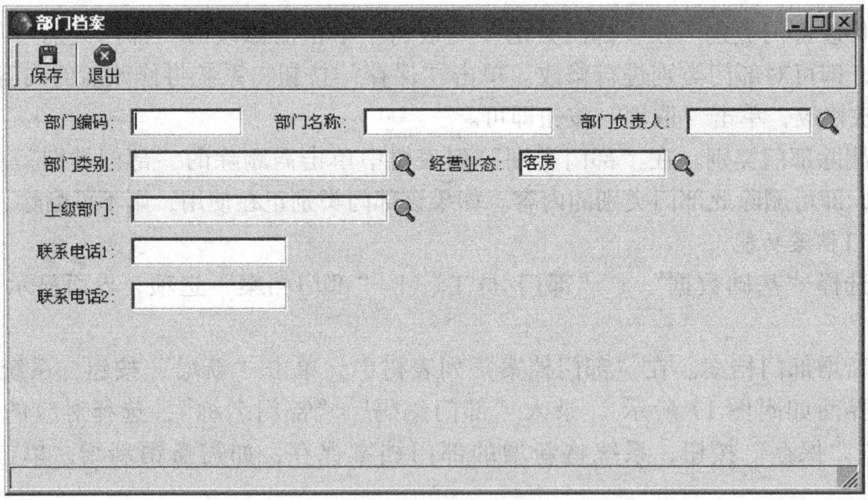

附图17　新增部门档案

3. 员工类别功能

（1）选择"基础数据" | "部门/员工" | "员工类别"，界面显示如附图18所示。

（2）增加员工类别。在"员工类别"列表树中选择"员工类别"选项，单击"新增"按钮，界面显示如附图19所示。

在编辑区输入"员工类别编码""员工类别名称""上级"，选择对应的"员工属性"，在"功能描述"中进行功能的描述。单击"保存"按钮，系统将新增的员工类别保存。

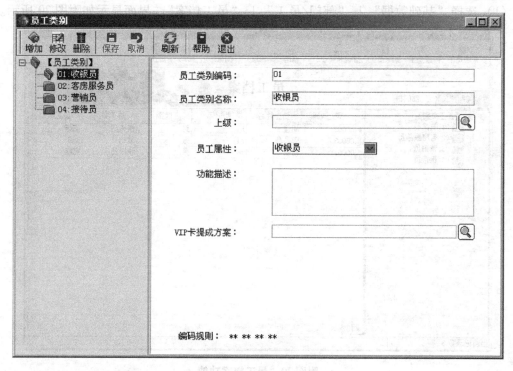

附图18　设置员工类别

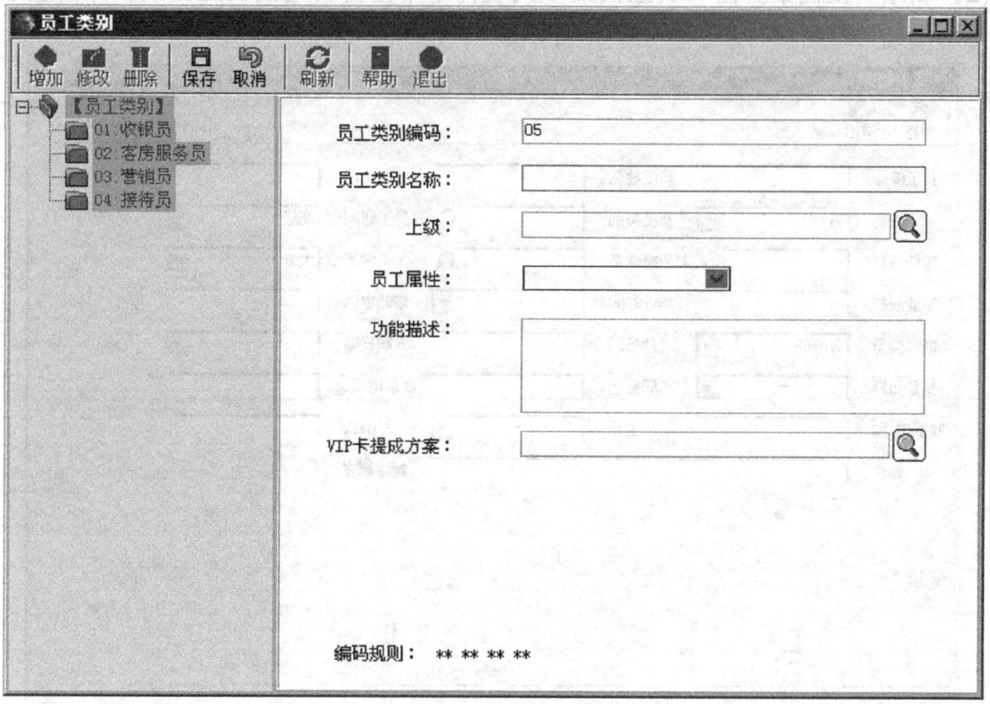

附图19　增加员工类别

4. 员工档案功能

(1) 选择"基础数据"｜"部门/员工"｜"员工档案",界面显示如附图 20 所示。

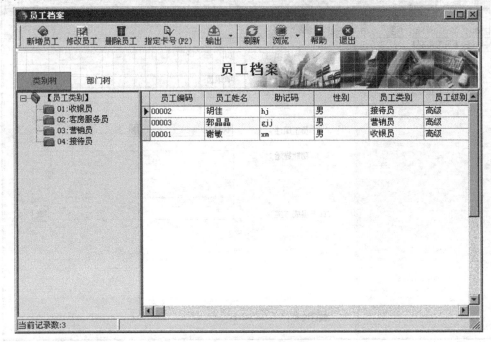

附图 20　员工档案功能

(2) 新增员工档案。在"员工档案"列表树中单击需新增的员工类别,界面显示如附图 21 所示。

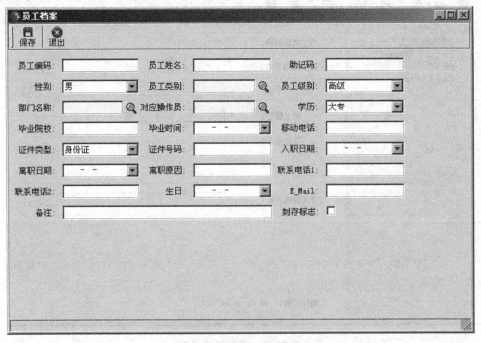

附图 21　新增员工档案

录入"员工编码""员工姓名""部门名称""对应操作员""入职日期"等内容。单击"保存"按钮，系统将新增员工档案保存。"助记码"条目可根据员工姓名自动确定，用户无须手动录入。

(3) 修改员工档案。在"员工档案"列表树中单击需修改的员工类别，在对应的"员工档案"列表中单击需修改的记录。单击"修改"按钮，系统出现"员工档案"的修改界面，修改相关档案信息。单击"保存"按钮，系统将修改内容保存，如需取消修改，单击"退出"按钮即可。

(4) 删除员工档案。在"员工档案"列表树中单击需删除的员工类别，在对应的员工档案列表中单击需删除的记录。单击"删除"按钮，系统将指定的员工档案删除。

(三) 酒店营业中心

酒店营业中心分为宾客、团队、房态图、账户、可用房、报表、房间计划和夜审八大部分，每个部分对应一个界面，可进行相关操作。

1. 酒店房态功能

选择"房务中心"｜"营业中心"选项，在打开的界面中单击"酒店房态图"按钮，系统出现如附图22所示界面。

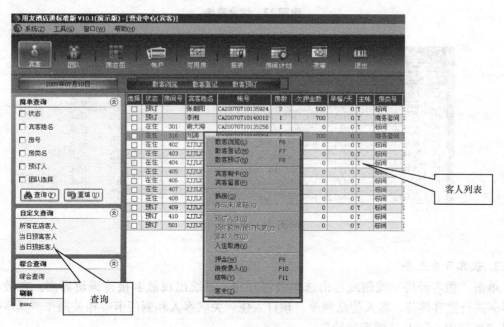

附图22　酒店房态功能

(1) 选择查询类型，以综合查询为例，系统出现如附图23所示界面。
(2) 录入查询条件，单击"增加"按钮，如有多个查询条件，选择逻辑关系（并且/或者）后，录入查询条件并单击"增加"按钮，界面显示如附图23所示。
(3) 单击"确定"按钮，综合查询完毕，在"客人列表"中显示符合查询条件的客人记录，如附图24所示。
(4) 刷新显示所有客人记录：单击"刷新"按钮。

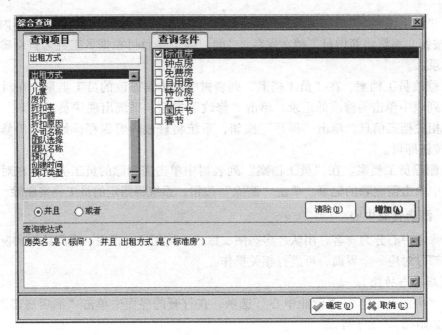

附图 23　综合查询

散客浏览　散客登记　散客预订

选择	状态	房间号	宾客姓名	帐号	房数	欠押金数	早餐/天	主帐	房类号
□	预订		张朝阳	CA20070710135924	2	500	0	Y	标间
□	在住	301	谢大海	CA20070710135256	1	0	0	Y	标间
□	在住	402	ZJJLXT_0	CA20070710140818	1	0	0	Y	标间
□	在住	403	ZJJLXT_1	CA20070710140927	1	0	0	Y	标间
□	在住	404	ZJJLXT_2	CA20070710140929	1	0	0	Y	标间
□	在住	405	ZJJLXT_3	CA20070710140931	1	0	0	Y	标间
□	在住	406	ZJJLXT_4	CA20070710140933	1	0	0	Y	标间
□	在住	407	ZJJLXT_5	CA20070710140935	1	0	0	Y	标间
□	在住	408	ZJJLXT_6	CA20070710140937	1	0	0	Y	标间

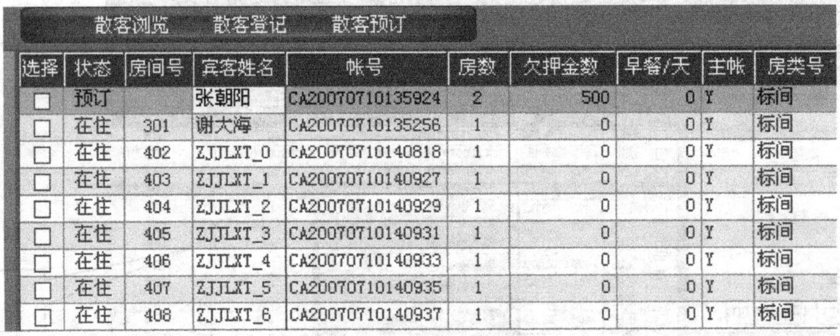

附图 24　查询显示

2. 散客开房业务

单击“散客开房”按钮或右击选择散客开房，系统出现散客接待编辑界面。在散客接待界面进行散客接待、客人信息修改、预订入住、关联客人和制门卡等相关操作，具体操作详见“接待中心”｜“散客接待”。

3. 散客预订业务

单击“散客预订”按钮，或右击选择散客预订，系统出现散客预订编辑界面。可在该功能进行散客预订、修改预订信息、删除预订单、预订入住和入住取消等相关操作，具体操作详见“接待中心”｜“散客预订”。

4. 客人浏览业务

单击“客人浏览”按钮，或左右击选择浏览，或双击选中的客人记录，系统出现所选客人的接待界面。用户可在散客接待界面对指定客人进行信息修改、删除、入住、取消入住、制门卡等相关操作，具体的操作详见“接待中心”｜“散客接待”。

5. 留言业务

(1) 在客人列表中，单击需留言的客人记录。右击选择留言，系统出现留言处理界面如附图 25 所示。

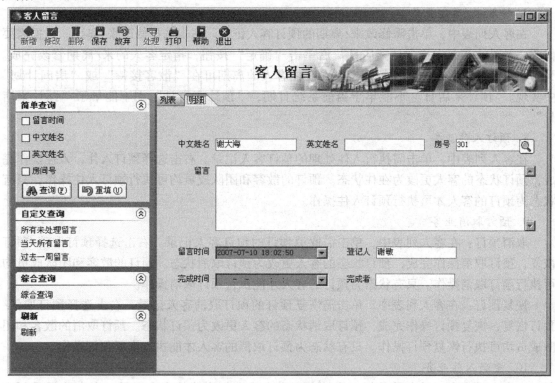

附图 25　留言处理界面

(2) 选择操作界面。用户可在该界面对指定客人进行留言、修改留言信息、删除留言记录和处理留言，具体操作详见"接待中心"｜"接待处理"｜"留言"。

6. 换房业务

在客人列表中，单击需进行换房处理的客人记录。右击选择换房，系统出现换房界面如附图 26 所示。

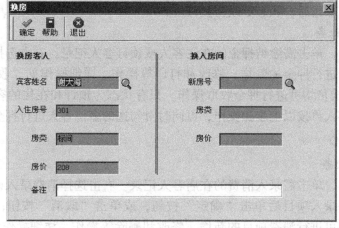

附图 26　换房业务

进行换房处理，详细的换房操作可参见"接待中心"|"接待处理"|"换房"。只有状态未在住的客人才能执行换房操作，其他状态的客人的房号修改在对应的接待单或预订单中实现。

7. 修改来/离期业务

在客人列表中，单击需修改来/离期的预订客人记录。右击选择修改来/离期。根据需要修改"预计来店日""预计离店日"后单击"确定"按钮，指定客人的来/离期修改完成。只有状态为预订客人才能执行该操作，在住客人的离期可在"散客接待"或"房间计划"中实现。"预计来店日"不能早于当前系统日期，"预计离店日"则不能早于"预计来店日"。

8. 预订入住业务

在客人列表中，单击需执行入住处理的预订客人记录。右击选择预订入住，入住操作完成，预订状态的客人更改为在住状态。预订的散客和团队成员均可执行预订入住操作，只有状态为预订的客人才可执行预订入住操作。

9. 预订取消业务

取消预订：在客人列表中，单击需取消预订的预订客人记录。右击选择预订取消/预订恢复，预订取消操作完成，预订状态的客人更改为预订取消状态。预订的散客和团队成员均可执行预订取消操作。只有状态为预订的客人才能执行预订取消操作。

恢复预订：在客人列表中，单击需恢复预订的预订取消客人记录。右击选择预订取消/预订恢复，恢复预订操作完成，预订取消状态的客人更改为预订状态。预订取消的散客和团队成员均可执行恢复预订操作。只有状态为预订取消的客人才能执行恢复预订操作。

10. 重新入住业务

在客人列表中，单击需重新入住的离店客人或入住取消的客人记录。右击选择重新入住，重新入住操作完成，入住取消和离店状态的客人更改为在住状态。离店的散客或团队成员均可执行重新入住操作。只有状态为离店或入住取消的客人才能执行该操作。

11. 入住取消业务

在客人列表中，单击需取消入住的在住客人记录。右击选择入住取消，入住取消操作完成，在住状态的客人更改为入住取消或预订状态。在住的散客或团队成员均可执行入住取消操作。散客接待中登记入住的散客执行该操作后，状态更改为入住取消；预订后入住的散客或团队成员执行该操作后，状态更改为预订。

12. 押金处理业务

在客人列表中，单击需缴纳押金的在住客人或预订客人记录。右击选择押金，系统出现押金界面。用户可进行押金的新增、修改和打印等操作，详细操作见"收银中心"|"押金"。散客和团队成员均可进行押金收取操作。只有状态为预订和在住的客人才能执行押金操作。勾选多位客人再按以上步骤操作，可同时对勾选的多位客人进行押金收银。

（四）收银中心

1. 消费录入业务

在客人列表中，单击需录入消费的在店客人记录。右击选择消费录入，进入系统项目录入界面，根据需要录入项目后单击"确定"按钮，或单击"取消"按钮，系统进入消费项目录入界面。用户可进行消费项目的新增、修改和删除等操作，详细操作参见"收银中心"

|"消费录入"。只有状态为在住的客人才可进行消费录入操作。勾选多位客人再按以上步骤操作,系统将直接进入消费录入界面,可同时对勾选的多位客人进行消费录入。

2. 押金业务

在总账列表中,单击需缴纳押金的账目。右击选择押金,系统出现押金界面如附图27所示。

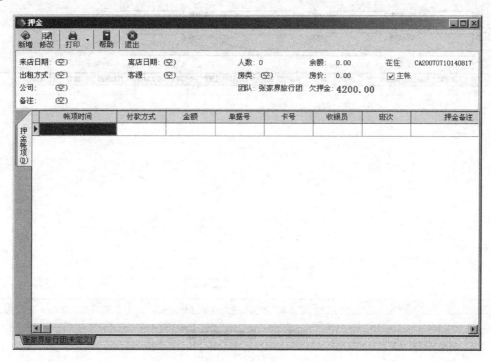

附图27 押金业务

用户可在该界面进行押金的新增、修改和打印等相关操作,状态为预订和在住的客人才能进行押金操作。勾选多位客人再按以上步骤操作,可同时对勾选的多位客人进行押金收银。

(五)接待中心

接待中心功能主要包括团队/散客登记、新增从账客人、开合住房、修改信息、删除记录、散客转团队/团队成员转散客、入住处理、取消入住、关联客人、折扣处理和分房等业务。

1. 接待功能

选择"接待中心"|"团队接待"选项,界面显示如附图28所示。

2. 酒店接待界面登记业务

单击"新增"按钮,界面处于新增编辑状态。录入"宾客姓名",选择"证件类型",录入"证件号码",确定"离店日期"和"出租方式",选择"房号"等信息。一张接待单可录入多位散客的信息,可同时进行登记操作。同时登记的多间客房"宾客姓名"和"证件号码"等信息均相同,如需更改单间客房客人信息,可参见散客接待的修改操作。散客接待支持多登记单同时录入,即在编辑登记单时,可单击"新增"按钮,新增其他登记单。

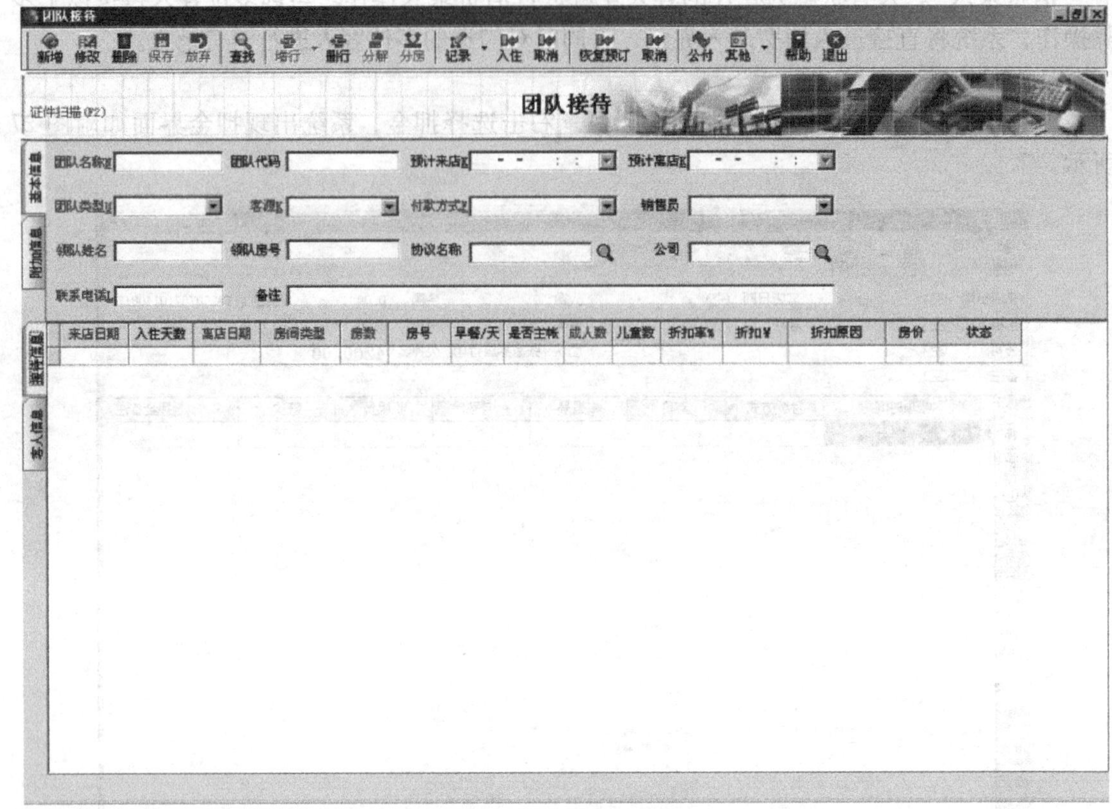

附图28 散客接待功能

房间号的确定可手动录入，也可通过分房实现，且分房可快速选择单间或多间客房，具体分房操作将在以下作详细说明。针对第二代身份证，系统提供了证件扫描的功能，可自动录入客人"证件号码"等相关信息。证件扫描需提供相关的硬件设施，用户可在实施人员的指导下完成相关设置。系统可自动根据客人的证件号带出客人的"省市""性别"和"生日"。

3. 开合住房业务

单击"查找"按钮，查找需新增合住客人，"出租方式"为合住房的在店客人。单击"修改"按钮，散客接待处于编辑状态。单击"增行"｜"合住"按钮，系统增加一条指定客房的合住记录。单击"保存"按钮，系统将新增的合住客人信息保存。

4. 折扣处理业务

单击"查找"按钮，查找需进行打折处理的客人记录。单击"修改"按钮，接待单处于编辑状态，选择需进行打折处理的客人记录，单击该客人记录"折扣率%""折扣¥"或"房价"旁的按钮，系统出现界面如附图29所示。

选择"折扣方案"，系统自动带出该房间类型折扣方案对应的"门市价格""散客价格""团队价格"。单击"确定"按钮，如当前操作员不具有该折扣方案的权限，系统出现操作审核界面，即授权人界面，如附图30所示。

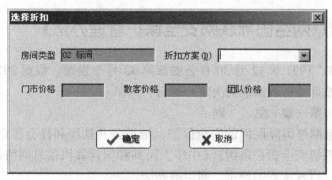

附图 29 折扣处理业务

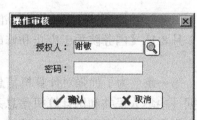

附图 30 操作审核

选择具有该折扣方案权限的“授权人”，输入该“授权人”的“密码”。单击“确定”按钮，折扣处理完成。如当前操作员不具有折扣授权权限，也没有授权人密码，则不能进行打折处理。折扣授权可在“基础数据”｜“折扣方案设置”和“员工关联折扣设置”中进行设置。用户也可手动更改“折扣率%”“折扣￥”或“房价”，系统自动判断该操作员具有的优惠金额或手动最低折扣，如超出则弹出操作审核界面，进行授权人处理。操作员的优惠金额和手动最低折扣可在“客户化”｜“公司”｜“权限设置”｜“关联设置”中进行设置。

5. 分房业务

新增接待记录时，在“房数”中录入所需的房间数，单击“分房”按钮，系统出现分房主界面如附图 31 所示。

房类名	总数	可租	脏房
全部	88	75	7
01 单人间	16	16	0
02 标间	40	28	7
03 商务套间	32	31	0

选择	栋号	楼号	房号	房类名称	出租方式	房价	加钟价格	房态	核查	未
	0	3	315	商务套间	标准房	328	0	VA		V
	0	4	415	商务套间	标准房	328	0	VA		V
	0	4	416	商务套间	标准房	328	0	VA		V
	0	5	515	商务套间	标准房	328	0	VA		V
	0	5	516	商务套间	标准房	328	0	VA		V
	0	6	615	商务套间	标准房	328	0	VA		V
	0	6	616	商务套间	标准房	328	0	VA		V
	0	7	701	商务套间	标准房	328	0	VA		V
	0	7	702	商务套间	标准房	328	0	VA		V
	0	7	703	商务套间	标准房	328	0	VA		V
	0	7	704	商务套间	标准房	328	0	VA		V
	0	7	705	商务套间	标准房	328	0	VA		V
	0	7	706	商务套间	标准房	328	0	VA		V
	0	7	707	商务套间	标准房	328	0	VA		V
	0	7	708	商务套间	标准房	328	0	VA		V
	0	7	709	商务套间	标准房	328	0	VA		V
	0	7	710	商务套间	标准房	328	0	VA		V
	0	8	801	商务套间	标准房	328	0	VA		V
	0	8	802	商务套间	标准房	328	0	VA		V

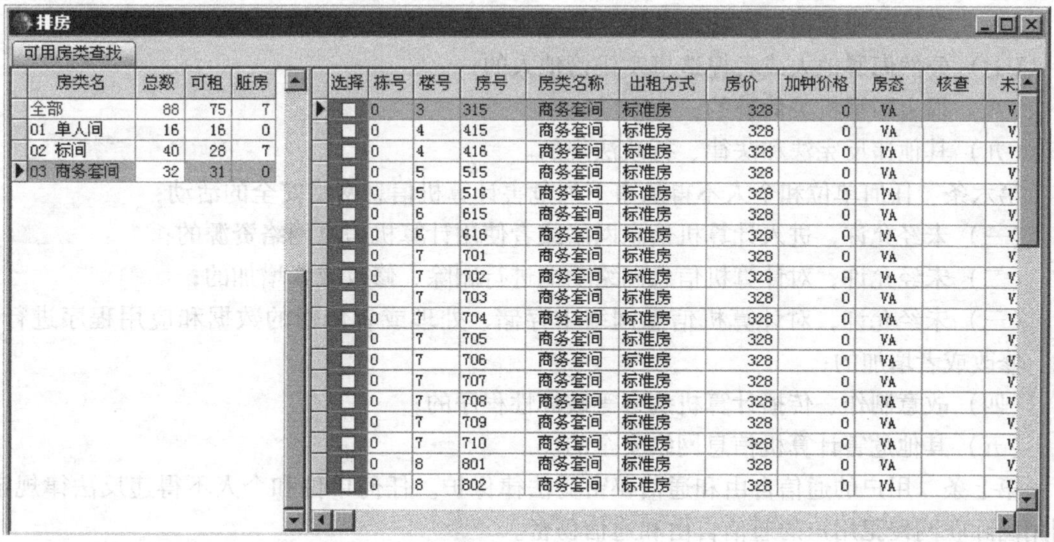

附图 31 分房业务

单击所需的房类名称，根据需要录入查询条件，如“栋号”“楼号”“房号”等，确定所需房间的清洁状态。“需要房数”为用户确定的“房数”，用户手动选择的房间数等于“已选房数”后，分房操作才能完成。

附录2 《计算机信息网络国际联网安全保护管理办法》

（1997年12月11日国务院批准，1997年12月30日公安部第33号令发布，根据2011年1月8日《国务院关于废止和修改部分行政法规的决定》修订）

第一章 总 则

第一条 为了加强对计算机信息网络国际联网的安全保护，维护公共秩序和社会稳定，根据《中华人民共和国计算机信息系统安全保护条例》《中华人民共和国计算机信息网络国际联网管理暂行规定》和其他法律、行政法规的规定，制定本办法。

第二条 中华人民共和国境内的计算机信息网络国际联网安全保护管理，适用本办法。

第三条 公安部计算机管理监察机构负责计算机信息网络国际联网的安全保护管理工作。公安机关计算机管理监察机构应当保护计算机信息网络国际联网的公共安全，维护从事国际联网业务的单位和个人的合法权益和公众利益。

第四条 任何单位和个人不得利用国际联网危害国家安全、泄露国家秘密，不得侵犯国家的、社会的、集体的利益和公民的合法权益，不得从事违法犯罪活动。

第五条 任何单位和个人不得利用国际联网制作、复制、查阅和传播下列信息：
（一）煽动抗拒、破坏宪法和法律、行政法规实施的；
（二）煽动颠覆国家政权，推翻社会主义制度的；
（三）煽动分裂国家、破坏国家统一的；
（四）煽动民族仇恨、民族歧视，破坏民族团结的；
（五）捏造或者歪曲事实，散布谣言，扰乱社会秩序的；
（六）宣扬封建迷信、淫秽、色情、赌博、暴力、凶杀、恐怖、教唆犯罪的；
（七）公然侮辱他人或者捏造事实诽谤他人的；
（八）损害国家机关信誉的；
（九）其他违反宪法和法律、行政法规的。

第六条 任何单位和个人不得从事下列危害计算机信息网络安全的活动：
（一）未经允许，进入计算机信息网络或者使用计算机信息网络资源的；
（二）未经允许，对计算机信息网络功能进行删除、修改或者增加的；
（三）未经允许，对计算机信息网络中存储、处理或者传输的数据和应用程序进行删除、修改或者增加的；
（四）故意制作、传播计算机病毒等破坏性程序的；
（五）其他危害计算机信息网络安全的。

第七条 用户的通信自由和通信秘密受法律保护。任何单位和个人不得违反法律规定，利用国际联网侵犯用户的通信自由和通信秘密。

第二章 安全保护责任

第八条 从事国际联网业务的单位和个人应当接受公安机关的安全监督、检查和指导，如实向公安机关提供有关安全保护的信息、资料及数据文件，协助公安机关查处通过国际联网的计算机信息网络的违法犯罪行为。

第九条 国际出入口信道提供单位、互联单位的主管部门或者主管单位，应当依照法律和国家有关规定负责国际出入口信道、所属互联网络的安全保护管理工作。

第十条 互联单位、接入单位及使用计算机信息网络国际联网的法人和其他组织应当履行下列安全保护职责：

（一）负责本网络的安全保护管理工作，建立健全安全保护管理制；

（二）落实安全保护技术措施，保障本网络的运行安全和信息安全；

（三）负责对本网络用户的安全教育和培训；

（四）对委托发布信息的单位和个人进行登记，并对所提供的信息内容按照本办法第五条进行审核；

（五）建立计算机信息网络电子公告系统的用户登记和信息管理制度；

（六）发现有本办法第四条、第五条、第六条、第七条所列情形之一的，应当保留有关原始记录，并在二十四小时内向当地公安机关报告；

（七）按照国家有关规定，删除本网络中含有本办法第五条内容的地址、目录或者关闭服务器。

第十一条 用户在接入单位办理入网手续时，应当填写用户备案表。备案表由公安部监制。

第十二条 互联单位、接入单位、使用计算机信息网络国际联网的法人和其他组织（包括跨省、自治区、直辖市联网的单位和所属的分支机构），应当自网络正式联通之日起三十日内，到所在地的省、自治区、直辖市人民政府公安机关指定的受理机关办理备案手续。

前款所列单位应当负责将接入本网络的接入单位和用户情况报当地公安机关备案，并及时报告本网络中接入单位和用户的变更情况。

第十三条 使用公用账号的注册者应当加强对公用账号的管理，建立账号使用登记制度。用户账号不得转借、转让。

第十四条 涉及国家事务、经济建设、国防建设、尖端科学技术等重要领域的单位办理备案手续时，应当出具其行政主管部门的审批证明。

前款所列单位的计算机信息网络与国际联网，应当采取相应的安全保护措施。

第三章 安全监督

第十五条 省、自治区、直辖市公安厅（局），地（市）、县（市）公安局，应当有相应机构负责国际联网的安全保护管理工作。

第十六条 公安机关计算机管理监察机构应当掌握互联单位、接入单位和用户的备案情况，建立备案档案，进行备案统计，并按照国家有关规定逐级上报。

第十七条 公安机关计算机管理监察机构应当督促互联单位、接入单位及有关用户建立、健全安全保护管理制度。监督、检查网络安全保护管理以及技术措施的落实情况。

公安机关计算机管理监察机构在组织安全检查时，有关单位应当派人参加。公安机关计算机管理监察机构对安全检查发现的问题，应当提出改进意见，做出详细记录，存档备查。

第十八条 公安机关计算机管理监察机构发现含有本办法第五条所列内容的地址、目录或者服务器时，应当通知有关单位关闭或者删除。

第十九条 公安机关计算机管理监察机构应当负责追踪和查处通过计算机信息网络的违法行为和针对计算机信息网络的犯罪案件，对违反本办法第四条、第七条规定的违法犯罪行为，应当按照国家有关规定移送有关部门或者司法机关处理。

第四章 法律责任

第二十条 违反法律、行政法规，有本办法第五条、第六条所列行为之一的，由公安机关给予警告；有违法所得的，没收违法所得，对个人可以并处五千元以下的罚款，对单位可以并处一万五千元以下的罚款；情节严重的，并可以给予六个月以内停止联网、停机整顿的处罚，必要时可以建议原发证、审批机构吊销经营许可证或者取消联网资格；构成违反治安管理行为的，依照治安管理处罚条例的规定处罚；构成犯罪的，依法追究刑事责任。

第二十一条 有下列行为之一的，由公安机关责令限期改正，给予警告；有违法所得的，没收违法所得；在规定的限期内未改正的，对单位的主管负责人员和其他直接责任人员可以并处一万五千元以下的罚款，情节严重的，并可以给予六个月以内的停止联网。停机整顿的处罚，必要时可以建议原发证、审批机构吊销经营许可证或者取消联网资格。

（一）未建立安全保护管理制度的；
（二）未采取安全技术保护措施的；
（三）未对网络用户进行安全教育和培训的；
（四）未提供安全保护管理所需信息、资料及数据文件，或者所提供内容不真实的；
（五）对委托其发布的信息内容未进行审核或者对委托单位和个人未进行登记的；
（六）未建立电子公告系统的用户登记和信息管理制度的；
（七）未按照国家有关规定，删除网络地址、目录或者关闭服务器的；
（八）未建立公用账号使用登记制度的；
（九）转借、转让用户账号的。

第二十二条 违反本办法第四条、第七条规定的，依照有关法律、法规予以处罚。

第二十三条 违反本办法第十一条、第十二条规定，不履行备案职责的由公安机关给予警告或者停机整顿不超过六个月的处罚。

第五章 附则

第二十四条 与香港特别行政区和台湾、澳门地区联网的计算机信息网络的安全保护管理，参照本办法执行。

第二十五条 本办法自发布之日起施行。

参 考 文 献

[1] 郭东强. 现代管理信息系统 [M]. 3版. 北京：清华大学出版社，2013.
[2] 常晋义，王小英，周蓓. 计算机系统导论 [M]. 北京：清华大学出版社，2011.
[3] 周南岳. 计算机应用基础教学参考书 [M]. 北京：高等教育出版社，2002.
[4] 袁建清，修建新. 大学计算机应用基础 [M]. 北京：清华大学出版社，2009.
[5] 周曙东. 电子商务概论 [M]. 南京：东南大学出版社，2011.
[6] 毛奕等. 管理信息系统 [M]. 北京：航空工业出版社，2001.
[7] 张立厚，张延林，陶雷. 管理信息系统开发与管理 [M]. 北京：清华大学出版社，2008.
[8] 穆炯，许丽佳. 电子商务概论 [M]. 北京：清华大学出版社，2011.
[9] 宫小全，裴劲松，王壹. 旅游管理信息系统 [M]. 北京：清华大学出版社，2011.
[10] 龙虹. 管理信息系统 [M]. 北京：北京理工大学出版社，2007.
[11] Ceri S, Fraternali P, Matera M, et al. Designing multi-role, collaborative Websites with WebML: a conference management system case study [C] //1st Workshop on Web-oriented Software Technology. 2001.
[12] 姚家弈. 管理信息系统 [M]. 北京：首都经济贸易大学出版社，2003.
[13] 曾凡涛，李北平. 管理信息系统 [M]. 武汉：武汉大学出版社，2010.
[14] 刘立刚. 工程管理信息系统 [M]. 武汉：华中科技大学出版社，2007.
[15] 刘明菲，王槐林. 物流管理 [M]. 北京：科学出版社，2008.
[16] 王平立，王玲，宋斌. 计算机导论 [M]. 2版. 北京：国防工业出版社，2006.
[17] 徐升华，沈波，舒蔚. 财经管理信息系统 [M]. 北京：高等教育出版社，2011.
[18] 周贺来. 管理信息系统 [M]. 北京：机械工业出版社，2011.
[19] 邓洪涛. 管理信息系统 [M]. 北京：清华大学出版社，2011.
[20] 陈艳春. UML 和 Web ML 在电子商务信息流系统建模中的应用 [J]. 石家庄铁道学院学报，2007，20（1）.
[21] 胡南湘. 基于改进 WebML 建模的网站生成系统研究 [D]. 湖南大学，2006.
[22] 范并思，许鑫. 管理信息系统 [M]. 上海：华东师范大学出版社，2011.
[23] 于明. 管理信息系统用信息技术解决商务问题 [M]. 3版. 北京：清华大学出版社，2009.
[24] 袁亚忠. 会展企业管理 [M]. 广州：中山大学出版社，2010.
[25] VIPER Customer Relationship Management [EB/OL]. [2013-5-27] http://www.vipeventresources.com/sales.php.

[26] [美]杰瑟普,[美]瓦拉季奇.数字时代的信息系统:技术、管理、挑战及对策[M]. 3版.陈炜,李鹏,林冬梅,韩智,译.北京:人民邮电出版社,2011.
[27] [美]肯尼斯·C·劳顿,[美]简·P·劳顿.管理信息系统[M].9版.薛华成, 译.北京:机械工业出版社,2010.
[28] 邓蓓.管理信息系统[M].北京:机械工业出版社,2006.
[29] 贺刚.会展管理信息系统[M].北京:中国商务出版社,2004.
[30] 查良松.旅游管理信息系统[M].3版.北京:高等教育出版社,2010.
[31] 袁红清.电子商务:理论与实训[M].北京:经济科学出版社,2009.
[32] 石鉴.电子商务概论[M].北京:机械工业出版社,2008.
[33] 王要武.管理信息系统[M].北京:电子工业出版社,2003.
[34] 杜文才,胡涛,顾剑.新编旅游管理信息系统[M].天津:南开大学出版社,2008.
[35] 沈凤池.电子商务网站设计与管理[M].北京:北京大学出版社,2006.